プロブレムQ&A

アイヌ差別問題読本

増補改訂版

[シサムになるために]

■

小笠原信之・著

緑風出版

プロブレムQ&A

目次

プロブレムQ&A

Q1 アイヌってどんな人たちですか?

アイヌの人たちって、顔の彫りも深く、見た感じも一般の日本人と違いますね。人種が違うのですか。どこか、沖縄の人たちとも似ている気がしますが。

10

Q2 アイヌが縄文人の子孫なんですか?

縄文ブームが続いていますけど、その縄文人がアイヌの人たちの先祖かもしれないという話があるそうですね。すると、日本人はいったい誰の子孫なんですか。

17

Q3 アイヌは少数民族ですか、先住民族ですか?

少数民族と先住民族。言葉の違いはそれなりにわかるのですが、現実面では何か問題になる違いがあるのですか。使い分ける意味はどこら辺にあるのでしょうか。

24

Q4 アイヌはいつごろ、どこに先住したのですか?

明治時代以前にも北海道に、アイヌが先住していたのは常識。でも、その先住はいつごろまで遡れるのですか。それと、北海道以外ではどうだったのでしょうか。

33

Q5 アイヌが日本史に登場するのはいつからですか?

日本史ではアイヌが「謎の民族」視されているそうですね。なぜなのでしょう。アイヌが歴史資料にはっきりとした形で登場するのは、いつごろなのですか。

43

Q6 「蝦夷征伐」って何ですか?

「蝦夷征伐」と聞くと、アイヌが何か悪いことでもしたようですね。さすがに最近は「征伐」という言葉をつかわないそうですけど、事実はどうだったのですか。

52

Q7 エミシはどんな抵抗を繰り広げたのですか?

エミシには「中央政権にまつろわぬ人」という意味があるそうですね。エミシはなぜ抵抗し続けたのですか。どんな抵抗ぶりだったのかも知りたいですね。

61

Q8 コシャマインって誰ですか？
アイヌ民族って平和的な民族で争いごとも話し合いで解決するそうですね。コシャマインが和人を相手に蜂起したのは、よっぽどの事だったんでしょうね。 74

Q9 シャクシャインの蜂起って何ですか？
江戸時代の初期に蝦夷地がゴールド・ラッシュで、砂金とりが相当の奥地まで入り込んだんですって？ アイヌは生活の場を荒らされて困ったでしょうね。 85

Q10 アイヌ勘定って何ですか？
「アイヌ勘定」ってアイヌをだました勘定の仕方なんでしょ。それなら「和人勘定」の方がよさそうだけど、昔からエコノミックアニマルだったんですね。 95

Q11 フランス革命の年に蝦夷でも何かがあったんですって？
フランスでは「人権宣言」が出されて民主化の第一歩が印された年に、蝦夷地ではアイヌ民族最大の悲劇が起きたそうですね。歴史の悲しい皮肉に思えます。 102

Q12 アイヌの中にはロシア人もいるのですか？
アイヌも日本人も国籍で言えば日本国民。でも、アイヌの中にはロシア人もいるという話があるんですね。何がどうなってそうなったんですか。 109

Q13 明治新政府はどんなアイヌ政策をとったのですか？
「蝦夷地」が「北海道」と改称されたのが明治初め。〝御一新〟で日本は近代国家の体裁を整えて行くわけですけど、対アイヌ政策も一新されたのですか。 117

Q14 「北海道旧土人保護法」でアイヌはどうなりましたか？
時代錯誤的な悪法の「北海道旧土人保護法」が一世紀も残り続けたことは、私もショックでした。この法律がアイヌの今日の窮乏化を決定づけたのですよね。 124

プロブレムQ&A

Q15 和人は悪いことばかりしてきたのですか？

和人の私には、この本で「負」の歴史ばかり突きつけられて、ちょっと落ち込みそうです。気分を晴らしてくれるような明るい話はないのですか。

133

Q16 「滅びゆくアイヌ」という見方があったそうですが、本当ですか？

お前の民族は滅びると他民族から言われたら、だれでも怒り出しますよ。それを著名な学者たちが公言していたのですか。学者ってどんな〝人種〟なんですかね。

142

Q17 「観光アイヌ」って何ですか？

北海道の観光地へ行くと、民族衣装を着たアイヌに会えます。私も「酋長」と記念写真を撮りましたよ。えっ、「酋長」なんていない？ じゃ、誰なんですか。

151

Q18 現代のアイヌの闘いを教えてくれませんか？

アイヌの歴史上の英雄は有名ですけど、現代にはコシャマインやシャクシャインのような人はいないんですか。今のアイヌの人たちの闘いが知りたいですね。

159

Q19 アイヌが独立するという話があったんですか？

日本の敗戦でアジアの植民地は解放されました。「内国植民地」で主権を制限されていたアイヌが、あの時に同様に解放されていてもおかしくありませんね。

168

Q20 アイヌに関する最近の事件には、どんなものがありますか？

最近はアイヌ関連のニュースが取り上げられることが多いようです。どんな内容のどんな事件があったのか、まとめて教えてくれませんか。

177

Q21 アイヌはどんな差別をされているのですか？

一口に「アイヌ差別」と言っても、その中身は状況によっていろいろ違うのでしょうね。アイヌの人たちがいちばん困っていることは何ですか。

192

Q22 「アイヌ新法」って、何ですか？　203
「アイヌ新法」には、北海道ウタリ協会案と政府案の二つがありますね。どこが違うのでしょう。アイヌの人たちはどちらの実現を求めているのですか。

Q23 「アイヌ文化振興法」の問題点は何ですか？　216
「アイヌ文化振興法」というのは、つまりは「文化」を「振興」させるわけでしょ。これで差別をなくすことができるのでしょうか。ちょっと心配なんですが。

Q24 アイヌ共有財産裁判って何ですか？　224
アイヌたちが、自分たちの財産をめぐって北海道知事を相手に裁判を起こしたそうですね。どんないきさつがあるのでしょう。裁判はどうなりましたか。

Q25 外国の先住民政策を教えてくれませんか？　232
世界の先住民がたどった歴史的経過はよく似ています。でも、人権感覚の優れている国では先住民の人権回復も進んでいます。参考になる例はありませんか。

Q26 アイヌ差別をなくすにはどうしたらいいでしょう？　239
いつまでもなくならないアイヌ差別。でも手をこまぬいているわけにもいきません。解消のために何かいい手はないですか。ヒントでもいいのですけど。

［資料］
アイヌ文化振興法・245
アイヌ民族に関する法律制定についての陳情書・249
アイヌ民族に関する法律（案）・249
北海道旧土人保護法・253
アイヌ民族・北海道関連年表・256
参考文献・268

本文イラスト、写真＝横山孝雄

アイヌの家族

アイヌ関係地図

得撫島《ウルップ》
サハリン
（旧樺太）
ユジノサハリンスク（豊原）
コルサコフ（大泊）
ネヴェリスク
（本斗）
ノビコボ（弥満）
アニワ湾
（亜庭）
ゴルノザボーツク
（内幌）
千島（クリル）列島
択捉島《エトロフ》
オホーツク海
宗谷岬
ノシャップ岬
稚内
礼文島
利尻島
国後島《クナシリ》
知床半島
色丹島《シコタン》
紋別
歯舞諸島《ハボマイ》
網走
標津
北見
ノサップ岬
根室
日本海
留萌
旭川
厚岸
石狩川
釧路
帯広
白糠
岩見沢
小樽
江別
十勝川
余市
札幌
日高
鵡川
千歳
二風谷
苫小牧
広尾
浦河
沙流川
門別
白老
静内
襟裳岬
長万部
伊達
登別
室蘭
渡島半島
函館
恵山岬
江差
海峡
軽
津
松前
下北半島
太平洋
津軽半島
青森
弘前
大館
能代川
能代
宮古
盛岡
秋田
釜石
水沢
雄物川
平泉
酒田
石巻
仙台
最上川
北上川
山形
福島
新潟

Q1 アイヌってどんな人たちですか？

アイヌの人たちって、顔の彫りも深く、見た感じも一般の日本人と違いますね。人種が違うのですか。どこか、沖縄の人たちとも似ている気がしますが。

アイヌの意味

まず、言葉の説明から始めます。アイヌはアイヌ語で「人間」という意味で、男性の敬称《けいしょう》にも使われます。もう少し詳《くわ》しく言うと、①神様というグループに対する総称としての人間、②男性の敬称、③妻が自分の夫を話題にするときの呼称《こしょう》（日本語で「うちのひと」の「ひと」に当たるような用い方）、④子供に対して「お前のとうちゃん」と言うときの呼称、⑤平凡な人間一般（男女とも含む）――の大きく五通りに使われるそうです（藤村久和著『アイヌ、神々と生きる人々』福武書店）。アイヌの人たちにとってちょっと誇らしい気分の入った、いい言葉なのです。

アイヌのリーダー的存在で参議院議員《さんぎいんぎいん》の萱野茂《かやのしげる》さんは「アイヌの村では行ないのいいアイヌだけにしか『アイヌ』とは言わないんです」（『国会でチャランケ』社会新報ブックレット）と語っています。さらに、アイヌの中でもひときわアイヌらしい立派な人は「アイヌ・ネノアン・アイヌ」（人間らしい人間）と言い、逆に怠《なま》け者のことは「ウェンペ」と言うそうです。

ウタリ

ところが、この美称《びしょう》であるアイヌという言葉が、長い差別《さべつ》の歴史の中でアイヌ自身の間で敬遠《けいえん》されるようになりました。たとえば、アイヌの最大組織の名前は「北海道ウタリ協会」です。かつて「北海道アイヌ協会」という名前で出発しながら、途中で「同胞《どうほう》。仲間たち」を意味する「ウタリ」協会へと変えてしまったのです。ですから、アイヌという言葉には、アイヌ当人《とうにん》たちの心に複雑な波紋《はもん》を広げる要素があります。でも、最近はこの言葉本来の積極的な意味を正当に評価して使おうとする動きが、しだいに広まってきています。私もこの動きは大歓迎です。

言葉の意味が分かったところで、次はこのアイヌが人種《じんしゅ》、民族《みんぞく》、国籍《こくせき》のどのレベルを表す言葉なのかを考えてみます。

アイヌは日本だけでなく千島《ちしま》列島（クリル列島）、サハリン（旧樺太《からふと》）にも住んでいました。この人たちは明治時代に日本へ強制移住《きょうせいいじゅう》させられましたが（→Q12）、ロシア、日本のどちらの国籍を選ぼうとも原則自由でした。だから、アイヌは国籍とは無関係の言葉です。では、人種名なのか、民族名なのか。それに答えるには、この二つの言葉がそれぞれどんな内容を持つのかを知らなくてはなりません。

人種と民族

人種は、遺伝子《いでんし》つまり生物学的特徴をもとに人間を分類する自然科学的概念です。具体的には皮膚《ひふ》の色だとか、頭髪《とうはつ》、身長、頭の形、血液型などで分けます。しかし、世界の全人類をどう分けるかについては専門家の間で議論が分かれ、中間型の多い人類をきっちりと分けることはできないというのが実際のようです。そこで大まかに、白色人種系《はくしょくじんしゅけい》（コーカソイド）、黒色人種系《こくしょくじんしゅけい》（ニグロイド）、黄色人種系《おうしょくじんしゅけい》（モンゴロイド）に三大別する方法か、さらにオーストラリア原住民《げんじゅうみん》やメラネシア人などのオーストラロイドを加えて四つにするのが一般的のようです。

一方、民族《みんぞく》も定義づけに難しさが伴うのですが、とりあえずは『広辞苑』（岩波書店、第四版）の説明がわかりやすいでしょう。

「文化の伝統を共有することによって歴史的に形成され、同属意識《どうぞくいしき》をもつ人々の集団。文化の中でも特に言語を共有することが重要視され、また宗教や生業形態《せいぎょうけいたい》が民族的伝統となることも多い。社会の基本的な構成単位であるが、一定の地域内に住むとは限らず、複数の民族が共存する社会も多い。また、人種・国民の範囲とも必ずしも一致しない」

二つの言葉の意味がはっきりしました。では、アイヌについて検討してみます。一般の日本人（いわゆる和人《わじん》）がイメージするアイヌ像というのはどんなものでしょう。顔つきが和人と違い、文化、宗教も独特のものを持ち、何よりも言語が違う。さらに、もう一つ肝心《かんじん》なことを付け加えれば〝われわれ意識〟つまり同属意識をアイヌ同士で持っている。こんな点が大きな特徴として挙げられることでしょう。

こうした特徴から見れば、アイヌは間違いなく、民族名と言えます。ですから、日本国民の中には、和人（ただし、「和人」は便宜的《べんぎてき》名称なので「日本人」の方が適切ですが、「日本人」は日本国民の意味と民族名の両義《りょうぎ》を持つので注意が必要です）も

和人

徳川幕府の一七九九年（寛政《かんせい》一年）東蝦夷地直轄化の際、「夷人共追々御徳化に感じ、御主法に馴れ、和人風俗に相成度由望候者《あいなりたくよしのぞみそうろうもの》も有之候はば……」（『蝦夷地御用掛松平伊豆守様御口達書《ごこうたつしょ》』）と和風化を推進する文章に「和人」表現が登場するのが公的使用の始まり（海保嶺夫《かいほみねお》『エゾの歴史』）。ロシア南下を背景にアイヌに和人意識を持たせようとするもので、この「和人」の意味は「幕藩体制を維持する人」のことで、「『和人』表現は、近代以降主として北海道内で歴史用語として使用され、満州事変以降の戦時期には『大和民族《やまとみんぞく》』と表現されるようになり、敗戦後は『和人』表現に戻っている」と海保氏は指摘する。『日本史用語集』（山川出版社）には「蝦夷地に移住した本州系日本人の江戸中期以降の呼称」とある。

いるし、アイヌやウィルタ、ニブヒの北方民族、琉球《りゅうきゅう》民族、在日《ざいにち》の韓国人・朝鮮人、中国人、その他の外国からの帰化《きか》日本人といった人たちもいます。種類はそう多くないものの複数の民族で構成された国家が、日本なのです。また、民族としての「日本人」（和人）もいろいろなルートから渡ってきた異人種《いじんしゅ》が混血《こんけつ》してできた「複合民族《ふくごうみんぞく》」ですから、〝単一民族国家《たんいつみんぞくこっか》〟説が根拠のない幻想《げんそう》であることがわかると思います。

結局、和人とアイヌは第一に民族が違うのですが、では、この両者の人種は同じなのでしょうか、違うのでしょうか。この点について明治以来、日本の国内にとどまらず、欧米の学者も含め、活発な議論が展開されてきました。その変遷《へんせん》には、時代精神を映し出すような、とても興味深い事実が見られます。

和人は、さきほどの人種分類では黄色人種系（モンゴロイド）に入ります。問題はアイヌがどれに属するかです。これまで根強く存在し、今でもヨーロッパでは支持者が多いのが、アイヌ＝白色人種系（コーカソイド）という見方です。

最初にヨーロッパでアイヌに注目したのは一九世紀末のことで、スイスの洞窟遺跡《どうくついせき》で熊送《くまおく》りをした跡らしいものが発見され、アイヌの伝統儀式《でんとうぎしき》のイヨマンテとの関連が研究されました。アイヌを研究すれば自分たちの祖先のことがわかるだろうとの狙いからでした。これをきっかけに明治から大正にかけてヨーロッパでアイヌ研究が盛んに行なわれ、アイヌ＝白人説が定説となりました。

中でも有名なのが北海道にまで来たフランスの人類学者モンタンドンの研究で、一

ウィルタ
ニブヒ
アイヌ＝白人説
モンタンドン

九二〇年に発表した本の中で「アイヌがインド・ヨーロッパ人であることは、アイヌを見たことがある人であれば、絶対、疑うことはできないだろう」と書いているそうです。また、ドイツでは、一九三七年に日本とドイツが日独伊防共協定《にちどくいぼうきょうきょうてい》（四〇年に日独伊三国同盟《さんごくどうめい》に発展）を結ぶ際の根拠として「原《げん》日本人のアイヌは白人だ。日本人はもともと白人であり、ゲルマンと同じだ」という理屈がつけられました。「優秀」なドイツ民族がなぜアジアの民族国家と同盟を結ぶのかというナチズム・イデオロギーからの疑問に答えるために、政治的に利用されたのです。また、戦後には、アイヌ語がインド・ヨーロッパ語であるという論文がナイヤットという学者によってスウェーデンで発表され、これが定説にもなっているそうです。これに対して、旧ソ連の学者は形態学的《けいたいがく》立場からアイヌ＝オーストラロイド説を唱えているそうです。

一方、日本での研究はどうだったのでしょう。

日本でアイヌのルーツを論ずるには、アイヌだけでなく、日本人の祖先《そせん》のことも考えざるを得ません。両者を切り離しては考えられません。日本人の祖先が議論されだしたのは、明治一〇年（一八七七年）にモースが大森貝塚《おおもりかいづか》を発掘して縄文人《じょうもんじん》がいたことを明らかにしてからです。アイヌに注目したのは日本を旅行したシーボルト父子、ベルツで、シーボルトはアイヌと琉球人の共通性を重視し、アイヌ・沖縄同系論《おきなわどうけいろん》を立てました。

次いで、人類学者の坪井正五郎《つぼいしょう》（東大）がアイヌの小人伝説からコロポックル説を

コロポックル

唱え、骨が比較的小さい縄文人はアイヌ伝説の小人コロポックルのことであり、アイヌが移住してくる以前に北海道に住んでいたのではないかと言いました。同じころ、解剖学者の小金井良精《こがねいよしきよ》（東大）は縄文人はアイヌであり、その後渡来《とらい》した人たちに追われて北海道まで北上したという説を打ち出しました。日本の中心で人種が交替しているというわけで、アイヌの人種はどの人種とも違うという人種孤島説《じんしゅことうせつ》をとっていました。この二人の学者が大論争を展開しましたが、伝承が背景の坪井説の旗色《はたいろ》が悪く、大正の中期までは小金井説が有力でした。

次いで、病理学者の清野謙次《きよのけんじ》（京大）が統計学を使い、縄文人を原日本人とし、日本の北の方では北方人種との混血でアイヌが生じ、南の方では朝鮮からの渡来者との混血が生じたという理論を打ち立てました。清野説も先の小金井説も、人種の交替か、かなり大規模な混血がないと人種は不変であるという考えを前提としています。昭和に入ると、長谷部言人《はせべことんど》（東大）が縄文人を現代日本人の祖先とし、その後、大規模な混血や人種交替もなかったと見る連続説を打ち出しました。それを鈴木尚（東大）が受け継ぎ、関東地方で発掘された豊富な骨を根拠に日本人小進化説《しょうしんかせつ》をまとめました。また昭和二〇年代には、児玉作左衛門（北大）が形態的特徴などを根拠にアイヌ＝白人説を主張し、一時、これがかなり有力視されていました。（以上の人種に関係する諸説については、梅原猛《うめはらたけし》、藤村久和《ふじむらひさかず》編『アイヌ学の夜明け』小学館ライブラリー、梅原猛・埴原和郎《はにはらかずろう》『アイヌは原日本人か』同、『シンポジュウム　アイヌ』北大図書刊

連続説
日本人小進化説

行会に拠りました）

こう見ると、アイヌの人種については可能な限りの説が唱えられたと言ってもよいほどの百家争鳴《ひやっかそうめい》ぶりです。中には、実証性に乏しく牽強付会《けんきょうふかい》とも言える大胆な仮説もなきにしあらずです。また、白人中心主義やその時代の政治イデオロギーというフィルターによって歪《ゆが》められているものも、少なからずあったようです。

こうした過去の研究から見ると、現在の日本国内の研究はずいぶんと科学的、実証的になり、急速に進歩しているようです。アイヌ＝白人説はほぼ完全に否定され、アイヌも和人も同じモンゴロイドに属するとの見方が定説になってきています。基本的には長谷部説の連続説の上に立ちながら、より精緻《せいち》な論を展開しだしています。さて、アイヌと和人はどんな関係にあるのか？　縄文人との関係はどうなっているのか？　そのあたりを次項で考えてみましょう。

アイヌも和人もモンゴロイド

Q2 アイヌが縄文人の子孫なんですか？

縄文ブームが続いていますけど、その縄文人がアイヌの人たちの先祖かもしれないという話があるそうですね。すると、日本人はいったい誰の子孫なんですか。

青森県で三内丸山遺跡《さんないまるやまいせき》が発掘され、これまでの原始的イメージとは大きく異なる新鮮でダイナミックな縄文時代像《じょうもんじだいぞう》が提出されつつあります。こんなこともあって相変わらずの「縄文ブーム」が続いています。その縄文に実はアイヌも一枚噛《か》んでいたとなると、夢はますます膨《ふく》らみます。結論から先に言うと、アイヌと縄文人との関連がかなり有力視されているのが最近の研究結果です。

とにかく、最近の研究は著しい発展を見せています。その背景にはコンピュータの進歩があります。とりわけ統計学の手法である、いろいろな要素を同時に総合的に分析する多変量解析《たへんりょうかいせき》がコンピュータによって楽にできるようになったためだといいます。人種の歴史や系統の研究には、骨や生きている人の体格などをしらべる形態学的《けいたいがくてき》アプローチと、分子レベルの蛋白組成《たんぱくそせい》まで調べる遺伝学的アプローチの、二つの有力な方法があります。そのいずれにも、コンピュータによる多変量解析が大きく貢献《こうけん》しているというのです。

多変量解析

こうした研究の中で今注目を集めているのが、埴原和郎《はにはらかずろう》国際日本文化研究センター名誉教授が九〇年に発表した「二重構造《にじゅうこうぞう》モデル」という仮説です。まずは、この理論を軸にアイヌと和人、縄文人の関係を眺め、そこで説明しきれない疑問点を異説を交えて紹介することにします。

この二重構造モデル説の中心論点は次のようなものです。

「日本列島に、東南アジア系の縄文人が土着化《どちゃくか》していたところに、弥生時代《やよいじだい》以降、主に朝鮮半島経由で北アジア系の渡来人が入り、混血が進んだ。現在も見られる日本人の体質的地域差は、両者の混血の進展具合いかんに因《よ》るところが大きい」（九四年三月四日付夕刊『朝日新聞』「学問を歩く　日本人の成り立ち　上」）

〈Q1〉で紹介した長谷部・鈴木説は、縄文人が環境要因で小進化*をとげながらそのまま現代日本人になったという「連続説」でした。これがほぼ定説化していたのに対し、埴原説は同様に土台に縄文人を置きながらも北アジア系の異質な血が混血してきた点を強調するところがポイントです。では、この説でアイヌはどう説明されるのでしょう。

この渡来人が日本の中央政権を近畿《きんき》中心に作り、その影響が各地へと広がって行った。しかし、北海道と沖縄にはその影響が及ぶのが大幅に遅れ、その結果、アイヌと沖縄人に日本人の基層《きそう》を成す縄文的形質《けいしつ》が濃厚に残ることになった。つまり、アイヌと沖縄人は縄文人のレリック*だというのです。同じ記事の中で埴原教授は次のように

二重構造モデル説

***小進化・大進化**
生物学的進化で、種を超えて進化するのが大進化。人類で最初の原人は学名でホモ・エレクトスで、以後の旧人や新人はホモ・サピエンスと呼ばれ、前者と後者では種が異なる。この大進化には非常に長い時間がかかる。小進化は同じ種の中での短時間に起こる進化のこと。日本人の体格や顔つきが戦後、特にここ数十年の間に著しく変化をしているのも、小進化と言えるかもしれない。

まとめています。

「日本人形成過程で変化したのは、渡来人の影響を強く受けた本土日本人で、アイヌや沖縄人は日本列島住民の直系である」

埴原説に出てくる「東南アジア系の縄文人」も「北アジア系の渡来人」もどちらも人種的にはモンゴロイドです。でも、両者は形態的にかなり違った特徴を持っています。その差は気候に対する適応の違いによって生じたもの、つまり、厳しい寒さに対する寒冷適応《かんれいてきおう》という小進化を経ているか否かの差なのです。

寒冷適応というのは、厳しい寒さに生体がうまく対応できるように形を変えることです。熱効率を考えると、胴長で足が短い方が体全体の体積が大きくなり、体温を維持するのに有利です。その一方で、皮膚からの体温発散を防ぐために、皮膚面積を小さくする必要があります。そこで手足は短くなり、体毛は少なくなります。顔ものっぺらと偏平になって、目が細く、瞼は厚くて一重になります。

こうした特徴は、欧米人の描く現代の典型的日本人像に近いものがありますね。そうです、一般的和人の特徴と重なります。つまり、和人は寒冷適応を経た北アジア系モンゴロイドの特徴を強く持っているというのです。しかし、ここで極めて素朴《そぼく》な疑問が湧《わ》いてくるはずです。北海道という寒冷地に住むアイヌが寒冷適応を受けておらず、逆に暖かい本州以南に住む和人が寒冷適応を受けているのって何か変だなあ、という疑問です。

＊レリック（relict）
残存種（生き残り）の意味。アイヌと琉球人の双方が縄文人のレリックであるという説が、人類学、生物学、考古学などから強力に提出されてきている。日本の最北端と最南端の人々が共通の祖先を持つ同系の人たちという主張だ。柳田国男は『蝸牛考』の中で各地のカタツムリに関する方言を比較して古い言葉ほど日本列島の周辺部に残ることを明らかにしている。それに重なる現象で、言語学の観点からもアイヌ・琉球人同系説の実証が試みられている。

寒冷適応

それでも、結論はやはり、アイヌは寒冷適応を受けていないのです。なぜなら、顔の彫りが深い、眉《まゆ》やひげが濃いといった特徴は、むしろ寒さには適していないからです。彫りが深いとそれだけ表面積が増して熱の発散量を多くしますし、ひげが濃いと寒いときに吐いた息がひげに凍りついて凍傷《とうしょう》にかかる恐れがあるというわけです。寒冷適応を起こすような寒さは北海道程度の寒さではなく、シベリアやアラスカ並みのものを指すのだというのです。

アイヌと沖縄人が縄文人のレリックであるということで、両者の形態的特徴が似ていることの説明にもなります。アイヌの人たち自身も認めているのですが、アイヌの人たちと沖縄の人たちとはとてもよく似ています。日本の最北と最南にどうしてこんな似た人たちが離れて存在するのかがこれまで謎とされてきましたが、この説に従うとその謎が解けるようです。

寒冷適応を経たか否かを見ますと、経た方が新しいタイプのモンゴロイドと言えます。つまり、一般和人は古モンゴロイドと新モンゴロイドとの混血であり、アイヌや沖縄人は古モンゴロイドの直系《ちょっけい》ということになります。つまり、アイヌも和人も祖先は古モンゴロイド的特質を持った縄文人であるが、その小進化の仕方が違ったと言えます。つまり、和人は外来人《がいらいじん》である北方系の新モンゴロイドとの混血が進んだ。これが弥生時代以降のことであり、この外来人は農耕民族で、現在の一般日本人につながる道筋です。他方、アイヌと沖縄人にはこの外来人との混血がほとんど見られず、

古モンゴロイドの直系

南方出自《なんぽうしゅつじ》の縄文人の色彩を色濃く残している。こんなまとめになります。

この埴原説は他の分野の研究成果によっても裏付けられようとしています。北海道の古人骨とアイヌとの比較、指紋の研究、血液中の遺伝物質の研究などによっても、アイヌはモンゴロイドであり、和人や縄文人との関係が深いことが明らかにされてきています。（梅原猛、埴原和郎『アイヌは原日本人か』小学館ライブラリー）

その中の一つ、分子人類学の尾本恵市《おもとけいいち》国際日本文化研究センター教授は「〈二重構造モデル〉は理論的に正しい学説と思う」と断言しています。ただし、尾本説ではアイヌの祖先を北方系と見ており、東南アジアからの南方系と見る埴原説と、出自をどこに求めるかで対立しています。

尾本説の根拠は、同氏が独自に作成した一五のモンゴロイド民族集団の類縁図《るいえんず》にあります（下図参照）。一二三種類の遺伝子データを多変量解析したところ南方系と北方系に二大別され、アイヌはその北方系に属したというのです。「今回の解析結果から私は、旧石器時代、モンゴロイドは揚子江あたりを境に北と南に住み分けていた。そしてその北と南の両方から、まだ寒冷適応を受けていない段階のモンゴロイドが日本に入ってきて縄文人になった――そう考えた方がいいのではないか、と思うようになっています」と述べています（九四年三月一一日付夕刊『朝日新聞』「学問を歩く　日本人の成り立ち　中」）。

また、大阪医科大学の松本秀雄学長が人種・民族識別《しきべつ》の遺伝標識《いでんひょうしき》となるＧｍ型血液

モンゴロイド15集団の系統関係を示す類縁図

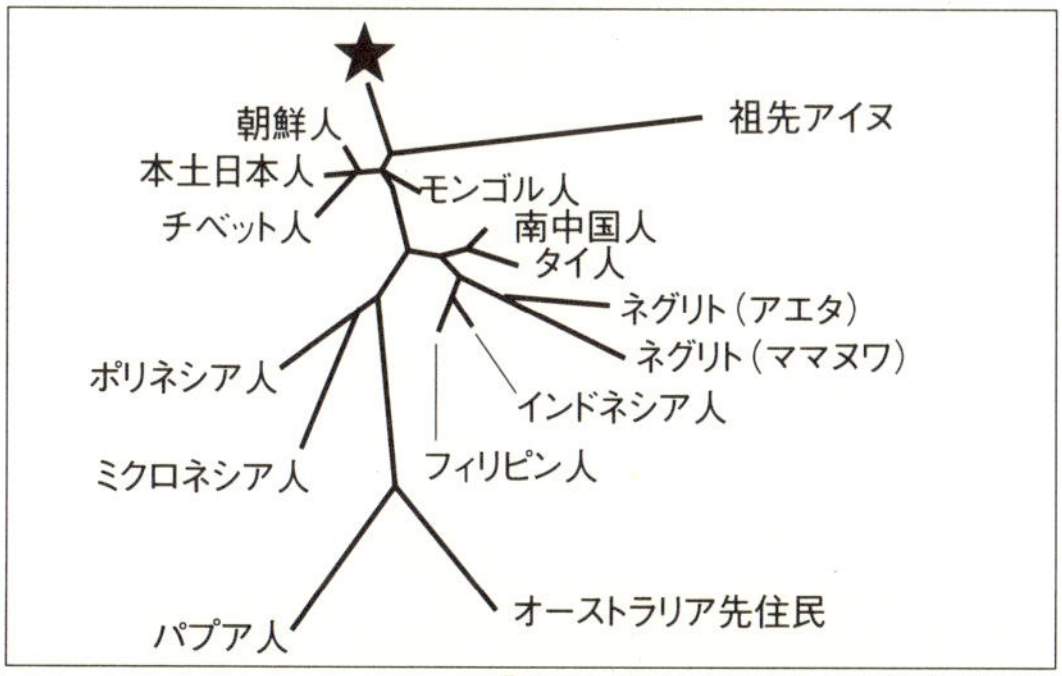

「朝日新聞」94年3月11日付夕刊より

の四種類の遺伝子を調べたところでも、アジアのモンゴロイドは北方型と南方型に分かれ、「北方型を特徴づける遺伝子を七〇％以上の頻度《ひんど》で持っている日本人は、まぎれもなく北方型モンゴロイドです」といいます。しかも、この遺伝子の日本国内分布に地域差が見られず、南方型との混血はせいぜい一〇％程度だそうです。このことから松本氏は、北方系モンゴロイドが日本へ入ってきたのは縄文時代に先立つ旧石器時代でこれが日本人の基層となった、と見ています（同記事）。

埴原説では南方系を基層とし、北方系モンゴロイドが弥生時代に渡来したと見ています。渡来人の絶対数は土着の縄文人よりずっと少なかったはずです。その少ない北方系の遺伝子が今や、日本人全体の七〇％以上を占めていることになるという矛盾があります。いくら混血が進んだとはいえ、少数の遺伝子が多数の遺伝子を凌駕《りょうが》してしまうのはおかしいのではないか、という疑問が残るのです。

こうして、基本的にはアイヌもモンゴロイドだという点では見解が一致しているものの、その基層をなすと見られる縄文人の出自を南方と見るか、北方と見るかで対立している状況と言えます。こうした議論は、学問の〝外野席〟の私たちの目から見ても、とても興味深いものがあります。しかし、それらの仮説をいたずらに振り回して都合のよい議論に走るのだけは慎みたいと思います。

これまで、アイヌは和人と異なった容貌《ようぼう》や文化、言語を持つことで、ことさらにその異質性を強調され、差別され続けてきました。ところが、和人もアイヌもそのルーツに共通の根を持ち、歴史や環境の違いによる異なった小進化の結果、分化してきたのではないかというシナリオが示されだしているのです。その真偽《しんぎ》はさておいても、「優秀なる大和民族《やまとみんぞく》」「野蛮《やばん》なるアイヌ」というノーテンキな思い込みが、科学的事実からも全面否定されるのは好ましいことです。事実の前に謙虚《けんきょ》であれ、です。

Q3 アイヌは少数民族ですか、先住民族ですか？

少数民族と先住民族。言葉の違いはそれなりにわかるのですが、現実面では何か問題になる違いがあるのですか。使い分ける意味はどこら辺にあるのでしょうか。

アイヌの人たちの中には「少数民族《しょうすうみんぞく》アイヌ」と呼ばれると、「違います。先住民族《せんじゅうみんぞく》アイヌです」と語気を強めて訂正を求める人がいます。かと思うと、日本政府はかつてはアイヌが「少数民族」であることも差別されていることも認めず、それから渋々「少数民族」としての存在は認めるようになりながらも、依然、「先住民族」であることは認めようとしていません。「少数」と「先住」、この二つの言葉の間にどんな問題が横たわっているのでしょう。

字義《じぎ》から単純に解釈すれば、「少数民族」は多数派に対する少数派を意味します。つまり量的な関係、共時的《きょうじてき》なヨコの関係で見ています。一方「先住民族」は歴史的な後先《あとさき》が問題になるのですから、通時的《つうじてき》なタテの関係になるでしょう。となれば、「少数民族」という言葉では、歴史的視点が欠け落ちてしまうことがわかります。

国連特別報告官《こくれんとくべつほうこくかん》のコーボ氏は一九八三年に、先住民族を「侵略者が来る以前の民族の後継者《こうけいしゃ》。不法に奪われた土地を取り戻し、自らの社会制度や文化、言語を将来の世代に伝えようとしている人々」と報告しています（九三年八月一八日付朝刊『朝日新聞』）。この定義で問題点がよりはっきりします。アイヌをはじめ、アメリカやカナダのインディアン、オーストラリアのアボリジニなどの被《こうむ》った迫害《はくがい》の歴史を思い浮かべながらこの説明を読むと、なるほどと納得《なっとく》できるはずです。

そうです。アイヌの人たちが「先住民族」という呼称にこだわるのには、それなりの理由があるのです。迫害の歴史の中で無理やりに奪われた民族としての尊厳《そんげん》や文化や権利の回復を求める意味が、この言葉には込められているのです。世界中にはアジアを中心に七〇カ国以上に二～三億人の先住民族がいるそうです。この人たちの復権《ふっけん》を求める声が七〇年代から急速に高まってきました。アイヌの人たちも九二年一二月に国連本部で開かれた国際先住民年の開幕式典に先住民族の一員として招かれています。こうした国際的潮流を背景に、アイヌの人たちは胸を張って「先住民族アイヌ」と自称しているのです。

では、日本政府はなぜ、消極的なのでしょう。それにはまた、それなりの理由があります。まずは、ここ一〇年ほどの政府発言の変遷《へんせん》をたどってみます。

・「本規約に規定する意味での少数民族はわが国に存在しない」（八〇年、外務省が国連人権規約*に基づき国連に提出した国内の人権状況に関する報告書）
・「（日本には）単一民族という非常にいい、誇るべき長所がある」（八六年一〇

＊国連人権規約
一九六六年、国連第二一回総会は国際人権規約を採択した。日本は七九年にやっと、三項目中のA（社会権）とB（自由権）を批准《ひじゅん》した。少数民族の権利はB規約第二七条に「種族的、宗教的、言語的少数民族が存在する国で、少数民族は自己の文化を享有し、自己の宗教を信仰、実践し、自己の言語を使用する権利を否定されない」と規定されている。B規約により批准各国は実施状況を報告し、委員会は義務違反があれば調停する。これに基づき日本政府は八〇年、八七年、九一年に国連に報告書を提出した。九一年報告ではアイヌをB規約で定めた少数民族と認めながらも、「上記権利の享有《きょうゆう》を否定されていない」と述べている。日本が未批准の第三項は、B規約に定めた諸人権の侵害について被害者から人権審査委員会への救済申立てを認める選択議定書だが、日本政府はそうした事実がないとの理由で批准していない。

月六日、参院予算委員会での中曾根首相発言。中曾根首相はこれ以前に自民党の研修会などで複合民族国家であるアメリカ合衆国の「知識水準」は低い。日本は「単一民族国家」だから教育に手が届きやすいとの発言をしてアメリカと日本で社会問題化した。その流れでの国会答弁）

・「日本国籍を持つ方々で差別を受けている少数民族はいない。（国連への）報告は正しい」（同年一〇月二二日、衆院本会議、中曾根首相）

・「在日韓国・朝鮮人やウタリ出身者への差別を人権侵犯事件として扱っている」「（現在でも）おそらくウタリ出身者への差別意識があり、結婚、就職などの差しつかえになっている。こういう事例は差別意識の表れと思われる」（同年一〇月二二日、衆院法務委員会、法務省人権擁護局長《じんけんようごきょくちょう》）

・「私は国連人権規約二七条にある意味での少数民族は存在しない、と言った。とり方を混同している。（法務省は）個々のことを言っており、私は人権規約のことを言っている」（同年一〇月二三日、記者会見で、二二日の衆院本会議発言について中曾根首相）

・「日本に国籍を有する国民に少数民族はいないと考えている」（同年一〇月二三日、参院法務委員会、遠藤法務大臣）

・「（国連への政府報告書について）二回目の報告では、この前通りでいいか悪いか、専門家による検討を開始させる」（八六年一一月四日、衆院予算委員会、

アイヌ代表が国連で演説

アイヌ代表が国連で演説をしたのは、八七年（昭和六二年）、ジュネーブで開かれた「国連先住民会議」の野村理事長（当時）が初めて。古式に則った挨拶を交え、二三分間にわたって日本におけるアイヌの実態を説明した。また野村氏は九二年にも国連「世界の先住民の国際年」開幕式典に招かれ、民族衣装に身を包み堂々たる演説をした。この中で野村氏は、「アイヌ民族は、今日国連で議論されているあらゆる先住民族の権利を、話し合いを通じて日本政府に要求するつもりでおります。これには『民族自決権』の要求が含まれております。しかしながら、私たち先住民がおこなおうとする『民族自決権』の要求は、国家が懸念する『国民的統一』『領土の保全』を脅かすものではありません。私たちの要求する高度な自治は私たちの伝統社会が培《つちか》ってきた『自然との共存および話し合いによる平和』

中曾根首相）

・「（アイヌ民族は）和人と言われた人たちが北海道に移住してくる以前から北海道に居住していた先住民族及びその子孫《しそん》でございます」（八六年、月日不明、衆院内閣委員会での国側答弁。九四年九月一〇付朝刊『朝日新聞』）

ここまでは、いわゆる「中曾根失言」（→Q20）に関わるものです。世論の厳しい批判を背に政府内部でどう対処したらよいか、揺れ動いている様子が垣間《かいま》見られます。暴言を吐いた首相本人も従来の政府の姿勢を検討し直さざるをえないところに追い詰められています。アイヌの先住性について触れた国会答弁もこの時期に出てきています。続いてどんな動きがあったでしょう。政府以外の動きも含めて見てみます。

・「アイヌの人々が独自の宗教及び言語を有しており、独自の文化を保有している――」「憲法のもとで諸権利を否定されていない」（八七年、国連に出した二回目の人権報告書）

・アイヌ民族を先住民族と認め、北海道開発が進む中で「生活の基盤と文化が奪われた」と位置づけ、差別性の高い北海道旧土人保護法を廃止して新たに民族の自立、人権、文化なども擁護・援助する「アイヌ新法」を制定すべきだと求めた。法制定の有力な根拠として、諸外国で論議されている「先住権」という考え方を

を基本原則とするものです」と明らかにしている。時代の要請に応じた新たなパートナー・シップをアイヌらしい方法で模索するというのである。

挙げている。（八八年三月二二日、北海道知事の私的諮問機関・ウタリ問題懇話会答申）

・「民族問題というのは日本にはない」「日本ぐらい単一民族で、一つの放送で、日本語で一億三千万の人間が全部分かるのはむしろ珍しい」（八九年三月一四日、古川清・特命全権大使・北海道担当が根室で講演）

・「民族の規定にあたっては、言語、習俗《しゅうぞく》、慣習その他の文化的伝統に加え、主体的な帰属意識が存在する時、この人々は独立した民族とみなされる。――（アイヌも）帰属意識がある限りにおいて、独自の民族として認識されなければならない」（八九年六月、日本民族学会研究倫理委員会がまとめた見解）

・「アイヌ民族が独自の言語、文化、宗教を持っていることがはっきりわかった。新法をできるだけ早く検討するよう、日本政府にお願いしたい」（九一年六月に来日したエリカ・イレーヌ・A・ダイス国連先住民作業部会議長）

・「アイヌ民族が千島、サハリン、北海道の先住民族であったことは認めるが、政府はアイヌ民族を含めた日本国民を代表しており、これからも領土交渉にアイヌ民族を含めることは考えていない」（日ロ間の北方領土交渉に北海道ウタリ協会が「先住民族としてのすべての権利留保」を決議するなど、アイヌをからめる動きが出てきたのを受けて、外務省ロシア課の見解。九二年一〇月二二日付朝刊『朝日新聞』）

アイヌはウタリ人というのが正しい！
一九八一年国連人権委で外務省富川審議官
外務省にはこんな者もいるんだよワシらも「ウタリ」より堂々と「アイヌ」というべきだヨ
JAPAN
T.Y

・「先住民族の定義が確立されておらず、アイヌの人たちが先住民かどうかは検討課題」（外務省人権難民課、九三年一月八日付朝刊『朝日新聞』）

・「少なくとも中世末期以降の歴史の中でみると、学問的にみても、アイヌの人々は当時の『和人』との関係において日本列島北部周辺、とりわけ我が国固有の領土である北海道に先住していたことは否定できないと考えられる」「我が国におけるアイヌの人々は引き続き民族としての独自性を保っているとみるべきであり、近い将来においてもそれが失われると見通すことはできない」（九六年四月一日、官房長官の私的諮問機関「ウタリ対策のあり方に関する有識者懇談会」答申）

・（アイヌを「本道の先住民族」と明確に位置づけたうえで）「アイヌの人たちは民族的な誇りや尊厳のもとに、アイヌ語や伝統文化の保持、継承、研究に努力している」「アイヌ文化を発展させることは、わが国の文化の多様さ、豊かさのあかしとなり、その豊かな知恵は人々が共有すべき財産」（第三次北海道長期総合計画素案、九六年五月二四日付朝刊『北海道新聞』）

いわゆる高級官僚のケチな役人根性丸だしの答弁は、相変わらずですね。でも、国連への二回目の報告は一回目よりは踏み込んだ内容になりました。ただし、差別が存在することを国際的な場ではどうしても認めたくないようです。アイヌの先住性につ

ウタリ対策のあり方に関する有識者懇談会

いても、定義がどうのこうのと責任逃れに徹しています。しかし、北海道知事や内閣官房長官の私的諮問《しもん》機関の答申では、相次いでアイヌの先住性をはっきりと打ち出してきました。これらの諮問機関には各分野の専門の学者も加わっています。日本民族学会の見解も含め、学問的にアイヌの先住性には御墨付《おすみつき》がついているのです。いつまでも時代錯誤《じだいさくご》の差別意識に囚《とら》われているのは、一部の政治家と官僚だけです。

どうしてこうまで政府はアイヌの先住性を認めたがらないのでしょうか。

答えは簡単です。先住性を認めることは「先住権」を認めることにつながります。すると、憲法一四条で「法の下の平等」を唱い、全国民を一律に扱うことを建前としている国内法や条例との間で矛盾が生じ、その折り合いをつけなくてはならなくなるからです。「同化」し「消滅」したアイヌが再び蘇《よみがえ》り、「特別扱い」しなくてはならなくなるわけです。現状変更、とりわけ根本的な問題をはらんだそれには腰が引けるのが、官僚という人種の身に染《し》みついた習性なのです。

「先住権」は、民族や文化の独自性を維持・発展させること、言語を発展・使用すること、伝統的に専有・利用してきた土地や資源を承認すること、自治を保障することなどを、先住者の集団に認める法的な権利のことです。

この先住権については、九五年一一月から始まった国連人権委員会の「先住民権利宣言案作業部会」の中で、各国政府がさまざまな提案をしています。前向きに先住民の権利を認めようとする国が多い中で、日本だけが「(権利宣言は)法的に拘束力が

先住民権利宣言案作業部会

あると理解されてはならない」「『先住民』という言葉を明確に定義しなければ、宣言の起草に意味がなくなる」（九六年四月五日付朝刊『朝日新聞』）と提言し、参加者の失笑を買ったそうです。

基本的にこうした腰が引けた姿勢があるため、九六年にだされた官房長官の私的諮問機関「ウタリ対策のあり方に関する有識者懇談会」の答申でも、歴史的事実としての「先住」は認めておきながらも、「先住民族」「先住民」という表現を避けています。伊藤正己座長は「先住民族と表現することで、そこから特定の権利が出てくることは避けたかった」と述べ、先住権問題については「（国連などの議論の結果）具体的に取り入れられるようなことがあれば、当然、考慮しなければならない」と言っています（九六年四月二日付朝刊『北海道新聞』）。国際的な推移をもう少し眺めて、先住権が認められるようになったら日本でもという姿勢のようです。

しかし、カナダやオーストラリア、米国、メキシコ、ノルウェーなどでは先住民の権利を優先した法律や施策をいち早く実施しています（↓Q23）。民族迫害の歴史を直視し、政治的決断で果敢《かかん》に改善策を実施するというのが、正しい政治のあり方ではないでしょうか。戦争の加害責任とそれに伴う補償の問題にも通じますが、現実の救済が先にあるべきなのです。理屈は後でどうにでもついてくるはずです。日本政府の主体性の無さには、呆《あき》れる限りです。この点では、政府よりも地方自治体の北海道庁の方が一歩踏み出しています。問題に対する切迫感、やる気の違いによるものと思われます。

まとめに、アイヌが先住民族であることが広く認められてきたこと、先住民族には「先住権」が認められるべきであること――を確認しておきます。次項では、アイヌの「先住」がいつごろ、どこでのことなのかを検討することにします。

先住権

Q4 アイヌはいつごろ、どこに先住したのですか？

明治時代以前にも、北海道にアイヌが先住していたのは常識。でも、その先住はいつごろまで遡れるのですか。それと、北海道以外ではどうだったのでしょうか。

アイヌを先住民族として認識すべきことが常識化しつつあることは、前項でわかっていただけたかと思います。ここでは、その認識の根拠ともなるべき事実を探っていきます。前項でアイヌを「本道の先住民族」と位置づけていた北海道庁は、『アイヌ民族を理解するために』（九〇年発行、九六年改訂）というパンフの中で次のように書いています。

「北海道におけるアイヌの人たちの居住年代は一万年くらい前までさかのぼれるとする説から、五千年くらい前とする説、あるいは七百年くらい前からとする説など大きな幅があり、その学説は必ずしも一致していません」

これではとりとめがありませんが、学説の現状はまさにこの通りなのです。だから「謎の民族」などと失礼な見方もされるわけです。でも、この文章からでもはっきり確認できることがあります。それは「少なくとも七百年前からはアイヌは北海道に先住していた」ということです。歴史文献に現在のアイヌの先祖と特定できる人たちが登場するのが中世からであり、この点については議論が一致しているからです（↓Q5、Q6）。

では、それ以前にはどうだったのでしょう。また、先住地域は北海道に限られるのでしょうか。なんとかして、〈Q2〉に出てきたアイヌのルーツと見られる縄文人と中世以降のアイヌとのすきまを少しでも埋めてみようと思います。

北海道に人が住み始めたのは、約二万年前、最後の氷河期《ひょうがき》のことです。この頃は、北海道、本州、四国、九州はすべてひとつながりで、しかも、サハリンも朝鮮半島もつながっていたので、日本海が湖になっていました（下図参照）。ですから、この頃は人が歩いて大陸から日本の各地へ渡ってくることができたのです。寒冷な気候でしたので動物たちは南へ移動していました。北海道に移住してきた人たちも、こうした動物を追ってきた「マンモス・ハンター」の仲間と見られています。この時代は文化区分（次頁の表参照）では旧石器時代《きゅうせっきじだい》（八〇〇〇〜約二万年前）に当たります。旧石器時代の遺跡《いせき》は全道的に分布していますので、全道各地に人が住んでいたのは確実です。

このあと、気候が温暖化して、一万三〇〇〇〜一万四〇〇〇年前には北海道が島になりました。約一万二〇〇〇年前に日本列島に土器《どき》が出現します。ところが、北海道に土器が現れるのはそれからずっと下って、七〇〇〇〜八〇〇〇年前と見られていま

1万8000年～2万年前の日本周辺の地形

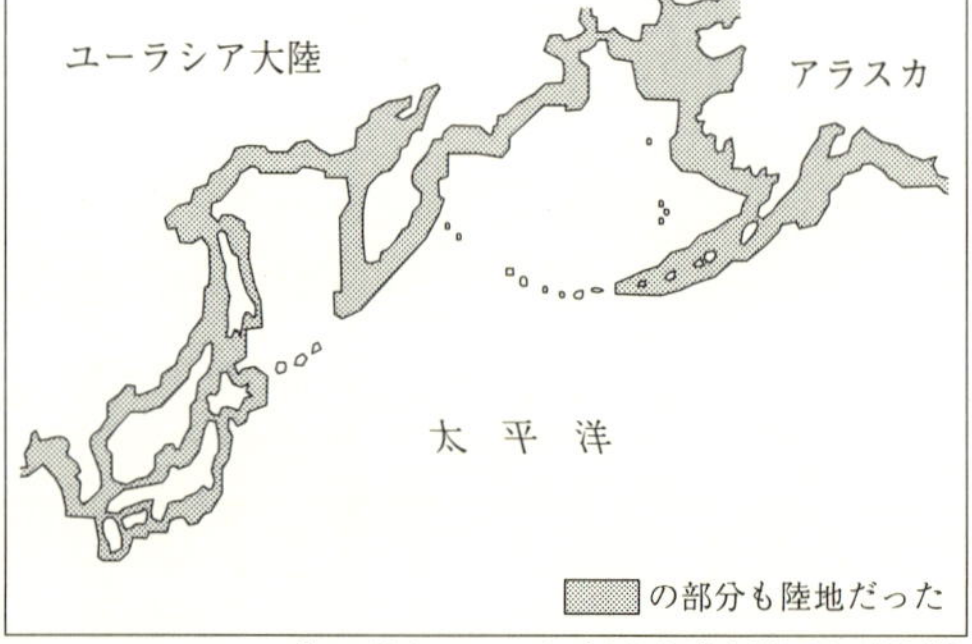

『シンポジウム　アイヌ』（北海道大学図書刊行会）

二つの文化圏

およその年代	年代		文化（道南）	文化（道央）	文化（道東）	特色
	旧石器時代		細石刃文化			
B.C.8,000年	縄文時代	草創期	押圧縄文土器			気候が次第に温暖化する。 北海道最古の土器 （江別市大麻1遺跡出土）
B.C.6,000年		早期	住吉町式	沼尻式		竪穴住居が一般化する。 道東地方に石刃鏃が分布する。 縄を回転して模様をつけた土器がみられるようになる。
			東釧路Ⅲ式			
B.C.4,000年		前期	春日町式	静内中野式	温根沼式	気候の温暖化がピークに達し海水面が数メートル上昇する。 太平洋岸に大規模な貝塚が形成される。
			円筒下層式			
B.C.3,000年		中期	円筒上層式	円筒上層式	神居式	道南地方に大集落が形成される。
				北筒Ⅱ式	北筒Ⅱ式	
B.C.2,000年		後期	余市式	余市式	羅臼式	気候が一時寒冷化し、道東・道北地方の遺跡が激減する。 ストーンサークルがつくられる。 周堤墓がつくられる。
			入江式			
			手稲式	手稲式	手稲式	
			堂林式	堂林式	堂林式	
B.C.1,000年		晩期	亀が岡式	ヌサマイ式	ヌサマイ式	現在とほぼ同じ気候になる。 道南地方には、精巧なつくりの亀が岡式土器が分布し、道東地方には舟形土器に特色のあるヌサマイ式土器が分布する。
B.C.200年	続縄文時代					本州の弥生時代から古墳時代に相当する。

『北海道の歴史60話』三省堂より

す。ですから、「マンモス・ハンター」の仲間の旧石器時代人と、この土器の担い手たちが生きた時代の間には大きな空白があり、両者の関係はよくわかりません。

また、この土器も本州系列のものと、「石刃鏃《せきじんぞく》」*といわれる特殊な技法で作られているものとがあり、後者は日本の縄文文化の系列から外れ、北から流入したアジア大陸ルーツのものと見られています。その他、土器のさまざまな特徴から、北海道の土器には二つの大きな系統があると言われます。簡単に言えば、土器の底がとがっている「尖底土器《せんていどき》」と底が平らな「平底土器《ひらぞこどき》」です。前者は道南《どうなん》の渡島《おしま》半島に分布し、東北地方のものとほとんど同じです。ですから、道南地方は「東日本の縄文文化」に組み込まれていたと見られます。一方、後者は道東《どうとう》・道北《とうほく》地方に出土し、それとはまったく異質であり、大陸との関係も考えられていますが、詳しいことはわかりません。いずれにせよ、旧石器時代の遺跡出土品にはこうした差異は認められないので、新石器時代《しんせっきじだい》（縄文時代）に入ってから分化したと考えられます。

この二つの文化圏が北海道の縄文文化成立過程で併存《へいぞん》することは、かなり重要視されています。その後、歴史がずっと下《くだ》ってから登場して現在に至るアイヌ文化にも、この二つの系統に重なるような違いが内部に存在するからです。この結びつきを重視すれば、冒頭《ぼうとう》の北海道庁のパンフにある、アイヌの先住を一万年前とか五〇〇〇年前とかに求める説になるわけです。ただし、地域的には北海道に限られた話であり、本州方面に先住していたという話にまでは広がりません。

石狩湾側の縄文海進

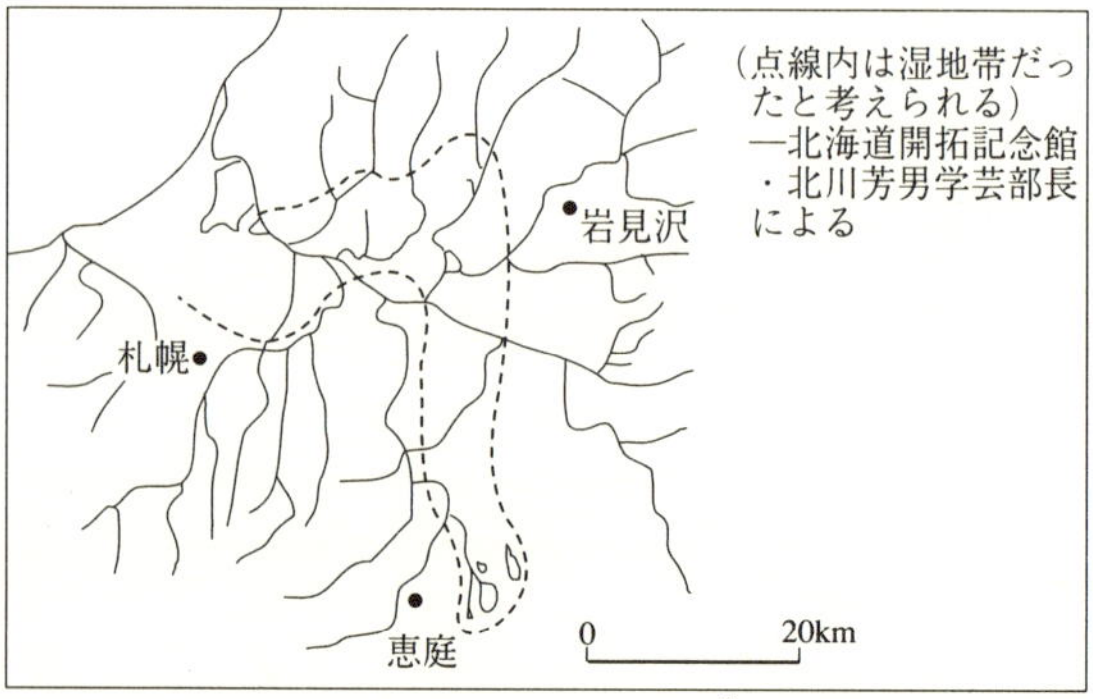

『シンポジウム アイヌ』より

＊石刃鏃《せきじんぞく》
石を打ち欠いて細長い一定の幅の石片を剥離《はくり》させる技法で石刃（ブレード）を作り、その周縁を加工して作った石鏃（やじり）。アムール川（黒龍河）流域に広く分布している。

二つの文化圏は、ほぼ石狩湾と苫小牧《とまこまい》を結ぶ線で区切られます（前頁下図参照）。この線の周辺には「縄文海進《じょうもんかいしん》」*で低湿地帯が広がっていたと見られています。また、道東・道北地方が常緑針葉樹林帯《じょうりょくしんようじゅりんたい》に属し、道南地方が落葉広葉樹林帯《らくようこうようじゅりんたい》に属するという自然環境の差から文化の発展にも差が現れたのではないかと見る見方もあります。

この後、縄文末期になると、九州や本州各地では米作《べいさく》が始まり、弥生文化《やよいぶんか》へと移行します。この弥生時代に朝鮮半島から渡来人がやってきて近畿地方に中央政権を作ったと見られています。これが、〈Q2〉の埴原《はにはら》説の新モンゴロイド（北方系）の流入と混血に当たり、それ以前に土着していた古モンゴロイドの直系が現在のアイヌや沖縄人になります。この説では、アイヌと和人が別々の道を歩むのは、少なくともこの渡来人の流入以後のこととなり、広く見ればアイヌの祖先は本州方面にも存在したということになります。ただし、この人たちは和人の祖先でもあることになりますが。

埴原氏は両者の分化を次のように見ています。

「問題は和人とアイヌが、縄文人という同じ祖先をもちながら、いつごろ別々の小進化を始めたかということです。私の想像では、やはり続縄文《ぞくじょうもん》から、擦文《さつもん》の時代ではないかと考えています。というのは、その時代から本州と北海道の文化がかなり違ってきているということは考古学でも明らかですし、本州では弥生から古墳時代にかけて文化がかなり急激に変わっている。にもかかわらず北海道では依然として原則的に縄文の文化を引き継がれている。このあたりに、本州と北海道の違いが現れ始めていま

＊縄文海進

縄文文化前期後半（約六〇〇〇年前）に温暖化に伴う海面上昇があり、北海道では北は石狩湾から日本海が、南は苫小牧から太平洋が内陸深く入り込んできて、周囲に低湿地帯が広がったと見られている。

すね。したがって人間もその時代からそろそろ本州人と北海道人というか、アイヌが分かれてきたのではないかと想像できます」（梅原猛、埴原和郎『アイヌは原日本人か』小学館ライブラリー）

　続縄文が今から一二〇〇～二〇〇〇年ほど前、それに続く擦文がそれから七〇〇年ほど前までです。この千数百年の間に和人とアイヌの分化があったと見るのです。また、道南と道東・道北との地方差については、次のように述べています。

「現代でも道南アイヌと道東・道北アイヌの間にはいろいろ違いがあります。たしかにアイヌのなかでもそういう地方差がある。この地方差がどうして起こったのかということははっきりしませんが、一つの可能性として、道南のアイヌはおそらく縄文時代から、東北地方の本州に住んでいる人たちと交流があったのではないか、したがって小進化が道北よりも早く進んだのではないかということです。いろいろ形態学的な比較をすると、たしかに道北の人たちのほうが顔つきからいってもやや古代型を多く残している。そして道南の人は和人に近い」（次頁図参照）（同書）

　ここでちょっと文化区分の説明をしておきます。本州方面では「旧石器」「石器（縄文）」「弥生」「古墳《こふん》」の順に展開しますが、北海道では少し事情が異なります。「弥生」「古墳」文化がなく、縄文晩期《ばんき》の後は、その文化を受け継いで鉄器《てつき》の使用が見られる「続縄文文化」となり、さらに独自の「擦文《さつもん》文化」へと発展します。続縄文文化は弥生・古墳と並行し、擦文文化は七、八世紀から中世の鎌倉時代まで続きます。

道南と道東・道北との地方差

続縄文文化

擦文文化

アイヌ人は原日本人である

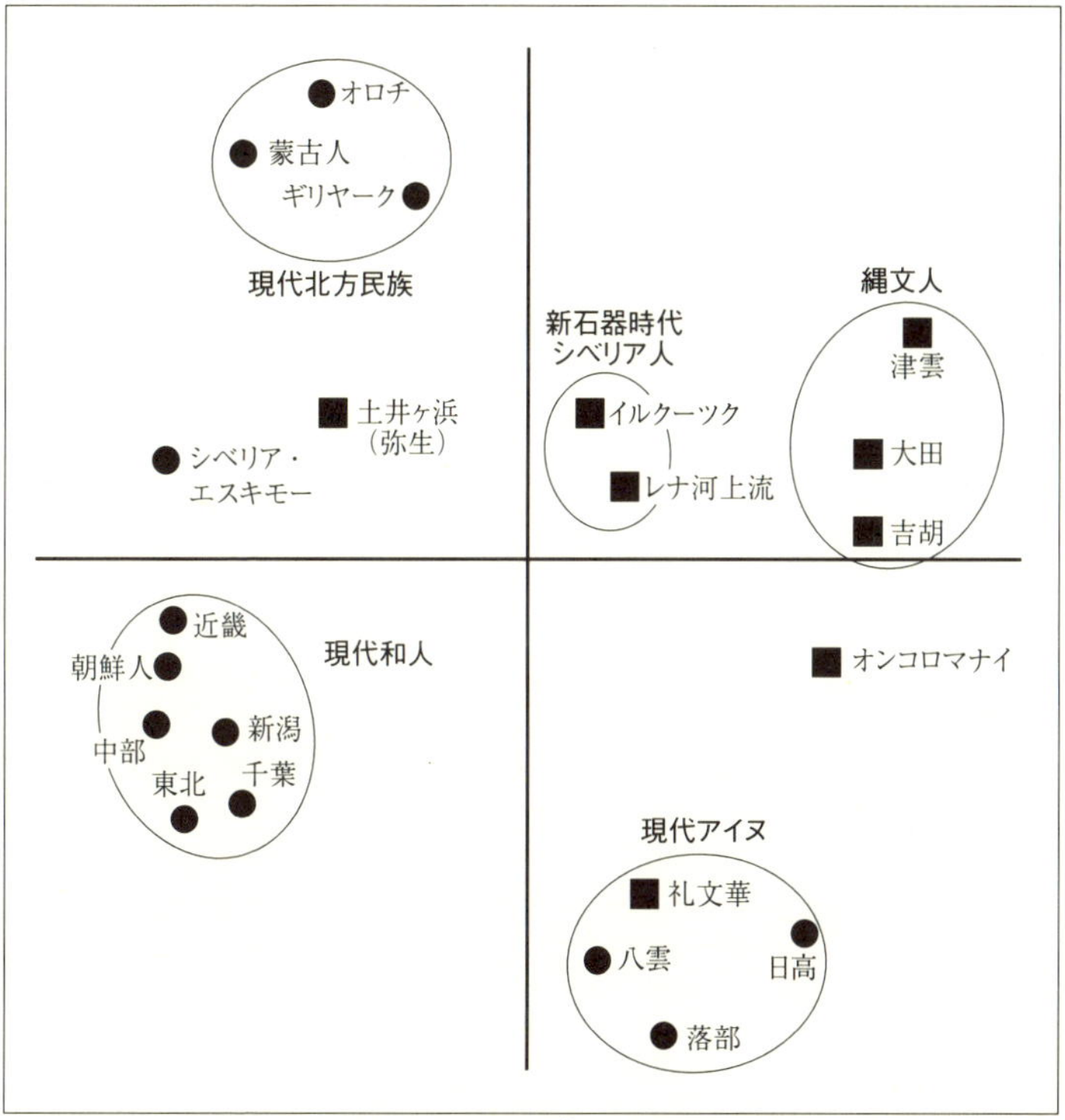

梅原猛・埴原和郎『アイヌは原日本人か』(小学館ライブラリー)

本州の弥生文化では、大陸から伝わった青銅器《せいどうき》、鉄器、稲作技術が西日本一帯を中心に広がって貧富《ひんぷ》の差や私有財産制《しゅうざいさんせい》、階級《かいきゅう》などが発生し、大和朝廷《やまとちょうてい》が国家の体裁を整えてきます。しかし、北海道の続縄文文化では稲作が見られず、狩猟《しゅりょう》・漁撈《ぎょろう》・採集《さいしゅう》の自然に頼る生活が続いていました。生活形態に大きな分化が見られるこの時期から擦文にかけて和人とアイヌの民族的分化が進んだのだろうと見るのが、埴原説です。これと同じように、擦文文化の担い手がアイヌへと発展したのだろうと考える見方は、考古学、歴史学の分野でも定説化しています。

擦文文化は、北海道在来の続縄文文化が本州の土師器《はじき》*文化の影響を受けて大きく変質したものです。成立は八～九世紀。土師器の製法をもとにした擦痕《さっこん》のある土器を作るのが特徴で、住居は隅丸方型《すみまるほうけい》でカマドのついた竪穴住居《たてあなじゅうきょ》が一般的でした。これは当時の東北の一般民衆の住居とほとんど同じで、カマドの存在や擦文文化の遺跡で見つかる鉄製品の中に鎌《かま》などが見られることからも、農耕文化との関わりが推測されています。鉄製の道具の使用も広く認められますが、擦文文化人は製鉄を行なわず、鉄製品は大半が外部から流入したものと考えられています。地域的には、サハリン南部から北海道、千島列島、青森県にまで及ぶ広い範囲に分布していたようです。

これらの特徴を整理すると、生活は自然採集が主体ではあるが雑穀《ざっこく》などの農耕も補助的にやっており、住居も東北地方とほとんど変わりません。本州の同時代の文化と異なるのは、米と鉄製品の自家生産をしていないことだけと言えます。しかし、この

＊土師器《はじき》文化
弥生土器の製法が古墳時代に受け継がれたもので、文様がなく簡単な器形をしており、主に日用具として使われた。北は青森県から道南にまで分布している。土師器には糸切り底があるが、擦文《さつもん》土器には糸切り底がない。

点については、道南の松前《まつまえ》地方では遺跡から〝のろ〟と呼ばれる多量の鉄滓《てっさい》と三粒の炭化米が発見され、住居も近世アイヌのチセ（家）につながるような平地式《へいちしき》住居が発掘されるなど、他とは様相の異なるものも見つかっており、もう一歩進んだ擦文文化像も提出されています。

オホーツク文化

　この擦文文化とほぼ同じ頃、道南・道北地方のオホーツク沿岸のごく限られた地域にラッコ、アザラシなどの海獣狩猟《かいじゅうしゅりょう》と漁撈《ぎょろう》を主体としたオホーツク文化が存在しました。この代表的な遺跡が網走《あばしり》市のモヨロ貝塚で、これは擦文文化とはまったく異なる系統の文化と見られています。例えば次のような顕著《けんちょ》な差異が見られます。

　遺跡の所在地が、オホーツク文化は標高一〇メートル程度の海岸砂丘か低い段丘《だんきゅう》の上に多く、擦文文化では河川流域に集中している。死者の埋葬《まいそう》が前者は大陸の満州ツングース民族系の文化に類似性が見られる仰臥屈葬《ぎょうがくつそう》で、アイヌ文化では伸展葬《しんてんそう》である。住居はカマドのない亀甲形《きっこうがた》か五角形の竪穴式で、土器の形や文様《もんよう》も異なる。金属製品もオホーツク文化は大陸と深いつながりがあるのに、擦文文化は大部分が本州からの流入品である。ざっとこんな具合なのです。

　この文化は北海道のほか、千島列島、サハリン（旧樺太）にわたって形成されました。しかし、一二世紀前半には擦文文化に吸収される形で消滅したと考えられています。ただし、熊送り儀式（イヨマンテ）の伝統はオホーツク文化の「骨塚」にはたどれても擦文文化には見られず、アイヌの住居特有の構造や銛頭《もりかしら》キテ（回転式離頭銛先《りとうもりさき》）、神謡《しんよう》ユーカラなどもオホーツク文化との関わりが強いと見られています。さらに、続縄文期に道南、東北北部に見られて四～五世紀に消失した恵山《えさん》式文化（弥生式にそっくりの土器が特徴）との関わりを指摘する声もあり、現在のアイヌ文化はこれらの融合《ゆうごう》により複合的に形成されてきたと考えられています。

さて、まとめです。アイヌの「先住」は、第一段階としては、「少なくとも七〇〇年前」「北海道」において認められました。次にもう少し網を広げれば、擦文文化の時代まで、つまり一二〇〇年前ぐらいまで遡《さかのぼ》れそうです。地域は主に北海道ですが、竪穴住居の東北地方との類似性、恵山式文化の分布なども考慮すると、東北北部まではアイヌが先住していたと見てもけっしておかしくないことになります。さらに、千島、サハリン（旧樺太）にも先住していたことは、歴史的事実です。

以上は主に遺跡などの考古学的資料にもとづく説明です。次項では、いよいよ歴史の文献資料によってアイヌの足跡《そくせき》をたどってみようと思います。

恵山式文化

Q5 アイヌが日本史に登場するのはいつからですか？

日本史ではアイヌが「謎の民族」視されているそうですね。なぜなのでしょう。アイヌが歴史資料にはっきりとした形で登場するのは、いつごろなのですか。

北海道という名前は、明治になってから新たにつけられました。それ以前は蝦夷地《えぞち》と呼んでいました。その「蝦夷」という表現は、なんと、現存する日本最古の歴史書である『古事記《こじき》』（七一二年）に登場します。「草薙《くさなぎ》の剣《つるぎ》」の話で有名な倭建命《やまとたけるのみこと》の東征《とうせい》のくだりに出てくるのです。

「悉《ことごと》に荒《あら》ぶる蝦夷等を言向《ことむ》け、また山河の荒ぶる神等《ども》を平和《やは》して」（景行《けいこう》天皇紀小碓《おうす》命の東伐）

「蝦夷」が『古事記』に出てくるのはこの一カ所だけですが、この倭建命東征の話には、「東の方十二道*の荒《あら》ぶる神、また伏《まつろ》はぬ人等を言向け和平《やは》せ」などのように「荒ぶる神」「伏《まつろ》はぬ人」、あるいは「悪しき人等」といった表現も見られます。ただし、これに先立つ「西征《せいせい》」の話でも熊襲《くまそ》を「これ伏はず、禮《いや》無き人等なり」などと表現しています。東でも西でも、中央の朝廷が権力支配の及ぶ範囲を拡大しようとし、その最前線で激しい抵抗にあっていたのです。こうして容易《ようい》に天皇の支配に従わない

蝦夷

景行天皇

*東の方十二道
「ひむがしのかたとをまりふたみち」と読み、伊勢《いせ》、尾張《おわり》、参河《みかわ》、遠江《とおとおみ》、駿河《するが》、甲斐《かい》、伊豆《いず》、相模《さがみ》、武蔵《むさし》、総《ふさ》、常陸《ひたち》、陸奥《むつ》のこと。

人たちを「正史《せいし》」の記述では徹底的に貶《おとし》めているようです。

この「蝦夷」表現は、『日本書紀』などの六国史《りっこくし》（七二〇～九〇一年、日本書紀《にほんしょき》、続日本紀《しょくにほんぎ》、日本後紀《にほんこうき》、続日本後紀《しょくにほんこうき》、日本文徳天皇実録《にほんもんとくてんのうじつろく》、日本三代実録）には、ひんぱんに登場します。たとえば『日本書記』では、高橋崇《たかし》著『蝦夷』（中公新書）によると、「蝦夷」という表現は景行天皇紀に一四回、斉明《さいめい》天皇紀に二五回あるのをはじめ全部で六七回も登場し、また後半には同じ意味の表現と見られる「蝦蛦」も一三回出てきます（表）。景行天皇紀に多いのは日本武尊《やまとたける》（『古事記』では「倭建」と表記）の話があるためで、斉明天皇紀は遣唐使が蝦夷を唐《とう》へ連れていった記事と阿部比羅夫《あべのひらふ》の遠征に関する記事のせいです。

ここで一つ、大事なことを指摘しなくてはなりません。冒頭の、北海道以前の地名の「蝦夷地」の読みは「エゾ地」で、「エゾ」が住む土地の意味です。ところが、記紀《きき》など古代の歴史資料に出てくる「蝦夷」の読みは実は、「エミシ、エビス」なのです。同じ漢字を当てていますが、明らかに読みが違うのです。『釈日本紀《しゃくにほんぎ》』という本に「蝦夷　養老説　衣比須」とあり、奈良時代の養老年間（七一七～七二三年）には「エビス」と読んだことが伝えられています。『日本書紀』にもう一つ「蝦蛦」という表記があり、他の個所には「毛人」「夷」「狄」と書かれている例もありますが、読みはいずれもエミシ、エビスです。古代の史料にはこの人たちがあちこちに顔を出します。エミシあるいはエビスという大和言葉が先にあり、漢字で当て字がなされた

斉明天皇（在位六五五～六六一年）

エゾ

エミシ、エビス

と考えられています。

こうした表現には中国の中華思想《ちゅうかしそう》の影響がありそうです。自分たち中華民族を世界の中心と考え、四辺の異民族を東夷《とうい》、西戎《せいじゅう》、南蛮《なんばん》、北狄《ほくてき》と称して蔑視《べっし》したそのやり方を、中国に朝貢《ちょうこう》していた大和朝廷の人間も真似《まね》したのでしょう。また、「蝦夷」は「海老《えび》」のことであり「醜い野蛮人《やばんじん》」といった意味の蔑称《べっしょう》として日本独自に造語したのだという解釈もあります。いずれにせよ、中央から辺地《へんち》の人々を差別した眼差《まなざ》しがその底にあることは間違いなさそうです。

一方、「エゾ」という言葉は平安末期から鎌倉時代にかけて登場します。王朝貴族の和歌にしばしば出てきており、中でも『左京大夫顕輔卿集《さきょうだゆうあきすけきょうしゅう》』(一一一六年)の、

「浅ましや千嶋のえぞのつくるなる　どくきのや社《こそ》ひまはもるなれ」

がよく知られています。この頃の和歌で「エゾ」が登場するものには、エゾの縁語《えんご》として「ちしま」「えそか千島」「つかる」「陸奥の奥」「みちのく」などが登場します。

『日本書記』の蝦夷・蝦蛦の使用例

	蝦夷	蝦蛦
景行紀	14	
応神紀	2	
仁徳紀	4	
雄略紀	3	
清寧紀	1	
欽明紀	1	
敏達紀	3	
崇峻紀	1	
舒明紀	5	
皇極紀		3
孝徳紀	1	2
斉明紀	25	6
天智紀		1
天武紀	1	1
持統紀	6	1

高橋崇『蝦夷』(中公新書)

「千島《ちしま》」は北海道本島とその周辺、「つかる」と「陸奥《むつ》の奥」は津軽で、「みちのく」とあるのも津軽を指していると見られています。現在の岩手、秋田両県以南の古代蝦夷はすべてエミシ・エビスとされ、エゾと表現されたものはないそうです（海保嶺夫《かいほみねお》『エゾの歴史　北の人々と「日本」』講談社選書メチエ）。つまり「蝦夷が千島」とその周辺にしかエゾが住んでいなかったことになります。

また、北海道そのものの様子について具体的に書かれた最古の史料として『諏訪大明神画詞《すわだいみょうじんえことば》』（一三五六年完成）があります。紛失した祭り画を復元したもので諏訪神社の霊験《れいけん》を書き記したものだそうです。その中に安部氏の後裔《こうえい》を自称する津軽安東氏《あんどうし》の乱《らん》に触れた部分があり、そこに三種類のエゾ集団が登場します。

「蝦夷ガ千島ト言エルハ我国ノ東北ニ当テ大海ノ中央ニアリ、日ノモト、唐子《からこ》、渡党《わたりとう》、此三類各三百三十三ノ島ニ群居《ぐんきょ》セリト、一島ハ渡党ニ混ス、其内ニ字曽利鶴子、万堂満伊犬ト云小島ドモアリ、此種類ハ多ク奥州津軽外ノ浜ニ往来交易ス、夷一把ト云ハ六千人也。相聚ル時ハ百千把ニ及べリ、日ノ本、唐子ノ二類ハ其外国ニ連テ形体夜叉《やしゃ》ノ如ク変化無窮《むきゅう》ナリ、人倫《じんりん》獣魚肉ヲ食トシテ五穀ノ農耕ヲ知《しら》ズ。九訳ヲ重ヌトモ語話ヲ通シ堅シ。渡党ハ和国ノ人ニ相類セリ。但鬚髪《ひげかみ》多シテ遍身ニ毛ヲ生ゼリ。言語俚野《りや》也ト云トモ大半ハ相通ズ。此中ニ公超霧ヲナス術ヲ伝へ、公遠隠形ノ道ヲ得タル類モアリ、戦場ニ望ム時ハ丈夫ハ甲冑弓矢ヲ帯シテ前陣ニ進ミ婦人ハ後塵ニ随イテ木ヲ削

アイヌ語地名

北海道内の地名の大半がアイヌ語に由来することは有名だ。札幌（サトポロ・乾燥した広大な地）、小樽（オタルナイ・砂だらけの沢）、釧路（クシユル・通路、クッチャロ・のど）など都市部はもちろん、山奥の沢一つとってもアイヌ語の地名がつけられている。その命名の特徴は現地の地形、地勢を忠実に言葉に置き換えているという点だ。そこから北海道地名学の最高権威・山田秀三氏は研究の基本として、古い地図や文献を正確に読む、アイヌ語やアイヌ語地名の型のクセに精通する、必ず現地に立って土地の人の話も聞く、といった要点を挙げている。

研究者の間では東北地方の地名にもアイヌ語が多いことは認められているが、関東以西は不明である。東京の日暮里を「ヌプリ」（山）と読み解くような地名解が一時はやったが、アイヌ語で解けること

リテ幣帛《へいはく》ノ如クニシテ天ニ向イテ誦呪《しょうじゅ》ノ体アリ、男子共ニ山壑《やまたに》ヲ経過スト言トモ乗馬ヲ用ズ、其身ノ軽キ事飛鳥走獣ニ同ジ、彼等カ用イル所ノ箭《や》ハ遺骨ヲ鏃トシテ毒薬ヲヌリ纔《わずか》ニ皮膚ニ触レニ其人斃セズト言事ナシ」（『諏訪史叢書』、新谷行『アイヌ民族抵抗史』三一書房より）

　要約すると、内容は次のようになります。

――わが国の東北の海にある「蝦夷が千島」には、「日の本」「唐子《からこ》」「渡党《わたりとう》」という三種の人間が群居している。三三三の島の一島には「渡党」が混住していて、そのうちには「ウショロケシ（ウスケシ）」（函館《はこだて》）「マトマイ」（松前《まつまえ》）という小島があり、奥州津軽外《そと》ケ浜《はま》と往来して交易している。――「日《ひ》の本《もと》」「唐子」は外国に連なっていて体つきは夜叉《やしゃ》のようで禽獣《きんじゅう》魚肉を食べ、五穀の農耕を知らない。言葉も通じ難い。「渡党」は和人に似ているが、ヒゲ、髪が多い。言葉は大半が通じる。

　このほか、乗馬の習慣がないこと、戦いの時には女が木を削って幣《ぬさ》を作り祈ること、身が「飛鳥走獣」のように軽いこと、骨鏃《ほねやじり》の毒矢を用いること――などが書かれています。こうした特徴からこの集団は明らかに現在のアイヌの祖先たちと見られます。エゾがアイヌという特定民族の呼称へと特化されていったのもこの頃と見られ、「日の本」は道東地方のアイヌ、「唐子」は西海岸地方のアイヌ、「渡党」は北海道南部の住人のことで、「渡党」の中には和人も含まれていたと考えられています。

とアイヌが実際にそこに住んでいたかは別問題である。日本語とアイヌ語に共通の祖語「縄文語」を仮定し、アイヌ語がその縄文語の要素を色濃く残していると見たら、日本全国の地名がアイヌ語で解けることになる。

　弥生文化の濃厚な関西でアイヌ語地名解がほとんどできず、沖縄・琉球ではアイヌ語で解けそうな地名があるとの指摘も出てきている。「二重構造モデル」説（↓Q2）が言語の面でも実証されようとしているのかも知れない。

日の本、唐子、渡党

さて、こうして和歌や文献に登場する中世のエゾと古代のエミシ・エビスがどういう関係にあるのか。その点をめぐって、大論争が繰り広げられてきました。つまり、はたしてエゾ＝エミシ・エビスなのか否か？——という両者の連続、非連続の問題が問われてきました。中世以降のエゾがアイヌであることは定説となっているので、問題はエミシ・エビスがアイヌなのか否かということになります。

ですから、エミシ・エビス＝エゾ＝アイヌであるならば〈Q5〉の答えは「『古事記』から」ということになるし、このイコール関係が否定されれば「アイヌは中世から日本史に登場する」といった答えになるわけです。この点について、海保嶺夫氏が前掲書の中で主な学説を詳しく紹介してくれていますので、それに拠ってまとめてみます。

同書によると、エミシ・エビスが何者であるのかに関する学説は、大きく分けて「特定説」と「非特定説」の二つ。「特定説」は、①アイヌ民族説　②「辺境《へんきょう》」日本人説——に分かれます。「非特定説」は第二次大戦後の主流学説で、①方民《ほうみん》説・辺民《へんみん》説　②折衷《せっちゅう》説——などがあります。

また、視点をちょっと変えて、これをエミシ＝アイヌか否かという面から見れば、「エミシ＝アイヌ民族とすれば、アイヌ民族（この時代では、続縄文人というべきか）は、七世紀段階では現在の東北一帯を生活圏とし、文書史料に登場以後一貫して、『日本』と戦いつづけた民族となる。生活圏は当然北海道本島や周辺地域にもおよん

特定説、非特定説

でいたことになるから、いわゆる『征夷《せいい》』軍がその制圧に苦戦し、たびたび敗北したのも当然である。――エミシをアイヌ民族と理解するならば、民族的対立が日本列島の北部で一〇〇〇年以上も続いたことになり、『日本』史そのものもおおきく書き換えねばならないことになろう」「一方、――非アイヌ民族説に立てば、『征夷』戦はたんなる国内平定戦となりさほどの重要性はなくなる」（同書）と指摘しています。異民族との食うか食われるかの戦いなのか、国内戦の反乱分子に対する戦いなのかという違いになるというのです。

では、学説の内容紹介に入ります。まずは「特定説」から。

アイヌ民族説

この説の中の①のアイヌ民族説は、エミシ＝エゾ＝アイヌという同一実体説となります。代表論者は、歴史学の喜田貞吉《きだていきち》と言語学の金田一京助《きんだいちきょうすけ》です。喜田は、東北や北海道で蝦夷《えぞ》やアイヌの祖先が遺したと考えられるものと同一系統の遺物遺跡が全国的に散在していることを根拠とし、金田一は両者の歴史的連続性を説いたあとで「本州にゐたアイヌが蝦夷で、北海道にのこった蝦夷がアイヌ」と人種の差ではなく地方差だと結論づけています。呼称については、喜田は「エビスがエミシの転訛《てんか》」で「エゾがエビスの略転」と見ており、金田一は、エゾの語源を樺太アイヌの言葉で人を表す「エンチュウ、エンジュ」に求める一方で、エミシの語源を「弓師」という日本語に求めています。語源については金田一説が定説的地位にあるそうです。

「辺境」日本人

②の「辺境」日本人説は、エミシとエゾとの質的断絶を意味します。古代東北地方

での農耕文化の不斉一性《ふせいいっせい》を強調して「斑状文化《はんじょうぶんか》」を唱える新野直吉は、蝦夷と中央日本人は同一人種であり、日本人内での地域的相違が蝦夷観念の原点だと唱えましたが、後にエミシ=アイヌ説に傾斜しました。東北考古学の基礎を築いた伊東信雄はエミシが異民族視された根拠を「文化の後進性」と「政治的対立」に求めました。しかし、伊東もまた、北海道を本拠とする遺物の大量発見や東北のアイヌ語的地名をもとに後にエミシ=アイヌ系の人種と規定するようになりました。また、児玉作左衛門は「エミシは元来日本人」で「エゾは本質的に日本人と違う」と規定し、エミシが中央の文化に接して区別がなくなって消滅したのに対して、人種的に異なるエゾが残存したと見ています。

方民説・辺民説

次に「非特定説」です。これは戦前の民族論への批判に基づき、戦後の主流となっています。①の方民説・辺民説は高橋富雄が集大成しました。「蝦夷は、たてまえの上で、法の外にあるもの」つまり、中央政府の外で敵対するものと規定しました。その上で、大化の改新以降はその地域が奥羽地方に限定され、固有の実質は「東北の夷民」と明らかにしました。「エミス・エビスとしての蝦夷」と「エゾとしての蝦夷」には系譜的には断絶があり、中世・近世の蝦夷はアイヌだと断定もしています。

折衷説

この説のあと、蝦夷は、人種的には日本人だが中央政府にまつろわない者と異人種のアイヌの両方を含む――と見る折衷説が強まり、八〇年代以降はエミシにおけるアイヌ的要素の強調がなされているそうです。いずれにせよ、方民説は人種・民族論とは次元を異にする説なのですが、アイヌ的要素が強くなるとアイヌ説に、非アイヌ的要素が強くなると「辺境」日本人説に傾きがちだ、と海保氏は指摘しています。

こうして眺めると、結局、エミシ・エビスの中身についてはさまざまな見解がありますが、エゾについてはアイヌ民族と同義と見るのが定説化しています。そこで、「蝦夷」の読みがエミシからエゾへ変化した理由については、①同じ実体（アイヌ民族）の名称の変化のみ、②異質なものへの変化（「辺境」日本人→アイヌ民族）、③実体不定（方民）の人々が（アイヌ民族へと）限定される――という三通りの考え方に集約されます。ただし、そのいずれについても、海保氏は「説得性はいま一つ欠ける」と評価し、「今後は、エミシの終末としてのエゾ論ではなく、エゾ論を起点としてエミシ論の当否を論ずる時間軸を逆転させて考える方式、およびエゾ論をエゾ論独自で論ずる方式が必要となろう」と問題提起しています。

いずれにせよ、現在の学問的知見では、古代のエミシ・エビス、そして中世のエゾの実体は謎に包まれたままです。現在のアイヌとの関連はあるともないとも断定できないといったところでしょう。しかし、一般日本人とは異質な風貌《ふうぼう》を持ち、中央政府にまつろわずにしぶとく抵抗していた人々が、東北地方に存在したということは、はっきりしています。古代のエミシに絞って、この人たちがどんな様子で中央政府との間にどんな抗争を展開してきたかを、次の項で見ることにします。

Q6「蝦夷征伐」って何ですか？

「蝦夷征伐」と聞くと、アイヌが何か悪いことでもしたようですね。さすがに最近は「征伐」という言葉をつかわないそうですけど、事実はどうだったのですか。

一昔前まで当たり前のように使われた言葉に「蝦夷征伐《えぞせいばつ》」という言葉があります。さすがに最近は学校の歴史教科書などからは「征伐」の表現は消えたようですが、かつては「征伐」が大手《おおで》を振《ふ》っていました。それでは、「征伐」とはどんな意味なのでしょう。

『広辞苑』（第四版）では、「服従しないものを攻めうつこと」とあります。これでは何が引っかかるのかが、いまひとつ、よくわかりません。同じ岩波書店の『岩波国語辞典』（第四版）では「悪者・服従しないものを攻め平らげること」と出てきます。

なるほど、蝦夷が悪者視されているわけです。ユニークな内容が話題の〝新解さん〟こと『新明解国語辞典』（三省堂、第四版）には「服従しない（反抗する）者を攻め平らげること」とあり、「俗に、めんどうな仕事をかたづける意にも用いられる」と補足説明がついています。そうか、なるほど。これでわかりました。

時の大和政権にとって、蝦夷はいつまでも服従しない悪者でめんどうな存在だったのです。南の熊襲《くまそ》、隼人《はやと》＊が早々と軍門《ぐんもん》に下《くだ》った後も、北の蝦夷だけはしぶとく抵抗し続けたのです。〃勝てば官軍《かんぐん》〃の論理で、蝦夷が騒げば「乱が起きた」「反乱だ」といい、それを「平定」しに軍が派遣《はけん》されれば「征伐」と言ってきたのです。こんな見方はもう改めなくてはならないでしょう。「蝦夷征伐」（アイヌ以前のエミシのことを指すので、読みは「エミシせいばつ」が正しいことになるでしょう）について、詩人で文筆家の新谷行《しんやぎょう》氏（故人）が『アイヌ民族抵抗史』（三一新書、増補版）の中で、とても鋭い指摘をしています。

「古代における、いわゆる蝦夷征伐とは何か。アイヌ史を考える上で、この問いはきわめて重要である。これまで『蝦夷征伐』は畿内《きない》ヤマト王国の東国への拡大期の叙事詩と信じられ、また律令国家《りつりょうこっか》の辺境開拓のための国家的事業としてとらえられてきた。いずれにせよ、蝦夷は『平定』され、抹殺《まっさつ》されるのが当然の蛮夷《ばんい》として歴史に書かれてきたのである。しかし、この歴史は書きかえられなければならない。この歴史はあくまでも征服者のための歴史であり、これらの歴史からは、征服され、抹殺された者の声を聞くことはまったくできないからである」

「これまでの歴史学者のほとんどは、蝦夷を中央権力に『まつろわぬもの』としてだけ把握《はあく》してきた。しかし、蝦夷は『まつろわぬもの』であるより先に、日本列島の『原住民』である。蝦夷を『原住民』と認識して、はじめて『まつろわぬ』ことの意味が解け、蝦夷の抵抗の必然性が理解されるのである」

＊熊襲《くまそ》・隼人《はやと》
熊襲は南九州地方で大和政権に従わなかった部族。熊は肥後《ひご》の球磨《くま》郡、襲は大隅《すみ》の贈於《そお》郡地方を指す。古事記に「西の方に熊曾建《くまそたける》二人あり。これ伏《まつろ》はず禮《あや》無き人等なり」とあり、日本書紀にもアツカヤ、サカヤ、クマソタケルといった熊襲の首領が登場し、日本武尊《やまとたける》が征討する話がある。隼人は薩摩・大隅地方にいた部族で長く朝廷に服属しなかったが、八世紀初めに征討された。

原住民族の自衛の闘い

「私たちは『蝦夷征伐』史観に対して、征服者国家に対する原住民族《げんじゅうみんぞく》（蝦夷）の自衛のための戦争史観を対置させねばならないのである」

侵略者に対する原住民族の自衛の戦い――。確かに、この視点から見ることによって、蝦夷の粘り強い抵抗が理解できるような気がします。〝正史〟は常に征服者の側から書かれ、正当化されるのです。その残された記録を丹念に読み取るだけでは欠け落ちてゆくものがあるのは当然です。まして、アイヌに関する歴史資料はきわめて限定されています。確かな視点と想像力が必要なのです。新谷氏の著書はこの抵抗する側からの史観に見事《みごと》に貫かれています。

『アイヌ民族抵抗史』への不当な非難

でも、歴史学者たちはかなり冷やかな目で新谷氏の仕事を見ています。それを、在野の哲学者・花崎皋平《こうへい》氏は、幕末の探検家・松浦武四郎《まつうらたけしろう》の足跡を追った著書『静かな大地　松浦武四郎とアイヌ民族』（岩波同時代ライブラリー）の中で、こう指摘しています。「このごろ新谷行の著作――とりわけ『アイヌ民族抵抗史』――に対する、私の目からみて不当と思われる非難が、北方史《ほっぽうし》の専門学者たちの書くもののなかにでてくる」

具体例として二人の学者の文章を取り上げ、一人が『抵抗史』の記述が「非常に一面的・独断的」であり「科学的思考の放棄と思弁的夢想」と決めつけていること、もう一人が『抵抗史』を「昭和四十七年以後多く見られるようになった、情念的で妙に『同情』的なアイヌ史は、歴史そのものとは言い得ない」と述べていることを紹介しています。そして、それについて、花崎氏は両氏が『抵抗史』を歴史学の学術研究書とみなして批判しており、新谷氏が詩人・思想家の目で歴史を論じたことの意味を見損なっていると指摘し、次のように締めくくっています。

「彼の仕事によって目をひらかれ、多くを教えられた私としては、専門家の高みから見おろす右の評価に対して、異議をのべ、彼のなした仕事を弁護しておきたい」

七〇年安保闘争時に北海道大学助教授という〝特権的〟な立場を自ら捨てて時代の問題提起を真摯《しんし》に受けとめ、以後は在野の立場を貫いている花崎氏らしい弁護と言えます。ちょっと横道へ入りました。ここでは、私も新谷氏の著作で同様に目を開かされた一人だということを表明するにとどめ、先へ進みます。

さて、これからエミシ（蝦夷）と大和朝廷との攻防に筆を進めてゆくことになるわけですが、その前にエミシが歴史資料にどんな人たちとして描かれているのかを見てみます。記紀にはヤマトタケルの話が出てきます。このヤマトタケルは伝説上の英雄で、実在した人物ではないと見られています。記述の上では、第一二代とされる景行《けいこう》天皇の皇子《おうじ》ということになっていますが、景行天皇自身の実在にも疑問が出されています。結局、朝廷が支配圏を広げるために度々繰り返した征服事業を語るのに、ヤマトタケルという一人の主人公に託して物語化したものと見られているのです。

ですから、ヤマトタケルの話に出てくるエミシ像は一つの集約されたエミシ像と言ってもよいかもしれません。『日本書記』に次のような記述があります。わかりやすい現代語訳があるので、それを引用します（山田宗睦訳『日本書記（上）』教育社新書、以下、現代語訳はいずれも同書）。景行天皇がヤマトタケルにエミシの特徴を説明するくだりです。

「東夷《とうい》というのは、うまれつき強暴で、もっぱら力ずくで他をおかしている。村には長《おさ》がなく、邑《むら》に首《かしら》がいない。めいめいが領界をおかし、たがいに盗みあっている。また山に邪神があり、野には悪鬼《あっき》がいて、岐《わか》れ道を遮《さえぎ》り道をふさいで、多人《しばしば》を苦しめている」

まるで百鬼夜行《ひゃっきやこう》の世界と言ってもよさそうです。東夷というのは、東国で服従しない人々全体を指しています。続いて蝦夷の説明に入ります。

「その東夷の中で、蝦夷《エミシ》こそはもっとも強い。男と女は交《まじ》っていて、父と子の別はない。冬は穴に宿《やど》り、夏は樔《す》に住む。毛（皮）を衣《き》て血を飲み、兄と弟とは疑いあっている。山に登るのは飛ぶ禽《とり》のようであり、草（中）を行くのは走る獣のようである。恩を承けても忘れ、怨《うらみ》を見ればかならず報（復）する。そして、矢を束ねた髪の中に蔵《かく》し、刀を衣の中に佩《お》びている。あるいは仲間を集めて、境界を犯し、あるいは農（業・養）蚕のときをうかがい、人民を略（奪）する。撃てば草に隠れ、追えば山に入る。こういうことだから、往古《おうこ》このかた、いまだに王化に染まずにいる」（景行天皇秋七月一六日）

〝ヤマト民族〟の末裔《まつえい》として、この文章を読むと気恥ずかしい気持になります。坊主憎けりゃ袈裟《けさ》まで憎い――の類でしょうか。いくら服従しないとはいえ、ここまでひどく書かなくてもという気がします。ただし、弁護をしておけば、こんな見方もあります。「バルバロイ（筆者注・訳のわからない言葉を話す者）との関連で重要なのは、人類が社会を営み始めていらい、人びとが集団を内と外に分類して、外の集団に口汚いののしりの言葉を浴びせかけてきたことである。この現象は、洋の東西を問わず人間に共通する性癖のようなものだった」（山内昌之『民族問題入門』中公文庫）。どうやら人間に普遍の性《さが》のようです。

また、その表現の中には、〈Q5〉で紹介した『諏訪大明神画詞《すわだいみょうじんえことば》』の中にある「其身ノ軽キ事飛鳥走獣ニ同ジ」とよく似ている部分もあります。両者の成立年代には六〇〇年余りの差がありますが、基本的なエミシ観には共通のものがありそうです。あるいは異質な者たちを表現する決まり文句のようなものがあったのかも知れません。とにかく自分たちとは違う野蛮な人たちだとことさらに強調している感がします。

こうして蝦夷がいかに手強《てごわ》い存在なのかを強調する一方で、矛盾する表現も記紀に出てきます。初代天皇といわれる神武《じんむ》天皇の巻に一〇前後出てくる「久米歌《くめうた》」という叙事詩的歌謡がありますが、その中に蝦夷を歌った次のようなものがあります。

「蝦夷を一人　百《もも》な人　人は言へども　手向《たむ》かひもせず」

この文は「エミシは一騎当千と人は評判にしているけど、抵抗すらしない」という意味です。神武天皇の軍兵が大和で八十梟帥（ヤソタケル）の残党を撃滅したときの祝い歌ですが、その直前に「盛大な饗宴《きようえん》を開いて族どもを誘い出して殺せ」と天皇が命じる部分があります。酔いつぶして敵を全滅させたもので、けっしてエミシは何ひとつ抵抗もしない、評判倒れの弱兵でもなかったようです。それよりむしろ、朝廷側のずる賢いやり口に目を奪われます。これと似た手口は他にも見られます。

武内宿禰《たけのうちすくね》が東国の視察から帰ってきて景行天皇にこう進言します。「東夷の中に、日高見（北上川流域か）の国があります。その国の人は、男女ともにもとどりを結《ゆ》い文身《いれずみ》をし、天性は勇猛、これをすべて蝦夷《エミシ》といいます。また土地は（肥）沃な（土）壌でまことに広い。（蝦夷を）撃って（日高見の国を）取るべきです」（景行《けいこう》天皇二七年二月一二日）。「豊かで広い土地だから取ったらいい」というのだから、何とも勝手な言い分ですし、ずいぶん好戦的です。また、ヤマトタケルの東国遠征出発に当たって同天皇は「願わくは深慮遠謀《しんりよえんぼう》、姦（計）を探り」とか「すなわち言（葉）巧みに暴神を調《ちよう》（伏）し、武（力）を振るって姦鬼を（撃ち）攘《はら》え」と命じています。ずるく巧みにというのが当然だったようです。こうした点を、新谷行氏は『アイヌ民族抵抗史』で次のように見ています。

「ここで想起されるのは、たとえば神武東征で『尾生《あ》る土雲八十建《つちぐもやそたける》』を歌を合図《あいず》に殺した話や、同じ倭建命《やまとたけるのみこと》が童女姿に欺いて熊襲《くまそ》を殺した話、さらには隼人《はやと》の曾婆訶理《そばかり》を酒宴の席で殺した話などの、謀殺、騙《だま》し討《う》ち戦法である。『言を巧みにして暴神を調《ととの》え』という内容は、こういう荒ぶる神、異族の指導者へのほとんど常套化《じようとうか》

武内宿禰

した謀殺戦術で、そこに何か古代的な叙事詩といえるような雄渾《ゆうこん》な世界を想像することは到底不可能である。いずれにせよ、『文明』は『未開』を詐《いつわ》り欺き、従う者を奴隷にし、抵抗する者たちを虐殺《ぎゃくさつ》していった」

私も同感です。対エミシに限らず、「まつろわぬ者たち」に対する大和朝廷の対応は、ヤマトタケルの話が神話であり、事実に尾ヒレをつけて叙述したと見られる点を差し引いても、ずいぶんと自分勝手で非道なものだったと感じられます。そして、それが中世以降にアイヌの英雄コシャマインやシャクシャインが蜂起《ほうき》した際などに和人側が用いた常套手段にもなっていることを指摘しておきます。

〈Q6〉でエミシが何を指すのかについてのさまざまな説を紹介しましたが、この項で見てきたいろいろな例から考えると、「蝦夷《えみし》」という言葉で表されるものが今日のアイヌに連なる人々とそうでない人々の両方を含んでいるようです。その端的な例が、大化の改新（六四五年）で滅ぼされた蘇我氏父子かもしれません。

中央で独裁的権力を振るっていた蘇我《そが》氏は、朝鮮半島に新羅《しらぎ》という有力勢力が現れたことで国政改革を急ぐ中大兄皇子《なかのおおえのおうじ》（のちの天智天皇）、中臣鎌足《なかとみのかまたり》らに滅ぼされましたが、父の名は蘇我蝦夷《そがのえみし》でした。蘇我氏は聖徳太子の皇子を殺害したので、皇国史観《こうこくしかん》風に言えば道鏡《どうきょう》、足利高氏《あしかがたかうじ》とともに「日本三大悪人」の一族であり、『日本書紀』で筆誅《ひっちゅう》を加えて名前を変えたのだというのです（高橋崇『蝦夷』中公新書）。中央政権に敵対する者がエミシであったことを象徴していそうです。

蘇我蝦夷

この大化の改新以後、国家としての体裁をいっそう整えつつある大和朝廷が、関東以北において盛んに軍事行動を展開します。それが「蝦夷征伐」として歴史の舞台に登場してくるのですが、「征伐」ではない「抵抗」の視点からその攻防を見てみようと思います。

Q7 エミシはどんな抵抗を繰り広げたのですか？

エミシには「中央政権にまつろわぬ人」という意味があるそうですね。エミシはなぜ抵抗し続けたのですか。どんな抵抗ぶりだったのかも知りたいですね。

天皇を頂点とする中央政権は六世紀頃までには律令国家《りつりょう》としての体裁を整え、地方を国《こく》・郡《ぐん》・里《り》という行政区画に編成して支配下に置いてゆきました。さらに大化の改新以後はそれに拍車がかかりましたが、西の熊襲《くまそ》、隼人《はやと》が早々と征服された中で、東の蝦夷（エミシ）だけはなかなか一筋縄《ひとすじなわ》ではゆきません。東北が手つかずの地として残されていました。

その東北対策として登場したのが、柵《き・さく》（城柵）の設置です。「以て蝦夷に備う」ことを目的に、渟足柵《ぬたり》（六四七年、現在の新潟市）、磐船柵《いわふね》（六四八年、新潟県村上市）を皮切りに七世紀以降、別表（六三頁）・図（六五頁）のような城柵が次々と設けられていきます。この城柵は、行政府と軍事施設の両方の役割を担ったと見られています。つまり、ここを拠点にエミシを懐柔《かいじゅう》して内国民《ないこくみん》への同化を図る一方で、時に激しい戦闘を交え、国域を拡大していったのです。

「蝦夷征伐」とは、この政権の勢力伸長のための侵略を政権側から見た言葉であり、東北一帯で政権側がほぼ蝦夷を制圧する九〜一〇世紀まで、現地住民である蝦夷との間に血みどろの戦いが幾度《いくど》となく繰り返されました。その侵略戦の手始めが、六五八年、越《こし》の国（新潟地方）の国司《こくし》・阿倍比羅夫《あべのひらふ》による蝦夷征討です。『日本書記』にその様子が書き残されています。

「夏四月、安部臣《あべのおみ》［名を闕《らも》せり。］船師《ふないくさ》一百八十艘を率ゐて蝦夷を伐つ。齶田《あいた》、渟代《ぬにしろ》の二郡の蝦夷、望怖《おせりお》ちて降《したか》はんと乞《こ》ふ。是に於いて軍を勒《ととの》へて、船を齶田浦《あいたのうら》に陳《つら》ぬ。齶田《あいた》の蝦夷恩荷《おか》進みて誓《うけ》て曰《いわ》く、官軍《みいくさ》の為の故に弓矢を持らず、但し奴等性《ひととなり》肉を食ふか故に持たり。若《も》し官軍の為に弓矢を儲けたらは、齶田浦《あいたのうら》の神知りなむ。清き白《あきら》かなる心を将《もち》て、朝《みかど》に仕官《つかまつ》らむ。仍《よ》りて恩荷に授くるに小乙上《しょういつのじょう》を以てす。渟代、津軽二郡の郡領《こおりのみやつこ》を定め、遂に有間浜《ありまのはま》に渡嶋《おしま》の蝦夷等を召し聚《あつ》めて大に饗て帰《つかは》す。……

越国守《こしのくにのかみ》安部引田臣比羅夫、粛慎《みしはせのくに》を討ちて生熊二つ、羆皮《ひし》七十枚を献る。」（『日本書紀』斉明天皇四〔六五八〕年、国史大系、吉川弘文館）

一八〇隻もの船を出した軍勢が攻め入り、齶田《あいた》（秋田）、渟代《ぬにしろ》（能代）の蝦夷が降伏したことが書かれてありますが、この後半に「渡嶋の蝦夷」が出てきます。また、「粛慎」（ミシハセ）という耳慣れない言葉も出てきます。前者は北海道のエミシを指し、比羅夫が北海道まで足をのばしているのではないかと見る説もあります。後者のミシハセについても定説はないのですが、新谷行氏は「実は粛慎こそ、アイヌの中のアイヌなのである。『日本書紀』は『粛慎』という言葉を『蝦夷』と区別するために

7世紀以降の文献に見える城柵

	名称	創建年代（初見記事）	所在地推定地	出典
七世紀	渟足柵	大化3年（647）	新潟市信濃川河口あたり	日本書紀
	磐舟柵	〃 4年（648）	新潟県村上市あたり	〃
	都岐沙羅柵	斎明天皇4年（658）	新潟県・山形県境あたりか	〃
八世紀前半	出羽柵	和銅2年（709）	山形県最上川河口あたり	続日本紀
	出羽柵	天平5年（733）	秋田市寺内	〃
	多賀柵	天平9年（737）	宮城県多賀城市	〃
	牡鹿柵	〃	宮城県石巻地方	〃
	新田柵	〃	〃 遠田郡内	〃
	色麻柵	〃	〃 色麻郡内	〃
	玉造柵	〃	〃 古川市	〃
八世紀後半	桃生城（柵）	天平宝字2年（758）	宮城県河北町・桃生町	続日本紀
	小（雄）勝城	〃	秋田県仙北町払田柵遺跡	〃
	伊治城	神護景雲元年（767）	宮城県築館町城生野	〃
	覚鱉城	宝亀11年（780）	不明	〃
	多賀城	〃	宮城県多賀城市	〃
	秋田城	〃	秋田県寺内	〃
	由利柵	〃	秋田県由利郡内	〃
九世紀前半	胆沢城	延暦21年（802）	岩手県水沢市	日本紀略
	志波城	〃 22年（803）	岩手県盛岡市	〃
	中山柵	〃 23年（804）	宮城県北部	日本後紀
	徳丹城	弘仁5年（814）	岩手県矢巾町	〃

高橋崇『蝦夷』（中公新書）

使っているだけで、『蝦夷』と異なる民族とは記していない。アイヌのうちで比較的比羅夫に従順であった者を『渡島蝦夷』と記し、最も反抗的であった者を『粛慎』と書いているのである」（『アイヌ民族抵抗史』三一新書）と見ています。蝦夷とアイヌを一体視し、「侵略者に対する原住民の自衛戦争」という視点で一貫させている人らしい見方と言えるでしょう。

この後、出羽郡《でわぐん》が置かれ（七〇八年）、まもなく出羽国が作られ（七一二年）、さらにこれと並行して太平洋側の陸奥の地域も拡大しています。年表でこのあとの戦闘の流れをざっと見ておきます（児玉幸多編『標準　日本史年表』吉川弘文館）。

七七四年　大伴駿河麻呂《おおとものするがまろ》、蝦夷を討つ
七八〇年　陸奥出羽の俘囚《ふしゅう》伊治呰麿《いじのあざまろ》の反乱
七八九年　蝦夷征討軍敗れて帰る
七九四年　大伴乙麻呂《おおとものおとまろ》、蝦夷を討つ
八〇一年　坂上田村麻呂《さかのうえのたむらまろ》、蝦夷を平定
八一一年　文屋綿麻呂《ぶんやのわたまろ》、蝦夷を討つ
八七八年　出羽夷俘《でわいふ》の乱（元慶《がんぎょう》の乱、藤原保則《やすのり》等これを討つ）
（筆者注・本来「蜂起」と表記すべきですが、「乱」という表記が年表原文にあるので、そのまま用いています。）

坂上田村麻呂

八世紀半ば以降も中央政権は蝦夷《えみし》の激しい抵抗にあいながらも、出羽と陸奥《むつ》の二つの国の北方へ北方へと勢力を伸ばしてゆきます。戦闘に敗れて捕虜となったエミシは柵の中で王化に従い帰化《きか》した「俘囚《ふしゅう》」として住まわせられ、農耕させられたり、城の造営にかりだされたり、戦闘に際しては兵としても使われました。進んで功績を挙げ

古代東北地方・城柵配置図

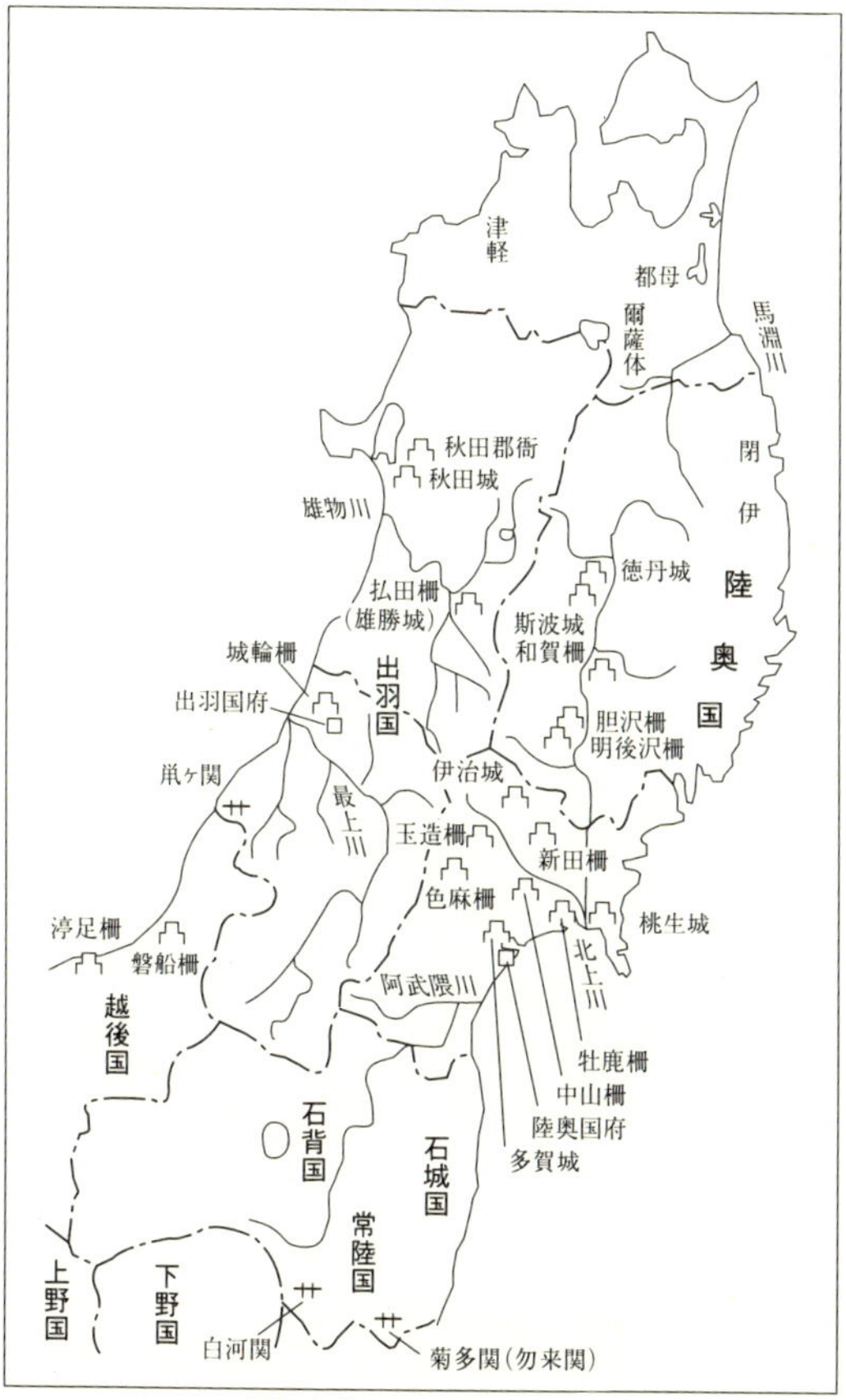

新谷行『アイヌ民族抵抗史』増補版（三一新書）

た者には冠位《かんい》さえ与えられています。

俘囚・夷俘の他国移住

その一方で、遠い他国へ強制移住させられた者もたくさんいます。『続日本紀』の神亀《しんき》二年（七二五年）正月の項に「陸奥の国の俘囚一四四人を伊予《いよ》の国へ配し、五七八人を筑紫《つくし》に配し、一五人を和泉監《いずみかん》に配した」という記述があります。これを初例《しょれい》に八世紀後半から九世紀初めまで全国各地に大量に移住させられています（次頁の上表）。

罪を犯したり頑強に反抗する蝦夷を懲罰的《ちょうばつてき》に「島流し」にしたようです。こうして移住させられた俘囚は朝廷に献上されたり中央や地方の貴族の私有財産として売買されたりしました。ただし、戦争→捕虜→賤民《せんみん》というコースについては、「対蝦夷戦争を奴隷獲得戦争などとみなすには証拠不足である」（高橋崇『蝦夷』中公新書）という見方もあります。逆に、東北の柵に、浮浪人、政府所有の奴卑《ぬひ》、犯罪者などを、関東、上・信越、中部などから送りこんでもおり、その数は陸奥で二一〜三万、出羽で一万五〇〇〇人以上に上ると試算されています（同書）。対蝦夷の戦闘を軸に、古代に意外なルートによるかなり大量の人口移動があったわけです。

三八年戦争

こうした戦闘の中で最も注目されるのは、「三八年戦争」です。宝亀《ほうき》五年（七七四年）に桃生《ものう》城を蝦夷が襲ってから弘仁《こうにん》二年（八一一年）に文屋綿麻呂が蝦夷を討つまでの間、五、六年ごとに起きた戦闘を総称して「三八年戦争」と言います。

発端となった七七四年の戦闘は五〇年ぶりのもので、城そのものを襲っており、よほどのことです。これはいったん平定されますが、それから六年後、「アザマロの反乱」が起きます。『続日本紀《しょくにほんぎ》』の宝亀一一年（七八〇年）三月二二日のくだりに「陸奥の国上治の郡の大領《だいりょう》外従五位下伊治《いじ》の公《きみ》、呰麿《あざまろ》反す。徒衆を率いて按察使《あじち》参議従四位下紀の朝臣《あそん》廣純《ひろずみ》を伊治の城において殺す」と出てきます。

按察使というのは、当時の東北地方の最高の行政官です。最高司令官が殺されたのです。しかも殺したアザマロは「伊治公」と称され、「従五位」という冠位まで与えられていました。二重の意味で注目されます。「公」というのは蝦夷《えみし》の族長を表し、

アザマロの乱

俘囚・夷俘の他国移住

神亀2年（725）	伊　予	144人	737	陸奥俘囚
	筑　紫	578		〃
	和泉監	15		〃
天平10年（738）	摂津職	115	177	〃
	筑　後	62		
宝亀7年（776）	太宰府管内諸　国	395	831	〃
	太宰府管内讃　岐	358		出羽俘囚
	諸　司参議以上	78		〃（賤とす）
延暦14年（795）	日　向		66	陸奥俘囚（徴罰として）
延暦18年（799）	土　佐		4	〃
延暦19年（800）	出　雲		60余	新　到

高橋崇『蝦夷』（中公新書）

三十八年戦争の実態

（記録のあるかぎり兵力などを示す）

	年号（西暦）	動員兵数	国家側損害	蝦夷側損害
I	宝亀5年（774） 〃 7年（776） 〃 8年（777）	2万7000人		
II	宝亀11年（780） ＼ 天応元年（781）	歩騎数万余人		70余人殺害
III ①	延暦8年（789）	坂東諸国歩騎5万2800余人	戦死　25人 溺死 1036人 負傷　245人 裸身で帰るもの　1257人	89人殺害 14村・宅800烟炎上
III ②	延暦13年（794）	征軍10万人	軍士逃亡　340人	457人殺害 150人捕虜 馬85疋損失 75処炎上
III ③	〃 20年	征軍4万人		500余人降伏
IV	弘仁2年（811）	征軍2万人弱		60余人殺害

高橋崇『蝦夷』（中公新書）より

他の蝦夷を国家側に立って統率していたのです。「夷《えぞ》をもって夷を制す」という当時の政策を体現し、忠誠を誓っていたはずの「帰順蝦夷」のリーダーが、反旗《はんき》を翻《ひるがえ》したのです。

アザマロは当初、国側に立って活躍していました。それが反乱を起こした原因を、『続日本紀』ではアザマロが俘囚の身分であることを侮辱されたことに求めているようですが、北へ北へと城柵が造営されて蝦夷が圧迫されてゆくことに怒りが爆発したのかもしれません。廣純暗殺の後、多賀城《たがじょう》が焼き討ちにあっています。アザマロの消息はこの前後からぷっつりと切れます。

このころ、政権と蝦夷の攻防の焦点は胆沢《いさわ》（現在の岩手県水沢市近郊）にありました。胆沢は「水陸万頃《ばんけい》」といわれる広大な平野であり、反逆蝦夷の中心地とも目されていました。というのは、「えぞ塚」と言われる古墳が発掘されるなど、もともと原住民が古くから村落を作っていたと見られる地域だったのです。政権側はここを攻め落とせば東北地方が「平定」でき、一方、蝦夷側にとっては死守すべき砦《とりで》でもあったのです。

これが「三八年戦争」のいわばハイライトとなります。七八九年（延暦《えんりゃく》八年）六月、蝦夷はアテルイを頭に戴《いただ》いて「衣川《ころもがわ》の決戦」で全面戦争に臨みます。衣川は北上川の支流。地元の地勢に通じている蝦夷軍は得意のゲリラ戦術を駆使し、政府軍を奥地の山岳地帯に引き込み、挟《はさ》み討ちの末に北上川に追い込んで一〇〇〇人もの溺死者をだ

アテルイと衣川の決戦

させるなど、壊滅的に傷めつけます。年表に「蝦夷征討軍敗れて帰る」とある戦いです。高橋崇《たかし》氏は『蝦夷』（中公新書）で、六七頁下の表のように戦争をⅣ期に分けておりますが、そのⅢの①に当たるのがこれです。

　この戦闘で消耗したのかしばらく鳴りをひそめていた政府軍は、七九四年、態勢を整え直して一〇万人もの兵を投入します。初代征夷大将軍大伴乙麻呂《おおとものおとまろ》が大将でしたが、実質的には副将の坂上田村麻呂《さかのうえたむらまろ》が指揮をとりました。時の天皇は「武帝桓武《かんむ》」の名を残した桓武天皇。その影武者的存在として、田村麻呂は武勇を発揮します。八〇一年には二代目の征夷大将軍となり、四万の兵で攻め上げ、とうとうアテルイらが同族五〇〇余人を率いて降伏しました。これでついに「平定」されたことになります。アテルイは田村麻呂に平安京に連れてゆかれ、処刑されています。

　「三八年戦争」はあと一〇年たってようやく終了するのですが、それを待つまでもなく、アテルイらが降伏した翌年の八〇二年には胆沢城（岩手県水沢市）、八〇三年に志波《しわ》（斯波）城（岩手県盛岡市）、八〇四年に中山《なかやま》柵（宮城県北部）と次々に城柵が築かれ、朝廷の支配は一段と北へと広がりました。九世紀半ばごろまでには、胆沢、江刺《えさし》、和賀《わが》、稗貫《ひえぬき》、斯波《しわ》の五郡も設置されました。しかし、この先への郡の設置はなかなかはかどらず、岩手郡の設置にはそれから一世紀を要しています。しかし、こうして「奥六郡《おくろくぐん》」という概念ができあがり、新たな形での東北地方の支配が始まりました。

奥六郡

それまでの他地方の例だと中央からの役人を送り込んだのですが、この陸奥の「奥六郡」には「東夷の酋長《しゅうちょう》」といわれる地元の豪族・阿倍《あべ》氏を起用しました。また、隣の出羽でも「出羽山北《せんぼく》の俘囚主」といわれる清原《きよはら》氏を用い、雄勝《おがち》、平鹿《ひらか》、山本の「山北《せんぼく》三郡」の経営に当たらせました。安倍、清原両氏ともに出自《しゅつじ》は「浮囚」と見られています。

年表の八七八年に「元慶《がんぎょう》の乱」が出ています。これは、出羽国の蝦夷と俘囚が反乱を起こし、秋田城を襲って火を放ったものです。この乱で蝦夷側は秋田城司の苛政《かせい》と中央貴族との交易における一方的な収奪などに抗議し、秋田河（現在の雄物川《おものがわ》）以北の独立まで要求しています。相当にひどい圧政があったようです。

こうした九〜一〇世紀の蝦夷・俘囚の蜂起・反乱は、最近の研究によると、蝦夷との交通・交易《こうえき》の新たな展開にともなう矛盾によって生じたもので、奥六郡の設置はそれに対する対応策だったといいます。蝦夷の居住地を「奥六郡」のさらに奥に限り、そこの居住民であれば生活様式や文化とは関係なく「蝦夷」という身分に固定し、奥六郡を通じて支配しようとしたのだといいます（大石直正ほか著『中世奥羽の世界』、その主旨を榎森《えもり》進『アイヌの歴史』三省堂で引用）。

しかし、それとともに、大量の軍事力の東北への集中投入により国家側が相当疲弊《ひへい》していたことも考えられます。もうそれ以上の北への直接侵略は望みようにないほど疲れ切っていたのです。高橋崇著『蝦夷』はこう総括しています。

山北三郡

元慶の乱

「確実に律令国家の衰退に比例して、東北地方では変化が生じていた。そういう意味でいうならば、八世紀から国家的課題になった『蝦夷問題』の一部、胆沢《いさわ》平定、領土征服は終ったといってよい。以後、国家の関心は、北へ伸びきった領域の維持よりは、専ら『人』の問題に移るといえよう」『記紀』のいう『まつろわぬ蝦夷』『続日本紀』の『狼子野心の蝦夷』問題は、九世紀初めで終ったという感が強い」

「人の問題」とは、俘囚・夷俘（王化の順に、蝦夷―夷俘《いふ》―俘囚と呼び名が変わったと見られている）のことで、全国的に移住させられたり東北地方に残ったりしている俘囚・夷俘の処遇が、次の国家的関心事になるというのです。九世紀には正史から「蝦夷」字使用がほとんどなくなったといいます。

　このあとの東北の

北奥羽郡・庄・保配置図

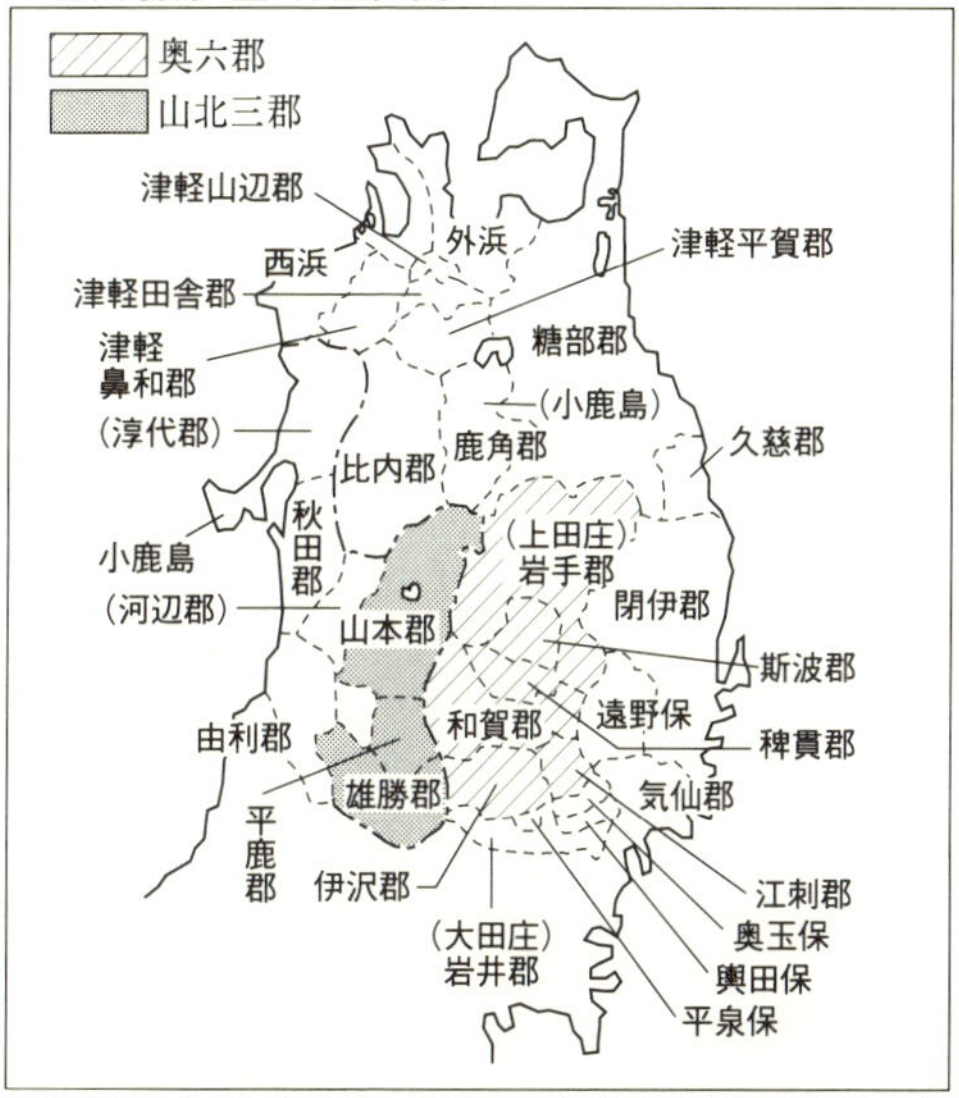

小林清治・大石直正編『中世奥羽の世界』所収附録図より作成
榎森進『アイヌの歴史』（三省堂）より

正史からの「蝦夷」字使用の消滅

動きをざっとスケッチしますと、陸奥の「奥六郡」を支配下に置いた阿倍氏、出羽「山北三郡」の清原氏など有力豪族が割拠《かっきょ》し、国家権力も及ばなくなりました。中でも阿倍氏は国司《こくし》の陸奥守《むつのかみ》に反抗したので、朝廷は源頼義・義家父子らに討たせました。頼義らは清原氏の援助を得て阿倍氏を平定しました（一〇五一年〜一〇六二年、前九年の役）。また、清原氏も相続争いで内紛を起こし、陸奥守として赴任していた源義家が介入し、平泉の藤原清衡《きよひら》とともに清原氏を滅ぼしました（一〇八三年〜一〇八七年、後三年の役）。これ以後、平泉藤原氏が阿倍・清原氏の旧領を引き継いだだけでなく、東北一帯に支配力を大きく拡大しました。また、源氏もこれを機に東国での権力基盤を一気に固めました。

この平泉藤原氏の支配下で、東北の大部分が内国化され、蝦夷の居住地は津軽地方の北端部から北海道、千島にかけてという地域に限定されてきました。こうしてエミシ概念が変化し、「蝦夷」はこれらの限られた地域とそこに住むアイヌの人たちを指すようになったと見られます。文化区分で言えば擦文《さつもん》文化の半ばというころで、日本が武家政権へと変わろうとしている時、津軽北部や北海道ではそれと並行していよいよ独自のアイヌ文化が醸成《じょうせい》されようとしていたのです。

前九年の役

後三年の役

ワシらはエモノとる弓矢と槍しかないんだぞ！
グワハハハワシらは人殺し専用弓矢と刀と槍を持っとるわい！
坂上田村麿呂
アテルイ
T.Y

Q8 コシャマインって誰ですか?

アイヌ民族って平和的な民族で争いごとも話し合いで解決するそうですね。コシャマインが和人を相手に蜂起したのは、よっぽどの事だったんでしょうね。

一五世紀半ばの北海道で、和人の支配に敢然《かんぜん》と立ち向かい蜂起したアイヌのリーダーがコシャマインです。一七世紀に登場するシャクシャインと並んで、アイヌの歴史上、最大の英雄と言われています。コシャマインは和人の北海道侵略の本拠地と言える道南の「館《たて》」に乗り込んで壊滅的打撃を与えます。その背景には、続々と蝦夷地《えぞち》へ侵略した和人の収奪《しゅうだつ》と抑圧が相当に強まっていたという事情があります。この侵略の一方でアイヌと和人との交易も活発になり、エゾ社会は今日につながる独自の文化を持ったアイヌ民族の形成にも向かいます。コシャマインの蜂起に始まり八〇年にも及んだ民族自衛のためのぎりぎりの戦いが、また、蝦夷地の様子を大きく変えもしました。この章では、そうした蝦夷社会の動きにも目を向けてみます。

まずは、コシャマイン蜂起に至るまでの前史から——。陸奥《むつ》の阿倍氏、山北《せんぼく》の清原氏、そしてこの両氏が滅んだあとは、平泉《ひらいずみ》の藤原氏が東北一帯を支配し、藤原氏は三代にわたって我が世の春を謳歌《おうか》しました。蝦夷（エゾ）は北へ北へと追いやられる一方、捕まえられ王化させられた者は「俘囚《ふしゅう》」となりました。ちなみに、中尊寺金色堂《ちゅうそんじこんじきどう》に象徴されるきらびやかな独特の文化と富強を誇った奥州藤原氏も実は、阿倍氏、清原氏と同様、出自は俘囚だと言われています。

この奥州藤原氏が、源頼朝の「奥州《おうしゅう》征伐」によって滅ぼされます（一一八九年）。これは宿敵・平氏への総攻撃とそれに続く平氏の残党を討伐した「鬼界島《きかいじま》征伐」と一体化して位置づけられるほど、頼朝政権にとっては重要な戦闘でした。このあと、鎌倉幕府は朝廷より東夷成敗権《とういせいばいけん》を与えられます。洛中《らくちゅう》（京都）の「六波羅探題《ろくはらたんだい》」、九州の「鎮西《ちんぜい》探題」と並ぶ三大政務の一つであり、幕府の全国に対する軍事支配がこれにより確立したと言えます。

東は津軽外ケ浜と下北半島の北端、西は鬼界島（鹿児島県薩南諸島）までが国域とされました。津軽北部と「夷島」（えぞがしま）はこの国家領域の外に位置しましたが、アイヌたちは東夷成敗権により直接国家の支配下に置かれるようになりました。「東夷」とは「蝦子」（エゾ）のことだと明記され、その住む土地は領域外で人間も異民族だと認識しながらも支配を及ぼすというのです。

鎌倉末期になると、津軽十三湊《とさみなと》（能代市郊外）に本拠を置いていた豪族の安藤五郎が、エゾに対する備えと支配をする蝦夷管領《えぞかんれい》の代官として、秋田の北半分から津軽、下北、「夷島」にかけて権力をふるいました。津軽一三湊は北陸・上方と「夷島」と

奥州藤原氏

東夷成敗権

の交易の中継基地として大いに発展し、安藤氏の勢力は南北朝から一五世紀にかけて全盛期を迎えました。

ところが、次第に力をつけていた南部氏の攻撃を受けて敗退、一四三二年に本拠の十三湊を放棄して「夷島」へ逃れました。両者の抗争は幕府の仲介でも収まらず、安藤氏は一四五六年、同族の湊安東《みなとあんどう》氏の助けを得て秋田で檜山《ひやま》安東氏を名乗り、さらに湊安東氏を併合し、以後、代々「夷島」を支配しました。この安藤氏もまた俘囚の出身といわれ、「夷《えぞ》をもって夷を制す」がここでも貫かれていました。

この安藤氏の動き、とりわけ「夷島」への敗走が大きなきっかけとなり、安藤氏配下の豪族が次々となだれこみ、「夷島」に和人の本格的侵略が始まります。彼らの本拠は「館《たて》」と呼ばれ、志濃里《しのり》館、箱館（以上函館市）、茂別《もべつ》館（上磯《かみいそ》町）、中野館（木古内《きこない》町）、脇本館（知内《しりうち》町）、穏内《おんない》館（福島町）、覃部《およべ》館、大館《おおだて》、祢保田《ねぼた》館、原口館（以上松前町）、比石《ひいし》館、花沢館（以上上《かみ》ノ国《くに》町）の一二館が、その代表的なものです。これらの館は海岸段丘上や沢にはさまれた台地の上などに、堀や柵を設けた堅固な守りで作られ、五〇～八〇メートル四方の敷地面積があります。志濃里館の遺跡から一九六六年に、大甕《がめ》三個に入った、主に前漢から明に及ぶ中国の古銭三七万枚余りが発掘されました。日本海交易を通じて相当の財を蓄えていたと想像されます。

アイヌの居住地へずかずかと入り込んだ館の領主たちはお互いに凌《しの》ぎを削りながら、他方でアイヌとの交易に対する支配を強めてゆきました。それまではアイヌが自主的

安藤氏の「夷島」への敗走

道南12館

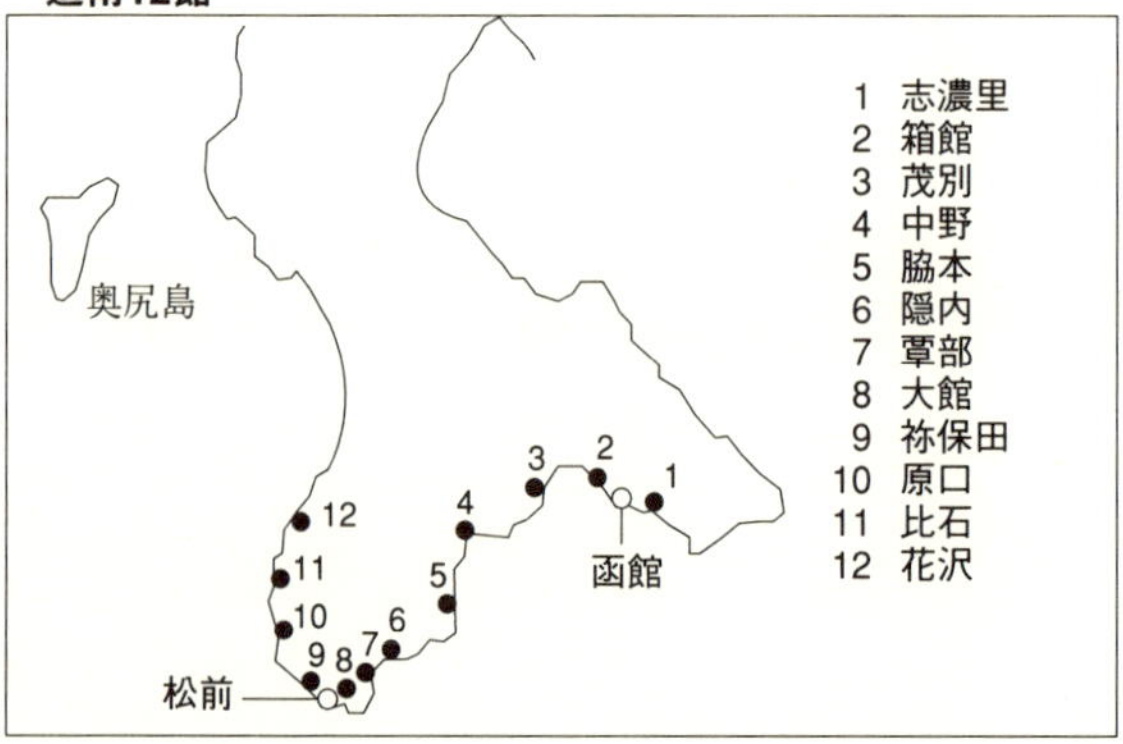

に和人と交易していたのですが、このころから領主主導の交易となり、収奪と抑圧がいっそうひどくなっていったのです。それがコシャマインの蜂起の伏線《ふくせん》となっていきます。コシャマインの蜂起の顚末《てんまつ》は、後に蝦夷地で絶大な権力をふるった松前藩の代々の事蹟《じせき》をつづった公式記録『新羅《しんら》之記録』（一六四三年作成）に詳しく残されています。

これを収めた『新北海道史』（第七巻史料一）は「解題」で、「いうまでもなく松前家の遠祖の記述には多くの粉飾を認めざるを得ないが、しかもなお和人による北海道支配の成立過程をこれほど詳細に記したものはなく、本書はまさに北海道の記紀とも称すべき文献である」と評価しています。以下、この記録を中心に蜂起をたどってみます（『新羅之記録』からの引用文は、便宜上、漢字表記を仮名にしたり、カッコで注釈を加えるなど部分修正を施してあります）。

蜂起のくだりの直前に、当時の道南の状況が書かれてあります。

「抑《そもそも》も往古《おうこ》は、此《この》国、上二十日程、下二十日程、松前以東はムカワ西はヨイチ迄《まで》人間住する事、右大将《うだいしょう》頼朝卿《きょう》進発して奥州の泰衡《やすひら》を追討したまひし節、糠部《ぬかべ》津軽より人多く此国に逃げ渡って居住す。……今奥狄の地に彼の末孫狄と為りて之に在りて云々。亦實朝《まさねとも》将軍之代強盗海賊の従類《たぐい》数十人搦《からめ》め捕り、奥州外之濱《はま》に下し遣《や》り、狄の嶋に追放せらる。渡党《わたりとう》と云ふはこれらが末なり」

〈Q5〉で紹介した『諏訪大明神画詞《すわだいみょうじんえことば》』に登場する三種類のエゾ集団の中の「渡党《わたりとう》」

『新羅之記録』

がここにも出てきます。この記述から、「渡党」の中には、アイヌの他に、島流しにあった盗賊や海賊ら和人の子孫が混ざっていることがわかります。そして、蜂起の発端となる事件が、この渡党やアイヌ、和人らが混在する地域で起こりました。

「なかごろ内海のウスケシ（箱館）賊に攻め破られし事、志濃里《しのり》の鍛冶屋村《かじやむら》に家数百有り、康正《こうしょう》二年（一四五六年）春オッカイ（アイヌの少年）来て鍛冶にマキリ（小刀《こがたな》）を打たしめし処、オツカイと鍛冶とマキリの善悪価《ぜんあくあたい》を論じて、鍛冶マキリを取りオツカイを突き殺す。之に依て夷狄悉《いてきことごと》く蜂起して、康正二年夏より大永《たいえい》五年（一五二五年）春にいたるまで、東西数十日程の中に住する所の村々里々を破り、シャモ（和人）を殺す事、元は志濃里の鍛冶屋村に起るなり」

志濃里《しのり》だけで鍛冶屋村に数百軒の和人の家があったのですから、相当数の和人が道南には住んでいたことが推測できます。そして、歴史に残る大蜂起がなんと、小刀の出来をめぐるアイヌの少年と鍛冶屋の口論から始まったというのですから、驚きます。しかし、このマキリこそがこの時代を象徴してもいるのです。

アイヌ文化の前身の擦文《さつもん》文化は、ハケ目（擦痕《さつこん》）がついている擦文土器から名づけられた文化です。この土器文化が東北方面からの鉄製利器の大量移入によって今まさに終焉《えん》を告げようとしているのが、この時期なのです。東北からまず、内耳《ないじ》土鍋が入ってきました。これは内側の耳にカギをひっかけて吊るせば火にかけても焦げない仕組みで、本州の内耳鉄鍋を真似したものといわれます。それから種々の金属製品が流

アイヌの口承文学

文字をもたないアイヌ民族は、独自の優れた口承文学を育ててきた。それは、①韻《いん》文の物語（うたわれるもの、ユーカラ〈詞曲〉）②散文の物語（語られるもの、ウエペケレ、トゥ・イタㇰ〈ともに昔話〉、ポン・ウパシクマ〈なぜなぜ話〉ほか）の二種類に大別される。ユーカラは「神のユーカラ」（神謡）と「人間のユーカラ」（英雄詞曲）とに分けられ、後者が一般に英雄ユーカラと呼ばれ、世界的叙事詩として讃えられているものだ。前者は自然神が主人公となる狭い意味での神謡と、人格神を主人公とする「オイナ」（聖伝）とに細分される。

英雄ユーカラは、少年を物語の主人公とし住む土地の名を冠して登場する。物語の歴史的背景をめぐって①アイヌ民族とオホーツク文化人との戦い、②シャクシャイン蜂起時のアイヌと幕藩制国家との戦い、③アイヌ社会内部の部族

入し擦文文化が終わるのです。そんな背景の中での小刀をめぐる口論なのです。

たった一つの小刀から殺人事件に発展したのですが、少年一人が殺されたことで一帯のアイヌが一斉蜂起します。残念ながらその背景は記録では説明されておりませんが、アイヌの間に日頃から抑圧に対する相当な不満が高まっていたことは容易に想像できます。翌一四五七年（長禄《ちょうろく》元年）、渡島《おしま》東部のアイヌの首長コシャマインが豪族たちの館《たて》に最大の攻撃をしかけます。

志濃里《しのり》、箱館、中野、脇本と次々に向かうところ敵なしの勢いで攻め落とし、陥落《かんらく》しなかったのは、茂別《もべつ》と花沢の二館だけでした。その花沢館の蠣崎《かきざき》氏のもとに客将と

間の対立と見る見解などが出されている。

コシャマイン

蠣崎氏系図

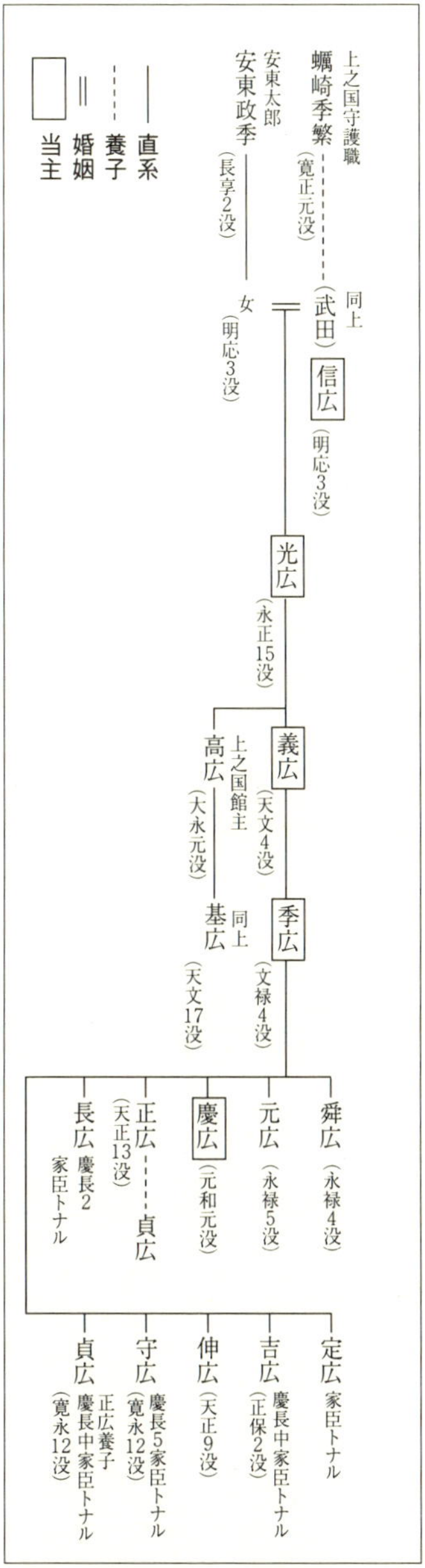

（出典）「新羅之記録」「松前系図」
海保嶺夫『エゾの歴史』（講談社選書）より重引

して居た武田信広《たけだのぶひろ》が体制を立て直し、コシャマインを討ちとります。武田信広はこの功により蠣崎氏の家督を相続するのですが、『新羅之記録』はその武勲《ぶくん》について「其時上之國《かみのくに》の守護信広朝臣《あそん》惣大将《そうだいしょう》として、狄の酋長コシャマイン父子二人を射殺し、ウタリ（アイヌ）数多を斬殺《ざんさつ》す。之に依て凶賊悉《きょうぞくことごと》く敗北す」とそっけないものです。

しかし、「悉く敗北」したという記述に反して、アイヌはこの後も何度にもわたって館を襲います。『新羅之記録』から抜き出してみます。

永正《えいしょう》九年（一五一二年）　函館、志濃里《しのり》、與倉前《よくらまえ》の三館攻め落とされる。

同一〇年（一五一三年）　松前の大館《おおだて》を攻め落とす、館主戦死。この翌年、この機に乗じて蠣崎信広の息子・光広が大館（松前）に移り館を乗っ取って本拠とした。

同一二年（一五一五年）　東部の酋長シヨヤ、コウジの兄弟が大館を襲うが、光広がだまし討ちで殺す。

このだまし討ちが凄まじいものです。しかもかなり詳しく書かれてあります。

「六月二二日、光広朝臣計略を以て居宅の宮殿と台所の内戸数間をはずし、縄を以てつなぎおき、夷賊の酋長シヨヤコウジ兄弟ならびにウタリを招き入れ、一日酒を行ひ、彼らをして酔興《すいきょう》に入らしめ、宝物を出してこれを見せ、宝物を弄《もてあそ》ぶ隙《すき》をうかがひ、此

シヨヤ、コウジの斬殺

間数多の女どもをして砧《きぬた》を打たしめ、その音に紛れて物具を鎧《よろ》ひて後、家内の戸をつなぐ縄を切りおしたおし、数人にわかに客殿に乱れ入る。光広朝臣太刀を取り、夷の酋長二人を斬殺す。この喬刀《きょうとう》は修理大夫の信広朝臣に授けし来國俊なり。これより相継いで家の重宝となる。しかのみならずウタリ夷一人も漏らさず悉く討殺し、塚を小館の下の東に築き、夷どもの死骸を埋む。これを夷塚と号す。季広《すえひろ》朝臣（信広の三代後の当主）の代まで夷狄《いてき》をして敵対し発向《はっこう》せしめんと欲すれば、まずこの塚より鬨《とき》の声ほのかに聞こゆると為すなり」

予《あらかじ》め客殿にしかけをしておく。酒でしこたま酔わせ宝物でアイヌの歓心を買い、女に砧を打たせて物音に気づかかせぬようにする。それから一気に攻め入って全員を惨殺する。しかも、その太刀を家宝とし、死骸を埋めた塚を作って、アイヌとの戦いに臨んでは後々の代までその塚で気持を奮い立たせたというのです。これが藩の正史なのですから、その後の過酷なアイヌ支配がしのばれようというものです。さらに記録は続きます。

享禄《きょうろく》元年（一五二八年）　大館が夜襲にあうが、三代正広（光広の子）撃退する。

同　二年（一五二九年）　上ノ国和喜《わき》の館を攻撃。ここでも陰謀を図って和睦《わぼく》を装い、酋長タナサカシを討つ。償いとしてたくさんの物を与えて喜んでいるところを矢で射る、とある。

夷塚

同　四年（一五三一年）　大館を夜襲。弓矢で撃退。

天文《てんもん》五年（一五三六年）　酋長タリコナが蜂起。タリコナは、二年にだまし討ちにあったタナカサシの娘婿《むすめむこ》で七年にわたって復讐を練っていたが、義広はここでも和睦と見せかけて酒を飲ませたうえにタリコナ夫婦を切り殺す。用いた太刀は信広以来の家宝の来國俊だった。この夫婦を討ってからは「国内東西安全なり」と書かれてある。

マキリをめぐる一件以来実に八〇年にわたり紛争が続いたのです。要所要所でだまし討ちが繰り返されているのが目立ちます。それを恥ずかしいとも思わずに得意気に記載しているのが、この記録です。ヤマトタケルの東征以来の伝統を見る思いがします。しかも、このだまし討ち戦法はこの後も松前藩の「お家芸」になりますから、記憶しておいて下さい。

この戦乱は一世紀近く続いたのですから、とても長いものだったと言えます。なぜこんなに長引いたのでしょう。その原因として海保嶺夫《かいほみねお》氏は『エゾの歴史』（講談社選書メチエ）の中で、①両者の武器に優劣がなかったこと、②兵力にほとんど差がなかったこと、③ローカル政権どうしの戦いであること——の三点を挙げています。①の武器は『新羅之記録』にも出て来る通り、弓矢と太刀が使われています。弓矢に関

分割されたエゾ地（推定）

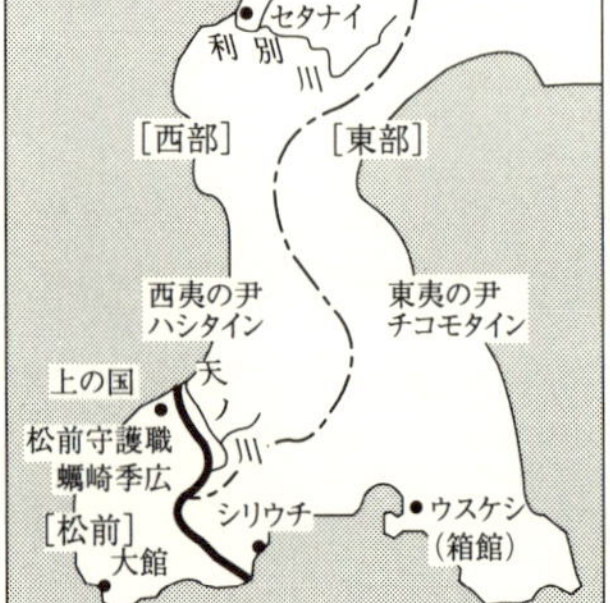

榎森進『エゾの歴史』（三省堂選書）

してはアイヌのそれの方が速射が利き、優れていたと海保氏は見ています。②の兵力は館の領主の支配が狭い範囲だったことを指摘しています。

③については、戦いは「アイヌ民族と和人集団との最初の大規模な民族戦争」（榎森《えもり》進『アイヌの歴史』三省堂）の様相を呈してはいましたが、館の領主たちも群雄割拠《ぐんゆうかっきょ》の状態にあり、実質は「だれが津軽海峡における交易の実権を掌握するかをめぐる戦いであった」（『北海道の歴史60話』三省堂の廣瀬隆人氏論文）のです。そうしてこれを勝ち抜いた蠣崎《かきざき》氏が現地の和人の統一政権の地位を確立していったのです。アイヌには徹底しただまし討ち戦法をとりつつ、他の館の領主に対してはアイヌの蜂起をうまく利用しながら……。

しかし、当時のこの地一帯の支配者は依然として檜山安東《ひやまあんどう》氏でした。安東氏は一五五一年（天文《てんもん》二〇年）、北海道へ渡り、蠣崎季広《かきざきすえひろ》（義広の子）とアイヌとの間に「夷狄の商船往還《おうかん》の法度《はっと》」により講和を結ばせました。その内容は、瀬田内《せたない》の首長ハシタインを西夷（唐子《からこ》）の「尹《いん》*」、知内《しりうち》の首長チコモタインを東夷（日《ひ》の本《もと》）の「尹」とし、蠣崎が領主として商船から徴収する税の取り分の一部をこの両者に「夷分《えぞぶん》」として与え、それを条件に松前半島の西部を「渡党《わたりとう》」の居住地として認めるというものです。

これにより、蝦夷地はアイヌ民族（唐子、日の本）と渡党・和人との間に事実上の住み分けが確定し、松前を中心とした「和人地《わじんち》」の形成に向かいます。これでアイヌ

＊尹

もともと「尹」には律令制の警察機関である弾正台《だんじょうだい》の長官の意味があり、両蝦夷の「尹」にはアイヌ民族のおこなう通商行為を監視、統制し、違反者の取締りを行なう権限があったとみられる（海保嶺夫『エゾの歴史』講談社）。

民族の何たるかが確定したとも言えます。また、蠣崎氏は一五一四年に大館《おおだて》を乗っ取った時に檜山安東氏に注進し、安東氏の代官たる地位を手に入れていました。その見返りに安東氏に商船からの税金を上納していたのですが、今回の和人地の確保とそこに限ってのアイヌ交易体制を作ることによって、近世の松前藩に発展する礎を築きました。そして、アイヌはますます厳しい立場に立たされてゆくのです。

Q9 シャクシャインの蜂起って何ですか？

江戸時代の初期に蝦夷地がゴールド・ラッシュで、砂金とりが相当の奥地まで入り込んだんですって？　アイヌは生活の場を荒らされて困ったでしょうね。

コシャマインの蜂起（一四五七年）から約二〇〇年後、アイヌのもう一人の英雄・シャクシャインが蜂起します（一六六九年）。立ち向かう敵は、コシャマインの宿敵・蠣崎《かきざき》氏直系の松前氏。しかし、この時の相手はかつての道南の小さな館主ではなく、蝦夷島《えぞがしま》で確固たる独占的地位を確立し、藩にまで昇格した松前氏でした。中央幕府の威光《いこう》を背にアイヌ収奪《しゅうだつ》はますます過酷《かこく》になります。その中でシャクシャインが立ち上がり、アイヌの一斉蜂起を呼びかけたのです。

コシャマインの蜂起から八〇年にも及ぶ地域紛争を乗り切った蠣崎政権は、その後いよいよ頭角《とうかく》を現してきます。戦国大名・檜山安東《ひやまあんどう》氏の代官、つまりはナンバー2の地位に甘んじておられなくなり、いろいろと画策《かくさく》を始めるのです。時の政権は全国統一を目指す野心家の豊臣秀吉。蠣崎氏はこの秀吉から領知朱印状《りょうちしゅいんじょう》を得て安東氏からの独立を果たそうとします。そのために、一五九一年、南部九戸政実《なんぶここのへまさみ》の乱（九戸一揆）で秀吉が奥羽一帯の大名に動員をかけると、蠣崎氏は勇んで駆けつけます。しかも、

檜山安東氏

アイヌ兵を率いての参陣でした。これはとても目立ち、蠣崎氏が唯一の蝦夷地の支配者であることを印象づけたようですが、アイヌはそのダシに使われたのでした。

さらに、欲に目が眩《くら》んだ秀吉が朝鮮侵略を始めると、備前（九州）名護屋《なごや》の本陣にまで参じ、めでたく気に入られたのでした。こうして朱印状を手にした蠣崎氏は、一五九九年、地名をとって松前氏と改名して藩を形成しました。次いで、徳川家康が関が原の戦いで決定的勝利を収め、一六〇三年に江戸幕府を開くと、松前慶広《よしひろ》も参勤《さんきん》して翌年には家康の黒印状《こくいんじょう》を得ています。これにより蝦夷地のアイヌとの交易独占権が天下に認められたのです。

こうして、アイヌは江戸幕府の幕藩制国家の一員である松前藩の支配下に組み込まれることになりました。そして、松前藩はアイヌ交易の独占を保証・実現するために次のような具体策をとりました。

①蝦夷島を和人専用の「和人地」とアイヌ居住地の「蝦夷地」に分け、その境に「番所」を置いて一般人やアイヌの往来を厳しく取り締まった。②上級家臣に一定地域（商場《あきないば》）でアイヌと交易する権利を知行《ちぎょう》として分け与えた（商場知行制《あきないばちぎょうせい》）。③蝦夷地交易船の出入りを松前一港と限定し、取締りを徹底し、諸役を徴収した。（元禄《げんろく》・享保《きょうほ》年間以降は松前・江差《えさし》・箱館の三港へ拡大した）――の三点です（榎森進『アイヌの歴史―北海道の人びと（2）』三省堂）。

この三つの体制が制度的に整ったのが寛永《かんえい》期（一六二四年～四三年）といいます。

松前氏と改名

アイヌ交易の独占

番所

商場知行制

アイヌは蝦夷地内の商場《あきないば》にしばりつけられ、松前藩の上級家臣がとりしきる交易体制の中に組み込まれていったのです。この商場はアイヌがもともと共同の生産と生活の場としていた河川流域の漁猟場《ぎょりょうじょう》・圏（イオル）に設定され、許可をもらって知行地へ入り込んだ近江や大阪の商人たちが、そこでアイヌと物々交換をしました。

交換産物は、『北海随筆』*（『日本庶民生活史料集』第四巻、三一書房、所収）によると、蝦夷側の産物が鷹《たか》、鷲《わし》、鶴、熊の皮と膽《い》、昆布《こんぶ》、鮭《さけ》、貝、ナマコ、干し鱈《たら》、鹿皮、椎茸《しいたけ》、ラッコ皮、アザラシ皮、蝦夷錦《えぞにしき》*などで、鷹は松前慶広が徳川家康に献上《けんじょう》してから諸大名がわれもわれもと求めるようになり、松前藩の貴重な財源となりました。一方、本州側の産物は米、酒、糀《こうじ》、鍋、糸、針、出刃包丁、煙草、きせる、木綿などでした。しかし、このリストから抜け落ちている大事な産物がありました。実は、コシャマインの蜂起以前には、砂金が交易の最大の目玉だったのです。『北海随筆』にこんな文章があります。

「砂金は東蝦夷に多し。七十年以前はクンヌイへ松前より砂金取《さきんとり》數萬人入込取たるとなり。金堀屋敷《かなほりやしき》とてクンヌイの渓間に今に有りと。シャムシャヰン（シャクシャイン）が一亂《いちらん》より砂金取事相止《とることあいやみ》、蝦夷地へ入込事制禁成《せいきんなる》ゆへ、其後再興するものもなし」

「いにしへ砂金盛《さかん》に出たる時は、他方の者も多く入込蝦夷地へかけてにぎはひける。砂金を採の運上《うんじょう》御領主へ奉る所一ケ月に一人砂金壹匁《いちもんめ》づつなり。壹匁の運上《うんじょう》はいささかなる事なれども、數萬人より納る處《ところ》其取集めの日は役所に澁紙《しぶかみ》四、五枚敷て砂金を

＊北海随筆
一七三九年（元文《げんぶん》四年）、金座の有力な役人の板倉源次郎が著した。源次郎は一九三七年に松前に渡り、蝦夷地の金鉱山五カ所を見立て、翌年再び渡航して採掘したが、見込み違いに終わっている。当時の蝦夷地の様子を紹介した随一の書といわれ、林子平《はやししへい》『三国通覧図説《さんごくつうらんずせつ》』や工藤平助《くどうへいすけ》『赤蝦夷風説考《あかえぞふうせつこう》』にも強い影響を与えたという（以下、『日本庶民生活史料集』第四巻所収の江戸期の資料については、同書の解題を参考にした）。

＊蝦夷錦
紺や黄の繻子《しゅす》の布地に金糸・銀糸と染糸とで雲竜を刺しゅうした織物。中国東北部・アムール川下流域の山丹《さんたん》人との山丹交易を通じてアイヌの手に入った。

取集する内に山のごとくに砂金はあつまりけるとなり」
なんと数万人の砂金掘りが蝦夷地へ入り込み、取り集めの日には目の前にみるみる砂金の山が築かれたというのです。採掘場は元和《げんな》三年（一六一七年）松前城下の東、楚湖《そのこ》、大沢で採掘が始まったのを皮切りに、知内川《しりうち》、その水源の千軒岳《せんげん》、さらに寛永八年（一六二八年）西蝦夷地の島小牧《しまこまき》、続いて東蝦夷地のケノマイ（沙流《さる》郡）、シブチャリ（静内《しずない》郡）、十勝、運別《うんべつ》（様似《さまに》郡）、翌九年（一六二九年）国縫《くんぬい》（山越郡）を中心に、北は羽幌《はぼろ》まで——と広がり、蝦夷地はゴールド・ラッシュの様相を呈していました（『北海随筆』解題）。その砂金で松前藩は大変な財を蓄えたのです。

コシャマインの蜂起にも、このゴールド・ラッシュが大きく関係しています。河川流域に住むアイヌの主食は産卵に川を遡ってくる鮭《さけ》・鱒《ます》などの魚です。砂金採取はその川底をごっそりと掘り取ります。さらに鷹狩りも山の奥地へと入りこみ、アイヌのイオル（漁猟場）は次々と破壊されてしまいます。そのうえ、商場での交易の交換比率がアイヌに極端に不利なものへと改悪されるなど（→Q10）、アイヌの生活を圧迫する要素が日増しに強まってゆきました。そこで、アイヌの怒りが爆発したのです。

イオルの破壊

シャクシャインの蜂起の発端は意外なことに、アイヌ集団間のイオルをめぐる争いでした。東蝦夷地日高のシベチャリ（静内《しずない》）地方のアイヌと、ハエ（門別《もんべつ》）地方のアイヌがイオルをめぐって抗争を繰り広げたのです。この両者は、前者がメナシウンクル（東の人の意味で、日高・静内から道東地方が勢力圏）、後者がシュムウンクル

（西の人の意味で、日高・新冠《にいかっぷ》から白老《しらおい》までが勢力圏）にそれぞれ属し、大きく見るとこの集団を背にした争いでした。

　両者は長年にわたって何かにつけて反目しました。後者のシュムウンクルは松前藩寄りで、ハエの首長オニビシはシベチャリのシャクシャインの話では「松前殿御ひいきの狄」で「萬端《ばんたん》に付き、我等をかすめ申候。無念に存候故中《なか》悪く御座候」（『寛文拾年狄蜂起集書*』）といいます。一方、前者のメナシウンクルは松前藩から遠くにいたこともあり、それこそ「まつろわぬ人」たちと危険視されていたようです。

　両者の争いが表面化したのは一六四八年（慶安《けいあん》元年）、シベシャリの副首長だったシャクシャインがハエのオニビシの配下の者を殺してからです。この後、約二〇年にわたって、お互いの襲撃、殺しあいが続きました。この争いに松前藩は冷静でいられません。争いが「嶋中《しまじゅう》の蝦夷騒動」に発展し、「其上商買物も調兼《ととのいかね》、松前商船勝手も悪敷《あしき》候」（『蝦夷蜂起**』）、つまり蝦夷地全体が騒乱状態になり、交易がうまくいかなくなり、藩の存立基盤が揺るがされることを何より恐れたのです（この〝公式見解〟とは別に、松前藩はアイヌが仲たがいして勢力を弱め合うのを歓迎したと見る見方もあります）。

　そこで毎年、家臣を争いの現地へ派遣し、調停を図りましたが、うまく収まりません。一六六三年（寛文《かんぶん》三年）、とうとうオニビシの部下がシベチャリの首長カモクタインを殺してしまい、一気に緊張が高まりました。そこで松前藩は軍を派遣して強制

***『津軽一統志』『寛文拾年狄蜂起集書』**

　シャクシャインの蜂起で松前藩は隣藩の津軽藩に応援を求めた。津軽藩主・津軽信政は援軍を送ったが、松前藩は援軍を松前城下にくぎづけにして奥に入らせなかった。しかし、津軽藩は奥地の様子を詳しく探らせ、幕府に報告書を提出している。この時の見聞は、藩祖の偉業と功臣の家記伝を一七三一年（享保一六年）に編集した『津軽一統志』巻第十、信政の条に一括して収録されている。『寛文拾年狄蜂起集書』は、『津軽一統志』の編纂《へんさん》を終えた時に藩士・則田通麿が祖先（則田安右衛門）の記録を見つけて写しておいたものと見られる。蜂起の経過については『津軽一統志』とは著しく異なる風聞が載せられているほか、松前近くの蝦夷の動静、石狩地方の状態などにも触れ、松前蝦夷地の住民の様子を知る貴重な資料という。

的に、オニビシと新たに首長を継いだシャクシャインとの間に停戦を結ばせました。ところが、これも長続きせず、一六六八年（寛文八年）には和人の砂金掘り人の小屋にいたオニビシをシャクシャインの手勢が襲い、殺害してしまいました。

　オニビシ側はオニビシの姉婿《あねむこ》ウタフをすぐに松前藩に送り、「兵具、俵物《たわらもの》」（武器・兵糧、『津軽一統志』*）の援助を要請しましたが、松前藩側は「前代より仲間出入に兵具等借《か》し加勢申付候例無之候。――仲ヶ間出入に加勢、兵具等申付候儀難成候」（兵具などの加勢をした例がないので、兵具などを貸して加勢することはできない）と断りました。この帰りにウタフは疱瘡《ほうそう》にかかって途中で死んでしまうのですが、これがアイヌには毒殺と伝わりました。

　これにはオニビシ側に対抗していたシャクシャインも、松前藩は交易品の食物に毒を入れてアイヌを皆殺しにしようとしているのだ、と怒りました。そして、一六六九年（寛文九年）、東西を問わず、アイヌ全体に〝反松前戦線〟に立ち上がるよう檄《げき》を飛ばしたのです。東は白糠《しらぬか》（釧路の手前）から西（北）は増毛《ましけ》（石狩の北）までの多くのアイヌがこれに呼応しました（次頁図）。これでアイヌの怒りは一気に松前藩と和人へと向かいました。それまでも和人が襲われる事件はありましたが、ここに来ていよいよ松前藩が当初から恐れていたことが現実となったのです。

　アイヌは各地で約二〇隻の交易船を次々と打ち壊し、鷹狩りや砂金掘りに入っていた和人も襲い、松前を目ざしました。この蜂起による和人側被害は、『津軽一統志』

＊＊『蝦夷蜂起』
　シャクシャインの蜂起に際しては、当時の松前藩主がまだ幼少だったため、幕府は従祖父《じゅうそふ》で幕府の直臣であった松前八左衛門を派遣して総指揮をとらせた。この八左衛門が幕府に報告した文書を中心に記録したのが本書のもととなる『渋舎利《しぶちゃり》蝦夷蜂起に付出陣書』であり、それが蜂起の発端から鎮圧に至るまでの最も公式な記録とされている。『蝦夷蜂起』はそれを基礎として多少文章を改め、書名も何通りかに変えられて書き伝えられたものの一つ（『日本庶民生活史料集成』第四巻所収）。

シャクシャインの蜂起関係図

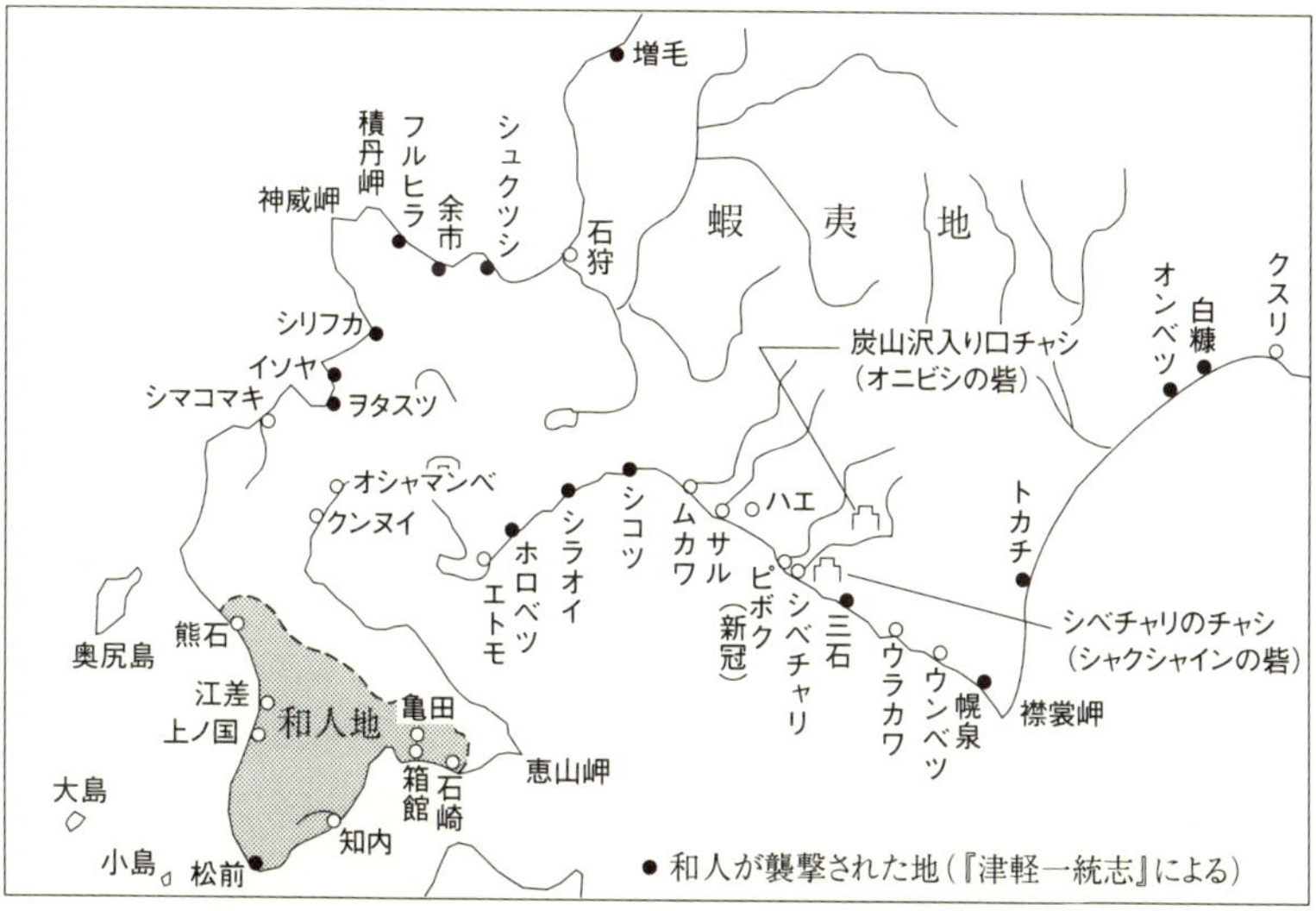

榎森進『アイヌの歴史 北海道の人びと(2)』(三省堂)

によると、東の太平洋岸で鷹師、砂金掘り一〇〇人余りを加えて総数二一二人、西の日本海岸では一四三人の合わせて三五五人に上りました（『蝦夷蜂起』では東で一五三人、西で一二〇人の計二七三人）。当時、蝦夷島全体ではアイヌは二万人、「松前へ通路の狄三千人」（『津軽一統志』）で、一方の松前藩の和人は一万四、五〇〇〇人で家臣団は八〇人ほどだったといいます。

藩の存亡の危機です。驚いたのは藩だけでなく、これは島原の乱（一六三七年〜三八年、天草四郎を大将とするキリシタン農民の反乱）以来の大事件として、幕府をはじめ全国的に注目しました。幕府はすぐに津軽藩に応援軍の派遣、南部藩に待機を命じました。松前藩と津軽藩の兵合わせて六〇〇人弱、それに砂金掘りなどを合わせても一〇〇〇人といったところ。対するアイヌ側の勢力は二〇〇〇人に上りました。これが小さな国縫《くんぬい》川をはさんで対峙《たいじ》しました。ところが、敗退をしたのはアイヌ側でした。「鉄砲弐《に》百丁ばかりを並べ、すきまもなく打ち出し候えば、蝦夷人百人ばかり打ちたおされ候」（『蝦夷談筆記』*）といった具合に、銃火器の威力を誇示する結果となりました。ここに圧倒的な差があったのです。

それでもアイヌ側はシベチャリのシャクシャインの砦《とりで》まで戻り、ここで徹底抗戦をし、戦いは膠着《こうちゃく》状態となります。こうなると、松前藩伝統のお家芸が飛び出します。だまし討ちです。「降参すれば命は助ける」といって料理を出し、アイヌから「つぐない」を取ったという記述がある一方で、「和談ととのいたり」（『蝦夷談筆記』）という矛盾した記述があります。そうして例によって酒盛りをやって安心させておいての闇《やみ》討ちです。他の文献はさらりとしているのに、『蝦夷談筆記』のこのくだりはすさまじいものです。「其後小屋に火をかけ、シヤグセン（シャクシャイン）をばずたずたに切り候得わば常の人とは変りて、肉の厚さ数寸有之候由。勘右衛門も手にかけ切申候と也。其後シャグセンが居城へ押寄候へば、多くは城の後より逃落候。残る者をば焼殺し、……」と続くのですが、もうやめましょう。

---

*『蝦夷談筆記』

江戸期の北海道の全貌《ぜんぼう》を伝えたものとして新井白石《あらいはくせき》の『蝦夷志』（一七二〇年、亨保《きょうほ》五年）が有名だが、その一〇年前の一七一〇年（宝永《ほうえい》七年）に松宮観山によって著された。松宮は、幕府巡見使の軍学者・北條《ほうじょう》新左衛門に従って松前に渡って、その案内役をつとめた蝦夷通詞《つうじ》・勘右衛門の談話を筆記した。事件後四〇年たって六〇歳になった勘右衛門が語るシャクシャインの蜂起の話には手柄話の誇張が目立つが、その顚末を要領よく語っている。蝦夷地の事情について具体的であり、『蝦夷志』『北海随筆』とともに蝦夷地を知る三大要書と言われている（『日本庶民生活史料集成』第四巻所収）。

この蜂起鎮圧後、松前藩はアイヌに七ケ条からなる「起請文《きしょうもん》」を強要します。「殿様より如何ようなること仰《おお》せかけられ候とも、私儀はもちろん孫子一門ならびウタレ（一族）男女に限らず逆心つかまつりまじき候こと」という〝絶対忠誠〟を誓う第一条から始まり、②謀叛《むほん》の企ての密告、③蝦夷地の和人通行に「馳走《ちそう》いたすべく候」という待遇の保証、④鷹狩りと砂金掘りへの乱暴の禁止、⑤交易船との「首尾好商」の保証と他国船との交易の禁止、⑥「米一俵につき皮五枚、干魚五束」といった交易率の決定など、⑦状使、鷹送り、伝馬、宿送りの「昼夜を限らず」という保証――といった内容でした。

　コシャマインの蜂起といい、シャクシャインの蜂起といい、追い詰められ、生活と民族の防衛のためにぎりぎりの戦いに立ち上がったアイヌは、結局、戦いに破れ、そのたびにますます理不尽《りふじん》で過酷な条件を押しつけられることになったのです。

起請文

アイヌ民族の抵抗運動のシンボル、シャクシャイン像。けれども立てた和人側の目的は多分に観光的である。

Q10 アイヌ勘定って何ですか？

「アイヌ勘定」ってアイヌをだました勘定の仕方なんでしょ。それなら「和人勘定」の方がよさそうだけど、昔からエコノミックアニマルだったんですね。

もうずっと前に私が大学生だったころ、ある日、北海道出身の友人が「アイヌ勘定《かんじょう》って知っているかい」と尋《たず》ねました。当時の私はアイヌの人たちのことは何一つ知りませんでしたので、「何、それ」と聞き返しました。すると、友達はちょっと得意な表情でそれがどんなものであるのかを教えてくれました。

たとえば、一〇を数えるのに、「一」の前に「始まり」という言葉を入れます。そして順に数えていって「一〇」までいったら、最後に「終わり」と言うのです。これで物々交換すると、「一〇」のはずが実際には「一二」になっています。ひどい場合には「五」の後に「真ん中」という言葉を入れるというのです。これで普通に二割、ひどいと三割は計算がごまかせることになります。文字を持たず、ろくに計算ができないアイヌ相手にはこれが通じたのだ、という話が現代にまで残っているのです。

これが「アイヌ勘定」です。でも、この言葉は変です。大分たってからのこと、私はアイヌの人たちと一緒に葉書の宛名書きをしていました。書き終えて集計すると、数が合いません。すると、一人のアイヌ女性が「あっ、シャモ勘定だ」と叫び、その場がどっと笑いに包まれました。シャモ*、つまり和人はその場に私一人でしたが、妙に合点がゆきました。和人がアイヌに対してごまかしを行なった計算法なのです。まさに「シャモ勘定」こそが正しい表現ではないでしょうか（ただし、あの時の枚数計算を私がごまかしたわけではありませんから、念のため）。

　さて、ここからその「シャモ勘定」の具体的な話を江戸時代にまで遡《さかのぼ》っていたします。前項でお話したシャクシャインの蜂起からその後しばらくのこと（一八世紀）と思って下さい。アイヌは「商場《あきないば》」に縛りつけられ、徹底的な搾取・収奪に遭《あ》います。現代に残る困った言葉の元はどうやらこの時代にありそうです。

　松前藩とアイヌとの交易は、当初は「商場」交易でした。本州方面と違って米がとれない松前藩では、和人地・蝦夷地を地域割りしてその交易権を上級家臣に俸禄《ほうろく》として与えていました。藩士が商人も兼ねるような独特の制度でした。このころは「蝦夷地ノ儀ハ蝦夷次第」というのが藩の基本方針で、アイヌの人々の生産活動はある程度自由が保証されていました。ところが、蝦夷地の漁業生産や本州と松前との商品流通の発展などにより、これが変質します。一八世紀の初めには、力をつけた商人が一定の運上金《うんじょうきん》**を納めて各場所を全面的に請け負う「場所請負制《ばしょうけおいせい》」にかわります。

　いわば本州資本が蝦夷地の奥まで入り込み、漁業資源や木材資源を大規模に収奪するのです。そしてアイヌはそこで働く労働者になります。松前藩では場所の設置をど

＊シャモ
アイヌ語でアイヌ以外の日本人、つまりは和人のことを指すが、蔑称《べっしょう》的なニュアンスも込められている。

＊＊運上金《うんじょうきん》
米がとれない松前藩には石高《こくだか》制を適用できなかったため、幕府は「知行《ちぎょう》」としてアイヌとの交易独占権を与えた。この一部を上級家臣に分け与えたのが「商場知行制《あきないばちぎょうせい》」だが、一八世紀に入って松前藩はこれを「場所請負制《ばしょうけおいせい》」へと切り換えた。場所請負制では、かつての商場で知行主である藩主・家臣がおこなっていたアイヌとの交易を商人に委託し、その請負代金として「運上金」を納めさせる。かつての商場は「運上場所」、交易所は「運上屋《や》」と呼ばれるようになった。

んどん許可する一方で高い運上金をとりましたから、商人側はそれに見合うだけの利益を得ようとしました。場所には運上屋《や》という交易場所が設置され、漁場を管理する番屋《ばんや》には請負人の配下の番人が置かれ、やがて一年中、アイヌはこの番人のもとで酷使されるようになりました。たとえば、ナマコ漁では「その日の引高に応じ五百以上引きたる蝦夷へは酒一杯ずつ、千以上引きたる蝦夷へは二杯ずつ」（串原正峯《くしはらまさみね》『蝦諺俗話』*一七九二年）とわずかな酒を「はげみ」として飲ませ、尻を叩きました。

こうしたアイヌの血と汗を吸い上げて、松前藩は繁栄したのです。「江差の五月は江戸にもない」という言葉が今にも残っています。松前、江差、箱館の三湊《みなと》の賑わいについて「元日節句などのさま京、江戸におとらず」（平秩東作《へずつの》『東遊記』**一七八三年）という記述もあります。松前藩の収入は、以前には年間二〇〇〇両ほどだったそうですが、場所請負制になってからは、「シリベツ山材木運上一二〇〇両」「ニシン運上一七〇〇両」「商船運上一二〇〇両」などで計七六〇〇両へとはね上っています（板倉源次郎『北海随筆』一七三九年）。これが『蝦夷地一件』***（一七八四年、原本現代訳『赤蝦夷風説考』教育社新書、井上隆明訳に所収）では、松前藩主に直接上がってくる運上金が一万二六〇両で、これに藩士の取り立てる運上金が五〇〇〇両に上るとあり、まさにうなぎ上りです。

交易の交換比率もアイヌにひどく不利なものでした。シャクシャインの乱を境に、従来は米二斗入り一俵に対して干鮭《から》五束（一〇〇本）だった比率が、一俵の中身が八

＊『蝦諺俗話』
一七九二年（寛政四年）に幕府が宗谷《そうや》場所で試みた「御救交易《おたすけ》」に加わった串原右仲正峯が、その旅で見聞したことを書きしるしたもの。「貧賤《ひんせん》の者へは御手当てする事を専要《せんよう》にしたる」などの目的の「御救交易」が、一七九九年（寛政《かんせい》一一年）の東蝦夷地の幕府仮直轄と蝦夷交易の直営に結びついたという。宗谷地方の蝦夷の事情を詳しく書いた最古の記録の一つであり、「御救交易」の実情を書いた唯一の書（『日本庶民生活史料集成』第四巻、三一書房、所収）。

＊＊『東遊記』
江戸時代の狂歌師として有名な平秩《へずつ》東作が一七八三年（天明《てんめい》三年）旧友を頼って松前に渡って江差《えさし》に越年し、その見聞を書いたもの。当時の松前の地理・人情・風俗を詳細に紹介しており、松前の庶民生活を描いた最高の史料という（『日本庶民生

升に変わりました。本州では米一俵は四斗ですので、半分しかない二斗入りは「蝦夷俵《えぞだわら》」と呼ばれましたが、その蝦夷俵の中身がさらに二・五分の一にまで減ったのです。もともとがべらぼうな比率がさらにひどいものになったのです。『蝦夷俗話』に宗谷場所の交換比率の一覧表が出ています。主なものを拾ってみましょう。

〔八升入り米一俵に対する蝦夷産物の数量〕
ニシン六束、トド皮一枚、鱒一〇〇～一二〇尾、干鱈《かんだら》一二〇尾
〔八升入り米一俵と等価の本州産物〕
酒四升入り樽一つ、濁り酒四升入り樽二つ、タバコ三把、マキリ（小刀）六枚
油二斗入り三樽、木綿三分の一反、小針七二本、皮縫針三六本

ニシンは、二〇尾で「一連」、一〇連で「一束」なので、「六束」は二〇×一〇×六＝一二〇〇尾となります。なんと一二〇〇尾を米八升と交換するのです。これが酒ですと、わずか四升入り樽一つ。一升びんで四本分です。木綿が三分の一反《たん》、針が七二本というのも身につまされる数字です。しかし、これに驚いていてはいけません。実態はもっとひどく、交易に当たる和人たちの態度は傍若無人《ぼうじゃくぶじん》と言ってよいものです。

「日本の通辞《つうじ》はずいぶんと痛めつけているが、かれらの日本人に対する態度はよろしく、それだけ日本人がかれらに厳重に申しつけているのであろう。——とかく理屈で

活史料集成』第四巻、三一書房、所収）。

＊＊＊『蝦夷地一件』
工藤平助の『赤蝦夷風説考』に刺激を受けた勘定奉行・松本伊豆守が配下の土山宗次郎に命じて探検隊をひそかに組織して蝦夷地を探らせ、一七八四年（天明《てんめい》四年）、老中・田沼意次《おきつぐ》に提出したもの。ロシアとの交易、抜荷《ぬけに》（密輸）、飛騨屋久兵衛《きゅうべい》をはじめとする商人たちの収奪の実態などについても詳しく触れている。

負けるのが蝦夷であり、争いごとに勝つようなことはない。日本人には負けるのである。交易にしてもそうである。商売で争っても、末には日本人にだまされて、品物を多く出してしまう。交易の値段も、これといった目当てもないのだろう。針一本に鮭五尾ずつで取り替えるのである。酒は半分水を交ぜたのを、かれらに渡している。それでも二升入り樽に、鮭一〇束も出してくる。一束とは鮭二十尾の束である」（『蝦夷地一件』）

とり決めがあっても、空念仏に過ぎないことがよくわかります。さらにその酷使ぶりは痛切を極めます。同じく『蝦夷地一件』から。

「日本人に仕えている蝦夷には、米をおかゆにして少しずつ給与するだけで、もっぱら魚肉、獣肉である。漁撈《ろう》が忙しくなってくれば、昼食を与えず、夜に幾品をも煮て食べさせる。すべて貯蔵する習慣はなく、無欲なのが蝦夷というものなのだ」

ここまで痛めつけられながら、アイヌの人たちの態度はけなげそのものです。

「蝦夷人は道理につまりぬれば強いてあらかふ事ならず。たちまち首をたれてあやまり居るなり。これ正直なる故なり」と『東遊記』の中で書いた平秩東《へずつの》作は、荷を背負って山を行くアイヌが海で船が転覆しそうになっているのを目撃し、大急ぎでかけつけて助けてあげた話も記録し、こう述べています。

「蝦夷人は愛憐《あいりん》の心深きものなりといふ。……人の難儀《なんぎ》を助るにはその身の労をいとわず、昨今年の飢饉《ききん》に蝦夷地近き所の民家飢に及ぶ所へは、蝦夷来りて鹿を捕て養ひ

つかわしけり。子などありて育てかねたるをば、とかくしてはごこみ（育み）くれたるもありといふ。常は蝦夷をいとひて追い払うようにせしもの、その力によりてたすかりたる者多し。誠に殊勝《しゅしょう》の事なり」

明治や大正、昭和になっても、北海道で和人が生活に困って捨てた子をアイヌが自分の子供と同じように育てたという話をよく聞きます。日頃、歴史とは縁が薄く、古文書に目を通すのにも難儀のし通しの私ですが、あこぎなアイヌ迫害が続く歴史を読み解く中でこんな文章にぶつかると、アイヌの心豊かさに打たれ、思わずホッと救われた気分になります。

しかし、アイヌのこうした窮状を半ば独立国のような松前藩は外に漏れないようにしていました。蝦夷島が豊かな天然資源に恵まれたことを知られることも極度に警戒していました。松前藩の役人たちは「蝦夷は強欲で、近づきになるとどんな無礼なことをするかわからない」とへ理屈をこねて他国の人間をアイヌから遠ざけたりしますが、『蝦夷地一件』では蝦夷地検分の探検隊の一行がアイヌ語の片言を覚えて直接話しかけた時のことをこう書いています。

「蝦夷はいたって正直者である。まだ政策が行きわたっておらぬために、筋ちがいのことが多いので、お互いに誤解があろう。かれらは、慕敬《ぼけい》、仁愛、礼儀なども厚いのである。ことに女性のほうが、真実いちずに見え、きわめて信仰に厚い」

さて、こんなお人好しにさえ見えるアイヌ像ですが、アイヌたちは本当にろくに数も数えられない人たちだったのでしょうか。「文字なしといへども物毎に記憶するは縄を結び置き、あるいは木に刻《きざみ》を付け置き心覚えとす。何年すぎてもこの心覚えわするる事なし。商船蝦夷地へ至りて勘定入事あれば、かの結びたる縄と刻ある木とを取り出して去年の事をもつまびらかに弁ずるは結縄の意なるべし」(『北海随筆』)といった記述も見えます。

もともとおおらかな面があったとしても、和人の収奪に気がつかない訳はありません。「理屈で負ける」というのも鵜《う》呑みにはできません。アイヌには「チャランケ*」の伝統もあります。今でもアイヌのリーダー格の人たちは、聞いている方がほれぼれとするほど理路整然とした雄弁を展開します。それが「負ける」のはその場で主張を引っ込めて折れざるを得ないところにまで、アイヌが追い込められていたことを物語るのではないでしょうか。そして、あのフランス革命が起こった年(一七八九年)、蝦夷地のアイヌの怒りも爆発したのです。以下、次項へ。

＊チャランケ

アイヌ語で「言葉を降ろす」の意味、つまり、とことん議論を尽くすということで、論議、談判のこと。アイヌは部族間の争いごとは武力よりもチャランケにより勝敗を決めた。道理に叶った説得力ある話ができ、何日間でも議論を続ける体力のある人材がリーダーとして尊敬される伝統がアイヌにはある。

Q11 フランス革命の年に蝦夷でも何かがあったんですって?

フランスでは「人権宣言」が出されて民主化の第一歩が印された年に、蝦夷地ではアイヌ民族最大の悲劇が起きたそうですね。歴史の悲しい皮肉に思えます。

蝦夷三大蜂起の最後の一つが、クナシリ・メナシの蜂起です。シャクシャインの蜂起から一二〇年後の一七八九年、東蝦夷のクナシリ・メナシ（図）のアイヌたちが一斉に立ち上がりましたが、かつてのシャクシャインの時のように全蝦夷地のアイヌ勢力を結集する力は、すでにアイヌにありませんでした。それだけアイヌは分断され、民族としての力を弱めさせられていたのです。偶然、フランス革命勃発《ぼっぱつ》と同じ年ですが、あちらではルイ一六世の絶対王制が倒され、人権宣言が発布されて共和制が樹立されます。蝦夷地の蜂起はそれとは対照的に、悲劇そのものとして終わります。

クナシリ・メナシは「場所」の名前で、クナシリ場所は国後島、メナシ場所は道東地方にあります。場所の開設が蝦夷地全体の中でもいちばん遅かった地方で、その分和人の入り込みが少なく、アイヌの独自性の強い所です。「東海岸はキイタップ（霧多布《きりたっぷ》）、西海岸はソウヤ（宗谷）より奥地のほうは、いっこう地理が不明になっている。松前志摩守《しまのかみ》がお布令を発しても、奥地にはなかなか達しきれず、ためにその辺の蝦夷はまだ手荒い様子で、見分《けんぶん》にしても容易に実行できかねている」（『蝦夷地一件』）というぐあいで、シャクシャイン蜂起時も東蝦夷のアイヌは松前藩に反抗的でした。平秩《へずつの》東作の『東遊記』（一七八三年）にも、「西の蝦夷は柔順なり。東の蝦夷は豪強なり」と出てきます。このクナシリ・メナシ一帯を、飛騨屋《ひだや》久兵衛なる岐阜県出身の材木商人が請け負ったことから、問題が持ち上がります。

飛騨屋久兵衛

このころ松前藩は財政が逼迫《ひっぱく》していました。クナシリ・メナシの蜂起が起こるのが寛政元年（一七八九年）ですが、この直前は天明《てんめい》年間（一七八一～八八年）です。天明といえば、一七八三年（天明三年）の浅間山の大噴火も一原因となって、その前年から数年に及ぶ「天明の大飢饉《ききん》」があった時期です。

天明の大飢饉

とりわけ、米の単作地帯で生産力の低い東北地方の惨状は目を覆《おお》うばかりで、餓死《がし》・病死者を数十万人も出したといいます。米価が暴騰《ぼうとう》し、江戸・大阪・京都などで打ち壊しが横行しました。松前藩とアイヌとの交易の基幹商品の米はほとんどが東北産でした。この

クナシリ・メナシ蜂起関係図

『松前町史』通説編第１巻上

天明年間にはそれまで一俵八升（普通は二斗《と》）だった蝦夷俵《えぞだわら》の中身が三升にまでなったそうです。魚や木材など天然の資源に恵まれ、なおかつ前項で見たように、アイヌから絞れるだけ絞って運上金はうなぎ上りだったのですが、松前藩の財政は大飢饉のあおりを受けてか、相当に苦しくなっていました。

「しかし近年になって、松前藩の勝手向きが不如意《ふにょい》になってきたため、取り締まりの手がゆるんでいる。町人たちが藩財政を支えている関係で、肝要《かんよう》の島々を押えて、適当に私欲を肥やしているのだ。荷の売買については、松前の湊口《みなとぐち》で改めていたものの、右の次第で今では取引の島々から販路へと直送する始末である。海路でただちに上方筋《かみがたすじ》に着船するわけだ」（『蝦夷地一件』）

　この乱世に腹黒い商人が暗躍《あんやく》します。松前藩は飛騨屋に大きな借金（藩債八一八三両）を負い、それと引き換えに飛騨屋は一七七四年（安永三年）、奥蝦夷の厚岸《あっけし》、霧多布《きりたっぷ》、クナシリの三場所の漁獲を二〇カ年の約束で請け負うのです。せいぜい八年とか一〇年までがふつうですから異例の長さです。この飛騨屋は「抜荷《ぬけに》」（密貿易）も行なっていると『蝦夷地一件』にはあり、相当奸智《かんち》に長《た》けた人物だったようです。

　しかし、クナシリ場所では首長ツキノエの抵抗に合い、すぐには場所を開けませんでした。これに対して、松前藩は蝦夷本島のアイヌたちにツキノエとの交易を一切禁止しました。ツキノエは日本との交易を望むロシア人と接触したりしていましたが、結局、八年後に折れてクナシリ場所での交易も再開します。これから飛騨屋の収奪が

首長ツキノエ

いっそう過酷なものになります。

当初は交易中心だったのが、一七八八年（天明八年）、飛騨屋は突然、鮭の〆粕《しめかす》を作るため、クナシリ・メナシのアイヌを強制的に使役し始めます。七八、七九年にロシア人の応接に金がかかったこと、八五年、八六年に幕府が初めて行なった蝦夷地調査に伴い「お試し交易」がありこの間経営が中止されていたこと――がその理由といいます（『北海道の歴史 60話』三省堂、川上淳論文）。〆粕は大きな釜で魚を煮て油を搾《しぼ》り取った残り粕で、上方《かみがた》方面に花の栽培肥料として送られました。

この労働の報酬がひどいものでした。首長が米一俵とタバコ一把《いちわ》、一般アイヌがタバコ半把とマキリ一丁（メナシ領標津《しべつ》）というのが、春から秋までの一シーズン働いた対価でした。「去年中より鮭〆粕あい始まり候えば冬中喰物も不足にあいなり候ことゆえ、妻子相続も致しがたく」（新井田孫三郎『寛政蝦夷亂取調日記』*）と冬の食料に事欠き、家族を養うこともできないところまで追い込められました。さらに暴虐《ぼうぎやく》の限りが尽くされます。引き続き『寛政蝦夷亂取調日記』で見てみます。

シトノエというアイヌ女性は働きが悪いということで、薪《たきぎ》で強打され、病気になって死にました。支配人、番人らはアイヌ女性を手当たり次第、姦淫《かんいん》・凌辱《りようじよく》しました。男が抗議すれば、アイヌが大事にしているヒゲを剃《そ》るぞと脅します。さらに、アイヌを全員殺すとか、メナシのチュウルイでは大釜三つ用意して、男、女、子供に分けて粕とともに煮殺すと言って脅し、実際に子供を背負った女性を釜に入れましたが、こ

＊『寛政蝦夷亂《らん》取調日記』

クナシリ・メナシの蜂起に松前藩から急派された鎮撫《ちんぶ》隊の隊長である藩士の新井田孫三郎が、六月一日に蜂起の報せが城下に届いて出張を命じられてから九月二三日に任務を終えて報告するまでの日記で、蜂起の原因をアイヌが口書《くちがき》によって詳しく語っている。この資料の中身については、蜂起の責任を、松前藩は関係を断ち切ろうとした飛騨屋久兵衛だけになすりつけているきらいがあるとの指摘もある（『日本庶民生活史料集成』第四巻、三一書房、所収）。

の時はなんとか助けられました。

そして、いよいよ死者が出るのです。クナシリの長老サンキチが病気になったとき、運上屋の石松に「暇乞《いとまごい》の酒だ」と贈られた酒と薬を飲んだところまもなく死に、マメキリというアイヌの妻は運上屋で御飯を食べると即死しています。これで、アイヌは皆殺しにされるのかと憤激《ふんげき》して蜂起を思い立ったのです。

一七八九年五月五日、国後島フルカマップの首長マメキリやツキノエの息子セッパヤらをリーダーとする若手アイヌが武装して、まずトマリの運上屋を襲い、松前藩の役人、飛騨屋の支配人、通詞《つうじ》、番人を殺しました。この後、近くの番屋を次々と襲って合わせて二二人の和人を殺害。それから対岸の根室のメナシに渡り、これに呼応したアイヌとともに、停泊中の商船を襲い、さらにシベツ（標津）、チュウルイ（忠類）コタヌカ（小多糠）などで合わせて四九人を殺しました。これによる和人被害者は全部で七一人に上りました。一方、蜂起したアイヌはクナシリ側で四一人、メナシ側で八九人の合わせて一三〇人でした。

この蜂起の報はただちに松前と幕府にも伝えられました。松前藩では藩士新井田孫三郎以下二六〇人余りの鎮圧隊をノッカマップへ派遣しました。新田井は、クナシリの首長ツキノエ、メナシの首長ションコらに、蜂起に関係した者を集めるよう要請しました。アイヌたちは徹底抗戦するつもりでいましたが、交渉で穏便《おんびん》に済まそうというツキノエの説得に応じて、武器を捨ててノッカマップへ集まりました。

マメキリ

ところが、松前藩の処分は非常に厳しいものでした。首謀者八人、和人を殺害した二九人の合わせて三七人に死刑を言い渡し、ノッカマップの浜辺で次々と処刑し始めたのです。この処刑の最中に騒動が起こります。

「五人まで首をはね、六人目を引き出しにやり候ところ、牢《ろう》内騒ぎたち、大勢にてペウタンゲ致し候につき――」（『寛政蝦夷乱取調日記』）と牢内から地鳴りのような声が響きだすのです。「ペウタンゲ」というのは、「危急の折に、危害を加える敵を霊的に攻撃する（悪魔祓《ばら》い）ためにあげる叫び声」（花崎皋平《こうへい》『静かな大地』岩波同時代ライブラリー）です。自分たちの正しさをカムイ（神）に訴えようという全身全霊からの叫び声なのです。

周囲にいたアイヌたちも騒然としてき、牢の錠も外されそうになりました。すぐに鉄砲隊がかけつけますが、なかなか収まりません。そこで鉄砲隊は、「鐘《かね》・銅羅《どら》・貝・太鼓等打ち鳴らし入れ替わり入れ替わり鉄砲にて打ちとめ、逃げ出し候者は鑓《やり》にて突き留め、大半打ち鎮《しず》め候て牢内を引き崩し、あい残り候者は鑓・刀等にて残らず打ち取り、首をはね、洗い候て残らず箱へ納め塩詰めに致す」（『寛政蝦夷乱取調日記』）と強行策で皆殺しにかかります。胴体はムシロにつつんで浜に埋め、塩詰めにされた首が松前まで運ばれてさらし首にされたといいます。

この蜂起を記念したイチャルパ（祖先供養祭）が、一九七三年から毎年九月、ノッカマップ岬で行なわれています。アイヌの活動家・結城庄司《ゆうきしょうじ》氏と詩人で文筆家の

ノッカマップの処刑

ペウタンゲ

イチャルパ

新谷行《しんやぎょう》氏（和人）という今では故人となった両人の呼びかけで始まったそうで、二回目の祭りの様子がアイヌの新聞『アヌタリアイヌ』第一二号（一九七四年九月一〇日発行）に載っています。

「隣同志で腕を組み合い体を左右に揺らし始めると同時に男の列の中から声が上がった。最初はとまどった風のウタリも居たが、次に女が続き、『オ、オーッッ！』の唸りとも叫びともつかない声が、ひと一人居ないノッカマップの海へ、そして岬からクナシリへと向けて響き渡った。ケタウンケは、約二十分に渡って続けられ、終わった後、皆虚脱状態におち、男も女も涙をボロボロこぼし無言であった」

この蜂起以後、アイヌの大がかりな蜂起はぷっつりと後を絶ちます。アイヌは、幕藩体制の支配下へとますます強く組み込まれていったのです。

Q12 アイヌの中にはロシア人もいるのですか?

アイヌも日本人も国籍で言えば日本国民。でも、アイヌの中にはロシア人もいるという話があるんですね。何がどうなってそうなったんですか。

アイヌは蝦夷地（北海道）だけでなく、日本国内では青森県北部の津軽地方にも居ましたし、千島、旧樺太《からふと》（サハリン）にも住んでいました。質問はこの中の千島、旧樺太に住んでいた人たちの、幕末以降の足跡に関係してきます。今、私たちは「アイヌは日本人だ」と言いますが、これは日本国内に定住しているアイヌが日本国籍を有しているという意味です。問題はロシア国籍を持ってロシアに定住しているアイヌが居るかどうかです。アイヌとロシアの関係の変遷を追ってみます。

まず、前項のクナシリ・メナシの蜂起のくだりで、クナシリの首長ツキノエがロシアと接触していたことがあると述べたことを思い出してください。幕末期の日本には、鎖国を解いて開国するよう迫るイギリス、アメリカ、ロシアなどの外国船がしきりに姿を見せるようになりました。「泰平《たいへい》の眠りをさます上喜撰　たった四はいで夜も寝られず」といった狂歌《きょうか》が今にも伝えられています。お茶の銘柄の「上喜撰《じょうきせん》」を外国船の「蒸気船」にかけて、騒然とした世情をうたったものです。

蝦夷地周辺でもそのころ、ロシアがヨーロッパ市場へ送る毛皮などを求めて姿を見せます。ロシアは一七世紀半ばにヤクートに基地を設けたのを皮切りに極東経営に乗り出し、一八世紀には千島列島を次第に南下してきました。ウルップ島からさらにエトロフ（択捉）島まで侵略してきますが、アイヌの抵抗にあっています。ロシア人がツキノエに接してきたのもこうした流れに乗ってのことで、ツキノエを通じて松前藩への交易を申し込んでもいます。

いち早くこの北方情勢に目を向け、鎖国下の江戸幕府に新情報をもたらしたのが工藤平助《くどうへいすけ》の『赤蝦夷風説考《あかえぞふうせつこう》』（一七八三年、天明三年）でした。工藤は北方の国際緊張に警告を鳴らし、時の実力者、老中田沼意次《おきつぐ》に大がかりな開発計画を進言しました。同書（井上隆明訳、原本現代語訳、教育社）から当時の様子を拾ってみます。

「蝦夷とカムサスカとの間に、千島の島々がつらなる。ここをも、オロシャは享保（一七一六年〜三五年）ごろから侵しはじめ、城郭《かく》を構えているという」

「近来、漂流と称しては、蝦夷地ウラヤシベツ（網走東南部）、ノツシャム（納沙布半島）に着船している」

工藤はロシアが盛んに交易を求めて来ており、それがまた場所請負人らの抜荷《ぬけに》（密貿易）を促進している事実も指摘します。そしてその抜荷が防げそうにないので、いっそロシアとの交易を認め、蝦夷地の金山などを開発しろと勧めます。

「さて、日本の心得はといえば、いずれにせよ一本の通商路はあってしかるべきだ。以前までは通商の相手といえば島えびすに限られていたし、蝦夷人同様うちすてておいてよかったが、オロシャのごとき大国であっては、そうはいかない。どんな国より恐ろしい国だし、どんな問題に発展していくか計りしれない。日本人を撫育《ぶいく》し、言語をよく知り、そしてハンペンゴロ*が海上を乗りまわして、地勢調査を企てたとあっては、何をたくらんでいるかわからぬし、うちすてておくことはできない」

これを受けて、一七八五年と六年（天明五、六年）、幕府は最上徳内《もがみとくない》に蝦夷・千島の探検を命じます。徳内は厚岸から択捉島のアイヌの案内で国後に渡り、そこから択捉島へ入っています。漂着者を除けば、択捉島の土を最初に踏んだ和人でした。その時の様子を著した『蝦夷国風俗人情之沙汰《えぞこくふうぞくにんじょうのさた》』（『日本庶民生活史料集』第四巻、三一書房）にこんな文章があります。

「この乙名《おとな》（首長）のところに、オロシア国の人にて赤人と唱《とな》うる者、安永《あんえい》年間（一七七二年〜八〇年）より数々渡来して滞留し居るところにて、彼の人、卒都婆《そとば》（卒塔婆）の如くなる柱を建て置けり。その體、十文字に貫木《ぬき》をさし、長丈餘《ながさじょうよ》**、国字にて経文を録し置けり。日本にて禁制なる切支丹宗の祖師磔《はりつけ》にかかりたる柱を表したるかと思われたり。この柱を庭前に建て置き、土人（アイヌ。このころよりすでにこんな表現があったことがわかります）等までもはなはだ信仰し、朝夕と拝禮《はいれい》をすると云り」

＊ハンペンゴロ
ハンガリア人のベニョフスキー・モーリツ。ロシア戦争で捕虜となり、カムチャツカ流刑となる。船を奪って日本、マカオと南下し、マダガスカル海峡を通って帰国した。彼の冒険談を素材に書かれたのが童話の『ほら吹き男爵の冒険』である（『赤蝦夷風説考』原本現代訳、井上隆明訳、教育社の注より）。

＊＊丈《じょう》
丈は長さの単位。一丈は一〇尺で、約三メートル。

択捉島を徳内が訪ねるかなり前からロシア人が数多く渡来し、キリスト教を布教して浸透していたことがうかがえます。それから間もない一七九二年（寛政四年）、ロシア使節アダム・ラックスマンが根室に来航、一七九六年（寛政《かんせい》八年）、ブロートンが率いる英国船がアブタ（虻田）沖に来て測量をします。もう幕府は安穏《あんのん》と構えていられません。一七九八年（寛政一〇年）、幕府の命を受けて近藤重蔵は択捉島に「大日本恵登呂府《だいにほんえとろふ》」との標柱を慌てて立てます。

大日本恵登呂府

　蝦夷地の経営にも一大変化が起きます。一七九九年（寛政一一年）、知内《しりうち》川以東の和人地と東蝦夷地を幕府直轄にし、一八〇七年（文化四年）、松前藩を陸奥《むつ》国伊達郡梁《やな》川（福島県梁川町）に移封、西蝦夷地を含む全域を直轄の幕領《ばくりょう》としました。ロシアの南下に備えて北辺《ほくへん》の防備を固めるには松前藩の防衛力では貧しすぎるし、蝦夷地でのアイヌ酷使も見過ごせないという理由からでした。この直轄対象地はクナシリ・エトロフ島、南樺太にまで及んでいました。

幕府の蝦夷地直轄支配

　直轄支配における対アイヌ策の最大特徴は、それまでアイヌが和人化するのを厳しく咎《とが》めていたのから一転、日本語の使用、仮名文字の使用、風俗の和風化など「日本人化」・同化を積極的に進めたことです。こうした政策変更について、榎森進氏は『アイヌの歴史』（三省堂）の中でこう指摘しています。

「本質的にはそのすべてが対外関係（具体的には対露関係）を強く意識したうえでの蝦夷地の『内国』化を装飾《そうしょく》するための政策以外の何ものでもなかった。アイヌに対する風俗改めや和風化が和人地に近い地域よりも、むしろロシアに接したエトロフでもっとも積極的におこなわれたという事実は、そのことを端的に物語っている」

ここでもまたアイヌはダシに使われているのです。アイヌを同化すれば、アイヌがそれまで先住してきた土地も日本の領土になるという理屈なのです。こうして対外的にはアイヌは日本人扱いされながらも、国内的には相変わらず北海道の中では和人地と蝦夷地の純然たる区別がありました。この後も蝦夷地の支配は対ロ関係に左右され二転三転します。

一八二一年（文政《ぶんせい》四年）、松前藩復領。ナポレオン戦争によりロシアが極東に配備していた兵力がヨーロッパへ向けられ、緊張が緩んだという背景によるものでした。この時の松前藩のアイヌ支配は前にも増して過酷なものでした。さらに、再びロシアが南下をし始めると、一八五五年（安政二年）、松前とその周辺を除く蝦夷地全域を再び幕府の直轄とし、箱館奉行管轄とします。この再直轄以後、アイヌの和人化がいっそう進められるとともに、和人の移住による「屯田《とんでん》」政策がとられ、内陸部で道路が開削され、農業、鉱業を中心とした開発が促進されます。もともとが狩猟、漁撈の民であるアイヌはますます苦しい立場へと追いやられます。

さて、明治新政府になってからです。一八七五年（明治八年）、日本とロシアは「樺太千島交換条約《からふとちしまこうかんじょうやく》」を結びます。日本はウルップ島以北の一八島を領土とし、それまで「雑居地」とされていた樺太をロシアに譲ります。この時樺太に住んでいたアイ

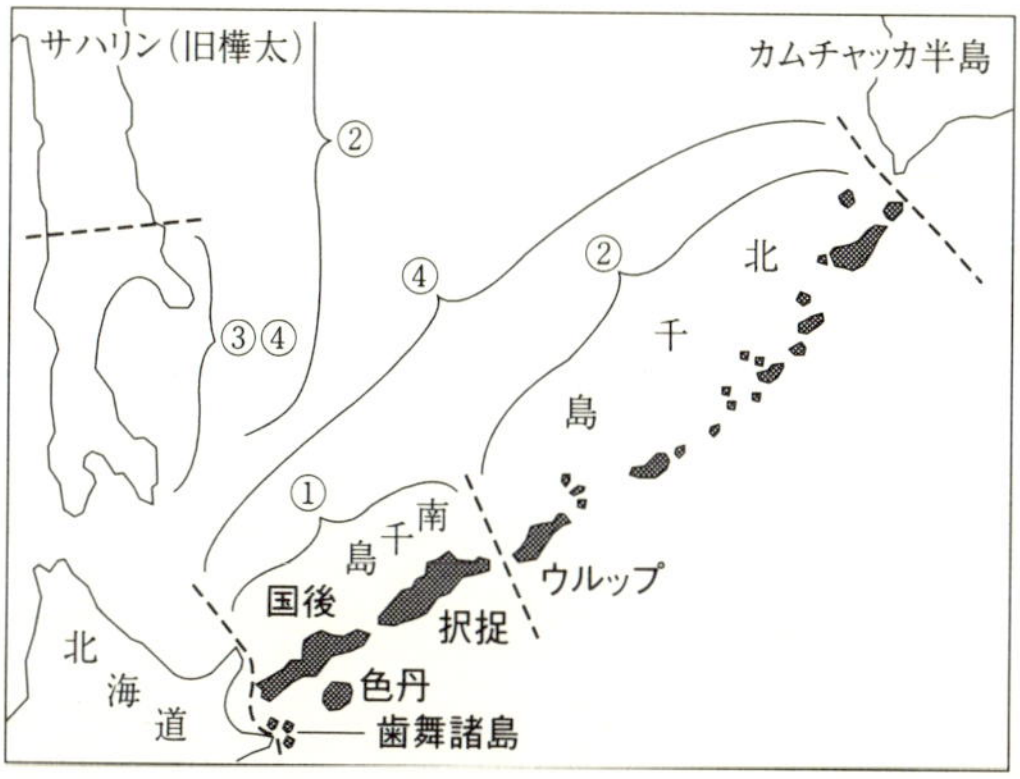

①「日露通交条約」（1885年）で、南千島が日本領となる。

②「樺太・千島交換条約」（1875年）で、日本はウルップ島以北の18島を領土とし、「雑居地」だった樺太をロシアに譲る。

③「日露講和条約」（1905年）で、北緯50度以南の南樺太が再び日本領になる。

④「サンフランシスコ講和条約」（1951年）で、日本は千島列島を放棄し、南樺太も失う。

ヌには、三年の猶予《ゆうよ》をもって日本かロシアかどちらかを選べという条件が出されましたが、実際には条約締結から三カ月後に三分の一強の八四一人の樺太アイヌ（当時の樺太アイヌの総人口は約二四〇〇人）が宗谷に移住させられています。宗谷へは一時的滞在で政府は彼らを対雁《ついしかり》（江別市）に移して農業に従事させようとします。

　この政策に反対し、北見沿岸部で漁業につけようと考えていた開拓大判官・松本十郎はこれを危惧《きぐ》し、黒田清隆開拓使長官にこう進言しています。

「今や先祖代々海浜に於いて生産を立てるの民を直襲して山河の間に転移せしむる、果たしてその民その所で安堵するや否や」（『石狩十勝両河紀行』、『日本庶民生活史料集』第四巻、三一書房、所収）

　しかし対雁への移住は強行され、松本の危惧が現実のものとなります。農業に不慣れなアイヌたちは開墾に失敗し、やがて半農半漁や出稼ぎへと生業を変えますが、いずれもうまく行きません。さらに、天然痘（疱瘡《ほうそう》）とコレラが大流行し、免疫のないアイヌは次々と倒れます。これは江戸時代にも同様なことが言えるのですが、和人の進出とともに天然痘や梅毒なども持ち込まれ、アイヌは大変な犠牲にあっています。対雁ではこれで半数の四〇四人ものアイヌが命を落としました。

　一方、千島ではどうだったでしょう。幕末の一八五五年（安政《あんせい》二年）、「日露《ろ》通交条約」で南千島は日本、北千島はロシアと定められていました。その後、「樺太千島交換条約」で北千島も日本領となるわけですが、ここで北千島のアイヌも日本とロシア

樺太アイヌ

日露通交条約

のどちらに行くかの選択を迫られました。総勢一〇〇人強と見られる北千島のアイヌのうち九七人までが日本を選んだのですが、一八八四年（明治一七年）、「資源が豊富だ」などという政府の甘言《かんげん》に説得され、色丹島《しこたんとう》へ移住させられました。ロシアとの国境線から遠ざけようとの国策だったようです。

この北千島アイヌたちのその後も悲惨なものとなりました。生活と環境の変化で五年後には半数にまで減ってしまったといいます。残った人たちは、一九四五年、第二次大戦で旧ソ連軍が日本の無条件降伏後に千島を攻撃したために、全員が北海道に引き揚げ、以後、どうなったか消息が知れないといいます。

樺太組のその後も追ってみましょう。一九〇五年、日露戦争後の「日露講和条約」（ポーツマス条約）が結ばれ、北緯五〇度以南の南樺太が再び日本領となりました。そこで、対雁《ついしかり》移住の樺太アイヌは大半が父祖の地へと帰郷してしまいました。この人たちと元々残っていた人たちと合わせて一二七四人（樺太支庁調べ）のアイヌが、一九四〇年に南樺太にいました。ところが、一九四五年の第二次世界大戦の敗北で日本が南樺太を失うと、この人たちもほぼ全員が日本へ引き揚げ各地へ散ってゆきました。北海道ウタリ協会の調べでは日本国内にいる樺太アイヌは二三五世帯、一〇〇〇人以上に上ります（一九九二年九月二日付朝刊『朝日新聞』）。そして、樺太に残ったアイヌは八九年現在、わずか数人しか公式確認されていないそうです（八九年一一月八日付夕刊『朝日新聞』）

樺太千島交換条約の風刺画（“EXCHANGE„ ワーグマン画「ジャパン・パンチ」1875年8月号より）

こう見てくると、千島、樺太のアイヌたちがいかにご都合主義の国策に翻弄《ほんろう》されてきたかが、よくわかります。結局、冒頭の質問への答えは、「確かにロシア人のアイヌもいます。わずか数人ですが」ということになりそうです。この千島、樺太のアイヌの人たちのことを考える時、忘れられないエピソードがあります。

一〇年ほど前の例の「中曾根失言」*騒動のころ、ある集会でアイヌの秋辺《あきべ》（旧姓・成田）得平《とくへい》氏が大きな地図を壇の背後に吊るしました。その地図は北海道と千島、サハリンが同じ色で塗られていました。「これがアイヌ・モシリ（人間の土地、アイヌの国）です」と彼は張りのある声を一段と高めました。会場が一瞬シーンと静まり、それからどよめきました。一目瞭然《いちもくりょうぜん》なのです。ああ、そうだったんだ、と私は胸を衝《つ》かれました。私たちは現在の国境、日本人の大多数を占める和人をもとに、北方領土問題を論じています。でも、この一枚の地図はそうした私たちのこり固まった思考の虚《きょ》を突いたのです。

アイヌ民族の立場を抜きに北方領土問題が論じられることに、「私たちのことを忘れてくれては困るよ」とアイヌの人たちは警鐘《けいしょう》を鳴らします。八八年に根室海峡沿岸のアイヌ漁民が日ソ合弁協定に基づき、国後島沖でのドナルドソン（鱒の大型交配新種）の養殖事業に乗り出し、問題になりました。しかし、もともとアイヌの人たちの心の中では、この北方海域に国境線が存在しないのかもしれません。

＊中曾根失言→Q3、Q20

Q13 明治新政府はどんなアイヌ政策をとったのですか？

「蝦夷地」が「北海道」と改称されたのが明治初め。〝御一新〟で日本は近代国家の体裁を整えて行くわけですけど、対アイヌ政策も一新されたのですか。

一言で言えば、同化政策を徹底して押し進めたことに尽きます。狩猟・漁撈民族のアイヌを和人と同じような農耕民族にし、さらに天皇を頂点とする新たな政治支配体制下で皇民化しようとしたのです。幕末の蝦夷地では二度の幕府直轄により、各漁場へ多くの和人が進出して定住し、他方でアイヌの和風化策《わふうかさく》が進められ、蝦夷地がますます内国化《ないこくか》されました。近代国家へ生まれ変わる明治新政府の政策はこれをいっそう促進するもので、自然資源に恵まれた北海道が「内国植民地」とされ、国家・大資本の大規模な収奪・圧迫によりアイヌはいっそう困窮化《こんきゅう》させられていきます。

一八六九年（明治二年）八月一五日、蝦夷地は北海道へと改称されました。松浦武四郎（→Q15）が政府に提出した六つの原案の中から「北加伊道」と「海北道」の二つを折衷《せっちゅう》した形で選ばれました。「北加伊道」案には、アイヌ民族が自分たちの国をカイと呼び、同胞相互にカイノーと呼びあっていたという背景があります。

この話は花崎皋平《はなさきこうへい》著『静かな大地』（岩波同時代ライブラリー）によるのですが、

この中で花崎氏は「『北加伊道』が『北海道』に変えられたとき、そこにこめられた大事な意味も消された。その名づけを産んだ流れは、武四郎一人の力や思いではどうにもならない滔々《とうとう》たる濁流《だくりゅう》となって、この近代百年を押し通ってきているものである」と指摘しています。この濁流がアイヌを直撃します。

まず、同年九月、場所請負《ばしょうけおい》制が廃止されました。近代的な水産業を発達させるには、各場所ごとの請負人による排他的・独占的な漁場の占有は障害になります。アイヌもこれで封建的なカセから解放されますが、それとともに、それまで認められていた狩猟権、漁業権も取り上げられてしまいます。

次に、七一年（明治四年）、アイヌを「平民《へいみん》」籍に入れ、和人式の姓名を強要しました。それでいて公文書などでアイヌを「旧土人《きゅうどじん》」と称するよう達しが出され、さらに男性の耳輪、女性の入れ墨、死者が出た時に自分の家を焼却することなど、昔からの習俗も禁止させられました。七六年（明治九年）にはアイヌ伝来の仕かけ弓や毒矢も禁止させられました。こうして手足を縛っておいて、次に土地の略奪《りゃくだつ》です。

もともとが狩猟民で山野を自由に駆け回っていた民族ですから、アイヌには土地を所有するという観念が発達していなかったようです。それをいいことに、新政府は広大な北海道の土地を次々とアイヌから奪ってゆきます。七二年（明治五年）「北海道土地売貸規則」とそれに伴う「北海道地所規則《じしょきそく》」を出し、「深山・幽谷《ゆうこく》・人跡隔絶《じんせきかくぜつ》ノ地」以外はすべて和人に売り下げ、その私有を認めました。アイヌは土地の私有が認

アイヌの日本式姓名

明治の初めに政府がアイヌに和人式の姓名を強制したのは、後に朝鮮を植民地化した際の創氏改名《そうしかいめい》の原型となった。名前の付け方は管轄の役所で原則が異なり、函館支庁では戸主名を漢字化して姓とし、家族名も単純化して日本風に近づけ、札幌本庁では部落全体を同一姓として名前に旧名を用いたという（高倉新一郎『新版アイヌ政策史』）。後者の具体例を萱野茂氏が『アイヌの碑《いしぶみ》』（朝日文庫）の中で紹介している。

「この地方に名字をつけにやってきた役人は大酒飲みで、仕事をせず宿で酒ばかり飲んでいました。そのうち期日がやってきて、役人はいそいで名をつけなければならなくなりました。〈ふふん、そうか。ここはピラウトゥル（平取）村か。それならばここのアイヌの名字は「平村」とつける。その次がニブタニ（二風谷）、それでは

められなかったので、アイヌが現住している土地でも和人への分割私有の対象となりました。さらに七七年（明治一〇年）には、「北海道地券《ちけん》発行条例」でアイヌ占有の土地を「無主地《むしゅち》」として国有地にします。この中から皇室財産の「御料地《ごりょうち》」がつくり出され、その面積は全道面積の二割強に上りました。こうしてアイヌはどんどん追い詰められてゆきました。実はこんなやり方には外国の先例があります。

「先住民族が住んでいた土地を『無主地』として取り上げ、今度は『保護』という名目で分け与えるのも、非先住者に共通したやり方だった」（九三年一二月一五日付夕刊『朝日新聞』「奪われた大地」（中）増子義人記者）。こう指摘するこの記事では、アメリカ政府がインディアンにとった施策を紹介し、「北海道旧土人保護法」がアメリカのドーズ法を踏襲《とうしゅう》する形で制定されたのだと明らかにしています。私も調べてみました。

アメリカ政府は、当初は「インディアンの同意なくしては土地、財産を譲り受けられない」との基本姿勢で、インディアンとの間に数多くの条約を締結してインディアンの土地を取得しました。ところが、民主的な「ジャクソニアン・デモクラシー」で知られるジャクソン政権になると、政策の一大転換があります。これがインディアンには実に過酷な形で現れます。一八三〇年、インディアン移住法で政府はインディアンを強制移住させ、広大な土地を手に入れました。その後、カリフォルニアで金が発見されて西部開拓ブームが起こると、インディアンを「保留地」に封じ込める政策が

「二谷」だ。その向こうの村はピパウシというのだな。ピパとは何だ。そうか、貝という意味か。ウシというのは？　そうか、有るという意味なんだな。それでは貝沢とつける〉」

こんな具合で村の中に同じ姓の人があふれたが、血縁とは関係がないという。名は旧名のままで男女の区別がつかないので、男は片仮名、女は平仮名で便宜的に書き分けるようにしたともいう。

取られ、次いで一八八七年、いよいよ一般割当法（ドーズ法）の登場です。

これは「農業と放牧に適した土地を、単独保有地としてインディアンに供与する」というもので、世帯主一人当たり一六〇エーカーの保有地を割当てました。そのねらいは「共同の土地所有形態、すなわち、これこそがインディアンの生活行動様式の基礎となるものであるが、これを個人所有として解体するものであった。その目的とするところは、部族の政府を廃止し、インディアン保留地制度を止め、インディアンを白人社会に同化させることにあった。こうして部族の土地四一〇〇万エーカーが割り当てられてしまった」（国立国会図書館編『外国の立法——特集先住民族』）。

奪って奪って奪ったその土地を、最後に割当てて「保護」してやるというのです。アイヌのことかと見まごうほどです。インディアンに限らず、オーストラリアのアボリジニなど他の先住民たちも、よく似た経過で自分たちの土地を取り上げられていきました。これは、〈Q24〉で詳しく見るとして、話を戻します。

アイヌの土地を和人に払い下げていった明治政府は、次には「殖産興業《しょくさんこうぎょう》」をスローガンに大資本の積極的導入を図ります。初代北海道庁長官岩村通俊《みちとし》は八七年（明治二〇年）五月、施政方針演説で「貧民を植えずして富民を植えん。是を極言すれば、人民の移住を求めずして、資本の移住を是れ求めんと欲す」（『新撰北海道史』第六巻、『北海道の歴史　60話』三省堂より）と露骨に開拓の意図を明らかにしています。

具体的には、八六年（明治一九年）に「北海道土地払下規則」を定め、一〇年間無償で一人一〇万坪以内の土地を貸与し、その後極めて安い価格で払い下げることにしました。さらに、九七年（明治三〇年）には「北海道国有未開地処分法」で一五〇万坪を限度とし、一〇年後の払い下げが無償となり、免租期間も一〇年から二〇年へと延長するなど、前者の条件がいっそう緩められました。これにより、華族、政商、資本家、高級官僚らごく一部の「持てる者」たちが莫大《ばくだい》な土地をただ同然で入手し、北海道全面積の二割近くに達しました。事業計画の提出、達成状況のチェックとセットになっての貸与だったので資本のある者しか恩恵に浴さなかったのだといいます。岩村長官の方針が見事に現実化されています。

「御料地」の創設や和人への払い下げは、アイヌの人たちを奥地へと強制移住させるなどの強硬策も伴いました。こうして「アイヌ・モシリ」がさんざん食いものにされた挙げ句に、「北海道旧土人保護法」が〝慈悲深い〟顔をして登場してくるのです。

九三年（明治二六年）、欧米視察でドーズ法を知った改進党の加藤政之助は同法案を議員提案し、その理由を「無知蒙昧《むちもうまい》ノ人種ニシテ、ソノ知識幼稚ニシテ、利益ハ内地人ニ占奪セラレ、漸時《ぜんじ》ソノ活路ヲ失ウ傾向ニアル」、それゆえ「コノ義侠ノ心ニ富ミタル我々日本人ガ」「此際ニ是非トモ保護シテヤラネバナラヌト思フ」と述べています。しかし、これは給与地の面積などで意見がまとまらず、九五年の議員再提案の後に、九八年（明治三一年）、第一三回帝国議会に政府案として提出されます。その時の政府委員の理由説明もアイヌ蔑視《べっし》に満ち溢れたものです。

「旧土人は優勝劣敗の結果段々と圧迫せられて、生活の途を失ふと云ふ情勢は、皆さん御推測であろうと考へます。同じく帝国臣民たるものが、斯《かく》の如き困難に陥らしむるのは、即ち一視同仁《いっしどうじん》の聖旨に副《そ》はない次第」（「『旧土人』保護政策資料」、谷川健一編『近代民衆の記録5　アイヌ』新人物往来社、所収）

「帝国臣民」に無理やりしておいて、一方的に仁愛を施してやろうというのだから、なんと押しつけがましいことか。「無知蒙昧」とか「優勝劣敗の結果」と手前勝手に決めつけているのは、歴史感覚に乏しいわが「大和民族」の決定的欠陥かもしれません。「占奪」したり「圧迫」する側の問題をまったく棚上げにして、よくもまあ、ここまでのたまってくれたものです。

　ともあれ、こうして「旧土人保護法」が九九年（明治三二年）に制定されました。後で「アイヌ新法」（→Q22）を考える上でも重要な法律なので、全文を巻末資料として出しておきます。それをじっくりと見ていただくとして、ここではその骨子だけを説明します。この法律の大事なポイントは、①土地の下付《かふ》という「アメ」によるアイヌの農民化誘導、②アイヌ小学校設置による皇民化教育の徹底、という二つです。

　①の農民化の中心条文は、第一条の「北海道旧土人ニシテ農業ニ従事スル者又ハ従事セムト欲スル者ニハ一戸ニツキ土地一万五千坪以内ヲ限リ無償下付スルコトヲ得」です。農業とは縁がなかったアイヌに農業をやれというのです。農業をやるのなら土地を分けてやるというのです。その土地はもともとアイヌのものだったのです。

しかも、この一〇年以上も前に「土地払下規則」と「国有地未開地処分法」で、一般和人や資本家らに大規模な払下げがなされてしまっています。いい土地はほとんど和人の手に渡った後に「残りカス」を分けようというのです。「払下規則」では一人当たり一〇万坪（約三三町歩＝三三ヘクタール）以内なのに、アイヌにはその七分の一強の一万五〇〇〇坪（約五町歩＝五ヘクタール）以内しか与えられず、大きな差が付けられています。その上、一五年以内に未開墾の場合は「没収」され、相続以外の譲渡や諸物権の設定が禁止されるなど厳しい制限だらけ。「処分権」がないのですから、自分の土地であって自分の土地でない代物《しろもの》なのです。

②の教育は、第九条です。この法律に基づき一九〇一年（明治三四年）から拓殖計画「北海道十年計画」を実施し、その一環として一九一一年（明治四四年）までに、アイヌが多く住む日高《ひだか》、胆振《いぶり》、十勝《とかち》、釧路《くしろ》の四地方に合わせて二一校の通称「旧土人学校」が開設されました。アイヌだけを集めてアイヌ文化を一切否定した、徹底した皇民化教育が実施されたのです。

「旧土人」という忌《い》まわしい言葉が法律成立からおよそ一世紀後の今も残る（ただし、九五年五月八日、「アイヌ文化振興法」の成立と同時に廃止されました）ということで、一時、物議をかもしたこの悪法中の悪法、さて、実際にはどんな機能をはたしたのか。その実態を次の項でじっくりと見たいと思います。

Q14 「北海道旧土人保護法」でアイヌはどうなりましたか？

時代錯誤的な悪法の「北海道旧土人保護法」が一世紀も残り続けたことは、私もショックでした。この法律がアイヌの今日の窮乏化を決定づけたのですよね。

この法律はアイヌから勝手に取り上げた土地を、恩恵がましく給付し、農耕を強制するものでした。和人との間に条件の上でずいぶんとひどい差をつけられはしましたが、それでも、アイヌがこれによってかなりの土地を得たのも確かです。

同法施行から一七年たった一九一六年（大正五年）に北海道庁内務部が「旧土人に関する調査」（谷川健一編『近代民衆の記録5　アイヌ』新人物往来社、所収）をまとめています。この調査結果でアイヌの土地所有や就業の状況がよくわかります。

それによると、アイヌの所有地は全部で一万二八一五町、うち「旧土人保護法」で給付された土地は九六五六町（七九％）です。また、農耕地は一万一三三四町（土地総面積の九二％）、うち既に開墾《かいこん》した土地が七八五三町（農耕地の六九％）で未開墾地は三四七一町（同三一％）。農業従事を条件に給付されているのですから、農耕地の比率が高いのは当たり前ですが、開墾はまだ七割弱しか進んでいません。

一方、就業状況は、アイヌ総人口四四二七戸・一万八六七四人に対して、農業が二

アイヌの給付地

三六九戸（全戸数の五四％）一万六四一人（全人口の五七％）を占め、漁業が五五五戸（同一三％）二六一三人（同一四％）と漸減傾向で、牧畜並びに商工業が四三戸（同一％）一九一人（同一％）とほんのわずかです。しかし、他者に雇われて労働に従事している人が一一七〇戸（同二六％）四四七五人（同二四％）もいました。

　農業二三六九戸のうち、自作は一四五五戸（六一％）、小作が四二二戸（一八％）、自作兼小作が四七七戸（二〇％）です。自作が六割強ですが、面積で見ますと全給付地の二八％にしか過ぎません。一戸平均の耕作面積は一町七反三畝《せ》、一戸平均収穫価額は一〇二円六〇銭、同じ年の北海道の農家平均と比べると、耕作面積はその四七％、収穫価額は四分の一に過ぎません。

　まとめてみます。アイヌがこの時点で所有する土地の八割ほどが「旧土人保護法」による給付地で、全アイヌの半数強が農業に従事している。江戸時代からの生業と言える漁業はどんどん減ってきている。しかし、農家の耕作面積は和人農家の半分以下で収穫価額は四分の一という零細《れいさい》経営だ――ということになります。

　面積が半分で収穫が四分の一ということは、単純に考えれば和人の農家の半分の効率しか上がっていないわけです。その原因はいろいろ考えられます。一つにはアイヌが農耕に不慣れだということがあります。こんな新聞記事があります。

「生来懶惰《らんだ》の土人等は、因習の久しき狩猟の慣習を離脱しないで、兎角《とかく》農業を厭《いと》ふて居る傾向がある。故に播種《はしゅ》と収納季節に僅《わず》か農業に従ふのみで、除草其他作物の手入は老幼婦女に委せて、壮者の多くは山に臘《ろう》し川に魚を漁り、以て生計を営むるが常習となって居る」（明治四三年六月、北海タイムス、河野常吉蒐集『アイヌ関係新聞記事』、河野本道選『アイヌ関係資料集』第二期第七巻、北海道出版企画センター、所収）

これは旭川からの現地報告ですが、「生来懶惰《らんだ》」は別として、似たような状況が全道的に見られたと推測できます。しかし、これはアイヌに責めを帰する論ですが、こうした状況に追いやったもっと根本的な原因があります。

「土地の中その三割七分は丘陵沼沢《しょうたく》地帯にして耕作不可耕地であった。残る五千町歩の耕土は賃貸借契約に依《よ》りて概《おおむ》ね和人の手に帰し、地主たる旧土人は襤褸《らんる》を纏《まと》ひて市井《しせい》の巷《ちまた》を彷徨《ほうこう》するに反し、賃借人たる和人は一躍巨万の富を成すという現象を呈するに至った」（『北の光』喜多章明論文、『近代民衆の記録5』所収）

この文章は北海道庁の役人で北海道アイヌ協会設立の中心となった喜多が、戦後に「旧土人保護法」の功罪についてまとめたものです。なんと四割近くの給付地が農耕に適していなかったのです。和人にいい土地を優先下付したせいです。アイヌには奥地の「丘陵沼沢」があてがわれたのです。これでは効率が上がるはずがありません。しかも、せっかく開墾《かいこん》しても、和人によって次々とだまし取られていってしまうのです。私が直接アイヌの人から聞いた帯広の例は、こんな具合です。

お金に困ったアイヌが和人から借金をします。その際、給付地に小作権を設定し、

アイヌが土地を和人に賃貸したことにします。小作権の設定なら譲渡・売買を禁じた「旧土人保護法」に触れないからです。この賃貸契約の期間が九九年という長期で、賃貸料を和人が一括前納する形にします。なんと親切な人だ、と早合点しては困ります。大金を払ってやるのだから、その代わりに九九年分の利息をよこせ、というのです。利息分を差し引くと、アイヌの手元にはわずかな金しか残りません。こうして給付地を実質的に巻き上げてしまい、それを高利で他に転貸してもうけるのです。

当時の記録を見たりアイヌの人たちの昔話を聞いたりすると、和人の悪どいだましにひっかかった話がたくさん出てきます。その結果、一九二五年（大正一四年）には、既墾地（給与地総面積の約六八％）のうち約四五％の土地が和人への賃貸地となってしまい、後志《しりべし》では八九％、渡島《おしま》六七％、釧路六一％、十勝五八％という高率の地方もありました（『北海道旧土人概況』、榎森進『アイヌの歴史』三省堂より）。その賃貸地に自分が出面《でめん》取り（日雇い労働）に出るアイヌも多数出ました。

次々と和人の奸《かん》計にあってだましとられていったアイヌの給付地ですが、第二次大戦後の自作農創設が歌い文句の農地改革によって、さらに大きな打撃を受けました。アイヌの給付地は適用除外にしてと国、道に対して強く訴えたのですが、願いは却下され、その結果、一九四八年（昭和二三年）六月現在で、アイヌへの全給付地五三八五町のうち一二一一町（二二％）が農地改革法により買収されてしまいました（『北の光』喜多論文より）。借金のカタに賃貸されていたような給付地が、「不在地主」な

農地解放とアイヌ給付地

どということになり、地主のアイヌより豊かな和人小作人へ「農地解放」されたのです。一つのコタン（アイヌ部落）の土地がほぼ全部、和人の手に渡ってコタンが壊滅した例も、少なくありませんでした。

また、「旧土人保護法」にからんで、忘れてはならない事件があります。全道のアイヌがまがりなりにも同法第一条により給付地を無償下付されたのに、ただ一カ所のアイヌだけは適用除外されました。旭川市近文《ちかぶみ》のアイヌたちです。「近文アイヌ地紛争」として問題となったこの紛争の概略を紹介しましょう。紛争は三次にわたって闘われたので三つに分けて順次、説明します。

第一次は明治の中期です。一八九〇年（明治二三年）、旭川村（後に町、市に昇格）が開村しました。翌年、四〇〇戸の屯田兵が入植するなど和人の移住者が急増します。アイヌは村内の河川沿いに散在して住んでいましたが、道庁の指示で石狩川北側の近文地区へ集団移住せよと強制されます。そして九九年（明治三二年）に「旧土人保護法」が施行されますが、同年、旧陸軍第七師団が近文のアイヌへの給付予定地に近接して設置されることになりました。そこで道庁はこの給付地も将来、師団の用地になる可能性が高いと見て、アイヌへの給付をストップさせてしまいました。

さらに、師団の兵舎・官舎の造営工事を全面的に請け負っていた土木会社の大倉組が、この給与予定地の乗っ取りに動きます。代表の大倉喜八郎はアイヌの老人たちをだまし、全員が道北の手塩《てしお》に移住するのを望んでいるかのような嘆願書をでっちあげ、

近文アイヌ地紛争

大倉喜八郎

道庁に申請。翌年、大倉組に払下げが決定され、アイヌに移転が通告されました。

　政商と官僚が結託して悪いことをやるのは、今も昔も変わらないようです。一九〇一年（明治三四年）、怒ったアイヌが立ち上がりました。道庁に請願書を出し、埒《らち》があかないとわかると、リーダーの天川恵三郎らは上京し、決死の覚悟で天皇への上奏も辞さずと訴え、新聞が大きくとりあげました。そして、手塩への移転命令と大倉への土地払下げ処分の両方が取り消されたのです。

　しかし、給付予定地は依然として給付されないままでした。アイヌの天川が上京の資金として札幌の商人から多額の借金をしており、この借金のカタとして暴力団まがいの小作人を予定地にどんどん送り込み、ここを占拠しはじめました。そこでアイヌとの間で実力闘争にまで発展、第二次紛争が始まりました。この時の解決策は、約四六万坪の予定地を道庁から旭川町が三〇年間の期限で借り受け、地代をアイヌに支払い、アイヌには一戸一町だけを貸し、残り四町は共有地として模範農場にして小作人に貸し付け、収益をアイヌの保護費に当てるというものです。

　その後、一九二二年（大正一一年）の「国有財産法」の施行に伴ってアイヌへの給付予定地は国有未開地に組みかえられ、この年に市に昇格した旭川市は再貸付を申請し、向こう一〇カ年の期限で無償貸付を受けました。その期限が三二年（昭和七年）に切れましたが、小作人たちが土地を手放そうとしないのです。第三次紛争の始まりです。アイヌ代表の荒井源次郎は裁判所書記の職を辞し、天川の時と同じように上京

天川恵三郎

して世論に訴えます。天川の時もそうでしたが、特高《とっこう》がつきまとうなど官憲の弾圧は陰に陽に厳しいものでした。しかし、粘り強い闘いが功を奏し、三四年（昭和九年）、「旭川市旧土人保護地処分法」という新たな法律が制定されました。

当該地をアイヌの単独財産または共有財産として無償下付するというのです。たった五〇戸だけを対象とした、全国でも特異で画期的な法律が、ほかならぬアイヌ自身の手による長年の地道な努力で作られたのです。アイヌの歌人・森竹竹市《もりたけたけいち》はこんな歌を詠んでいます。「土地還るその喜びをウタリ等と共に祝ふて迎へる初春」（『原始林』）。しかし、この「共有財産」が曲者《くせもの》で、それまでの模範農場を共有地という名目に変えただけで、この地をめぐる紛争は現代まで尾を引いています（近文紛争の内容については主に、『近代民衆の記録5』の松井恒幸論文「近文アイヌと『北海道旧土人保護法』」と「近文アイヌ紛争記録」を参考にしました）。

この近文のアイヌたちの生活は、新聞でもたびたび取り上げられましたが、とても悲惨なものでした。「来てみれば聞きしにまさる彼等の生活困難、殆ど筆紙の得て尽す処にあらず。彼等の稍《やや》壮健なる婦女は山に雁皮《がんぴ》の皮を剥《は》ぎ、野にわらびの類を掘り、以て之を市中に売り、僅《わず》かに口を糊《のり》したり。其の男子の如きも亦た茶盆若くは手拭掛、糸巻の類を手製し、之を市内に商ひ、以て師団の残飯を買ひ漸《ようや》く其日を暮し居れるは、彼等百数十名の土人殆ど総ての状態なり」「一家数口みすみす餓死病死を待つより外なしと云ふ」（明治三八年一〇月八日付『小樽新聞』、河野常吉蒐集『アイヌ関係新聞記事』より）というもので、その中から闘いに立ち上がったのです。

旧土人教育規程

土地給付とセットになった農業強制と並んで「旧土人保護法」のもう一つの柱だった皇民化教育はどうでしょう。同法を受けて一九〇一年（明治三四年）に北海道庁令で「旧土人教育規程」が定められ、同年から七カ年計画で二一校、規定全廃の一九二二年（大正一一年）までに合わせて二四校のアイヌ学校が、全道で作られました。この功罪の「功」の部分をあえてあげれば、やはり就学率の向上でしょう。初年度の一九〇一年の就学率が四五％（全道児童就学率七七％）しかなかったのが、わずか一五年後の一九一六年（大正五年）には九七％（同九九％）にまではね上がり、和人と比べても遜色《そんしょく》のない数字です（北海道庁内務部「旧土人に関する調査」『近代民衆の記録5』所収）。

しかし、教育の中身はおおいに違いました。まず、学校自体あるいは教室が和人のそれから完全に分離されました。当時の修業年限はみな四年でしたが、アイヌ学校では和人の学校の三年程度の中身でよいと定められ、やがて六年に延長されても五年程度の内容でよいと低く押さえられました。また教科も、和人にはあった地理、日本歴史、理科、図画がなく、その代わりに男子には農業、女子には裁縫《さいほう》という実業科目が課せられました。

さらに、アイヌ語は禁止され、アイヌ的な生活文化も捨てさせられました。アイヌとしての民族性は徹底的に否定され、その一方で「天皇の赤子《せきし》」「忠良なる臣民」となることを要求しました。一九一一年（明治四四年）、皇太子が訪れた虻田《あぶた》土人学校の生徒たちはその時の「感激」を次のような作文に書いています。

「皇太子殿下がきしゃにのって室蘭におつきになりました。まもなく馬車でお通りになるところをおがみました。まことにありがたくおもひました。……私は殿下をおがんでから、どうかして殿下のためにちうぎをつくしたいと思います」（虻田土人学校良友会『良友』、『近代民衆の記録　5』所収、句読点は適宜、筆者が加えました）

きわめて感受性の強い少年少女期の子供たちだけに、皇民化が意図した通りに浸透していったようです。自分たちが「劣等」であると思いこむよう、教育制度、内容の両面において常日頃から押しつけられていたので、なおさらのこと、一人前の「日本人」になろうと強迫観念的に意識させられていたのかもしれません。

Q15 和人は悪いことばかりしてきたのですか？

和人の私には、この本で「負」の歴史ばかり突きつけられて、ちょっと落ち込みそうです。気分を晴らしてくれるような明るい話はないのですか。

ここまで読んできた読者がこんな疑問を持っても不思議ではありません。中世から江戸時代、さらに明治以降までの歴史を振り返っても、和人は多数派ということをかさにきて一方的にアイヌを迫害してきたとしか、言いようがありません。さらに、「エミシ＝エゾ」説に立って古代まで遡《さかのぼ》っても同じことが言えます。

アイヌが文字を持たなかったこともありますが、歴史は常に〝勝利者〟の側から、つまり日本では和人側から「正史」が記録されてきました。こうした公式記録以外にも、江戸時代以降、多くの和人たちが蝦夷地、北海道を訪ね、その見聞を文章に残しております。そのほとんどが、意識しているいないを問わず、ある共通の視点を持っています。それは「文明」化された和人が「未開」のアイヌを見下《みくだ》すというものです。

典型的な表現が次のようなものです。

「風俗は格別賤《いや》しく、倫理の道も知らず候故《ゆえ》、父子兄弟も相嫁し、五穀なければおのづから鳥獣魚物を食とし、山にかけり、海に入り、偏《ひとえ》に禽獣《きんじゅう》の類《たぐい》にて御座候」

自己中心的な見方で一方的に見下し、果ては禽獣扱いしています。これは江戸中期に幕府巡見使に従って松前に渡った松宮観山が書いた『蝦夷談筆記』（一七一〇年）の文章です。これとは対照的に、「蝦夷人は愛憐の心深きものなりといふ」と書き、アイヌが転覆しそうになった船の和人を助けたり、飢えに苦しむ和人や子供を養ってくれたエピソードを紹介している戯作者・平秩《へずつ》東作の『東遊記』（一七八三年）のような例もありますが、後者はむしろ例外的かもしれません。多くは、珍しいものを見る目でアイヌの風俗や生活を記録しています。民族・文化が違えば人相・風体から生活の在り方までさまざまに違って当たり前なのですが、多くの見聞記の筆者は自分の文化や社会の在り方を絶対視して、アイヌを軽蔑しています。

そうした中で際立って異色なのは、幕末の探検家として知られる松浦武四郎の視点かもしれません。武四郎については花崎皋《こう》平氏が『静かな大地　松浦武四郎とアイヌ民族』（岩波同時代ライブラリー）の中で、実に的確な武四郎観を述べています。

「私が松浦武四郎からまなぶべき第一のものと考えるのは、真実を追求することをつうじておのれ自身が変っていった、そのあり方である。植民地を支配する民族の一員であり、しかもその政府の官吏になりながら、当時実質的に奴隷化されていた土着先住民族アイヌへの搾取と虐待を知るや、それを排除すべく批判し、直言し、彼らの友となろうとした生き方である。その自己変革はなお不徹底であり、日本国家の支配構造への認識において甘かったと、今日の眼で見、いうことはできるが、武四郎を凌駕《りょうが》

わずか二代前の強制連行

幕末に松浦武四郎が訪ね歩いたアイヌの世界は、けっして遠い昔のことではない。参議院議員の萱野茂氏（一九二六年生まれ）の祖父や曾祖父母が武四郎の『左留《さる》日誌』に出てくる。つまり萱野氏にとってはわずか二代前の身近な出来事なのだ。

『左留日誌』によると、安政五年（一八五八年）当時の左留（さる＝沙流）には二六軒、一一六人のアイヌがおり、うち男女を問わず四三人が「雇《やとい》」（強制徴用）にとられていた。萱野氏の祖父トッカラムは最年少の一二歳だった。連れてゆかれた先は三五〇キロも離れた道東の厚岸だった。地元のアイヌが強制労働で死んだりして減ったので遠くから徴用したのだった。帰りたい一心のトッカラムは自ら指を切り落としたがそれでも帰らせてもらえず、フグ毒を体中に塗りつけて真黄色になったのを親方が病気と思い、やっと解放

してそのような道を歩んだ人物を寡聞《かぶん》にして私は知らない。
彼の旅の大部分は、和人としては単身ないし若い役人一人を同伴してのものであって、アイヌの案内人や村人と寝食を共にし、苦楽をわかちあい、悲喜をおなじくしたことが、彼を変えた原因であることにまちがいはない。心してまなぶべき点である」

武四郎は、「寝食を共にし、苦楽をわかちあい、悲喜をおなじくした」というのです。観察者として一方的に眺めるのではなく、目線の高さを同じにしてなおかつ、その生活実感までも共有しようとする。そこから考える。そんな眼差しが自分自身をも変えてゆくというのです。もの書きとしての私も含め、多くの和人たちの姿勢を根底から問い直す指摘だと思います。以て銘すべきです。

武四郎は幕末に蝦夷・樺太・千島を六回も訪れ、『三航蝦夷日誌』『秘《ひ》め於久辺志《おくべし》』『東西蝦夷山川地理取調図』『久摺《くすり》日誌』『夕張日誌』『知床日誌』などたくさんの著作を残していますが、花崎氏は代表作『近世蝦夷人物誌』に評価の力点を置く紹介こそが望ましいと述べています。『近世蝦夷人物誌』は一四年間にわたって蝦夷を訪ね、直接話を聞き回ったアイヌの人々と「遠からぬ時期の人々」についての記録です。一〇〇人ものアイヌ一人ひとりの苦しい生活や孝行ぶり、豪勇ぶり、抵抗などを書き、鋭く告発しました。そのため、松前藩の妨害にあい、一八五八年（安政《あんせい》五年）に書いたのに出版されたのは一九一二年（明治四五年）になってから、という象徴的なエピソードがあります。この本の凡例の最後に武四郎は次の一首を添えています。

されたという。（萱野茂『アイヌの碑』朝日文庫を参考にしました）

おのづからをしへにかなふ蝦夷人が　こころにはぢよみやこがた人
（自ずから教えに叶う蝦夷人《えみしら》が心に恥じよ都方人）

武四郎に興味が湧いた方は、その著作をじっくりと読んでください。武四郎の紹介はこれくらいにして、ここで私はすてきなアイヌ語を一つ紹介したくなりました。それは「シサム」という言葉です。アイヌ語で「シ」は「私」のこと。「サム」は「すぐ隣に、傍らに」という意味。二つ合わせて「私の隣の人」つまり、「隣人」ということになります。正しくは、うしろに「ウタリ」（仲間、同胞）をつけて「シサムウタリ」とするのですが、ふだんは「ウタリ」をつけないようです。

アイヌにとっての隣人とは、和人のことです。しかし、一般的には「シサム」が転訛《か》した「シャモ」という言葉を使います。「シャモ」は和人一般を指す場合と、ずるい奴といった悪意を込めて表現する場合の両方があるようです。後者の場合との対比で言えば、「シサム」にはアイヌのことをきちんと理解している「良き隣人」といった意味が込められています。ですから、アイヌの人たちと友達となったら、ぜひ「シサム」と呼ばれるようになりたいものです。

武四郎は、まちがいなくこのシサムだったのではないでしょうか。でも、シサムが武四郎一人では寂しすぎます。現代まで下りながら、この「シサムの系譜《けいふ》」をたどってみようと思います。

札幌学院大学は「北海道文化論」を市民公開講座として設け、その講義録を何冊かの本にして出版しています。その五冊目として出された『北海道と少数民族』(札幌学院大学、一九八六年)の中に「アイヌと和人の連帯」という講座を見つけました。高校教師で北海道歴史教育協議会の前釧路支部長(当時)の秋間《あきま》達男氏が、まさにこのシサムに該当する人たちの話をしているので、それを紹介します。

最初に出てくるのが、自由民権運動の秩父事件*で命からがら北海道に逃げ延びてきた指導者、井上伝蔵《いのうえでんぞう》です。彼は自分の素性を一切明らかにせずに道内を転々とし、最後は一九一八年(大正七年)に北見で亡くなるのですが、臨終の間際に家族に素性を明かします。そして、友人の飯塚森蔵も道内に逃げてきたと語ります。

秋間さんは民衆史家の小池喜孝氏の依頼もあって、この森蔵の消息探しを始めます。苦労の末に、地元新聞社の助けも借りてようやく函館に息子さんがいることが判明しました。森蔵は群馬県で小学校の校長をやっていたのを辞め、秩父困民党の運動に命をかけた人で、道内では釧路の近くの白糠《しらぬか》町でアイヌの生活にとけ込んだ生涯を送ったこともわかりました。そこでは差別の感情は一切なかったといいます。

秋間さんたちは、このアイヌとの連帯の生涯に心うたれ、白糠地方の教師たちと一緒に「コタンに生きる」という演劇を作り、地元で公演します。そして、森蔵を献身的に支えた白糠のアイヌの人たちをこそ顕彰《けんしょう》すべきという話になりました。

＊秩父事件

一八八〇年代の松方デフレ政策の進行により一転して不景気になり、地方産業は倒れ、農産物価格は下落した。こうした中で政府の手で自由党分断と弾圧が行なわれ、自由党内の急進派が各地で没落農民層の支持のもとに福島事件、高田事件、加波山《かばさん》事件などの直接行動を起こすようになった。秩父事件もその一つで、一八八四年(明治一七年)、秩父困民党《こんみんとう》・農民ら五〇〇〇~一万人が埼玉・群馬・長野県で立ち上がり、減税を訴え、高利貸し征伐や前橋監獄襲来などを計画し、激化事件中の最大規模の事件となった。

これが釧路アイヌ民衆史講座の開設につながり、その参加者に厚岸《あっけし》の人が多かったことから、厚岸の歴史も掘り起こそうということになりました。厚岸はクナシリ・メナシの蜂起の時、飛騨屋久兵衛が「場所」を開いてひどい搾取をしたところです。かつては一番住みやすい厚岸湖の周りに九〇〇人もアイヌが住んでいたのが、旧土人保護法で奥地へと追いやられ、今ではわずか三戸になってしまい、町の片隅で小さくなって暮らしていたそうです。このアイヌの人たちが大手を振って歩ける町にしようとの機運が盛り上がり、「アイヌ民族弔魂碑《ちょうこんひ》」を建てることになったのです。碑は、江戸幕府が「東夷鎮撫《とういちんぶ》*」のために厚岸に建てた国泰寺の門前に立てられました。

碑の裏側には「われらは今、先人にかわっていっさいの非道を深くおわびする」という文章が刻まれているそうです。碑の除幕供養祭に参加したアイヌを代表して、長老の山本多助エカシはこう挨拶しました。「あとから来て迫害した民族が、先にいた先住民を顕彰するということがかつて世界のなかにあったでしょうか」

この顕彰碑の建立《こんりゅう》はさらに釧路、白糠でも行なわれました。釧路で顕彰されたのは、三浦政治という和人です。この人は一九二三年（大正一二年）から三年間、釧路の春採《はるとり》コタンの小学校長を務め、アイヌの人たちのために献身的に尽くしました。民衆史掘り起こしの中で、その功績が明らかにされたのだといいます。

秋間氏は、「アイヌの人たちと連帯して人権回復運動が起こり、地域の歴史意識変革に大きな影響を与えた」と述べています。まさに、ここにこそ大事な意味がありそ

アイヌ民族弔魂碑

＊東夷鎮撫

一八世紀末のクナシリ・メナシの蜂起は背後にロシアの関与が疑われた。その前後にロシア南下も活発化し、幕府の蝦夷地政策に大きな影響を与えた。一七九九年（寛政一一年）の和人地と東蝦夷地の幕府直轄化もその一つで、蝦夷地の「内国」化による国防が最大の狙いだった。そのためにはアイヌの撫育《ぶいく》こそが第一義と考え、老人、病人への施米、祝祭日のアイヌ全員への酒食の供応、物品供与などの「撫育」を行った。そ

うです。先ほどの花崎氏の言葉を借りれば厚岸や白糠の人たちは、先人の足跡を掘り起こすことを通して、見事に自己変革をなし遂げたのです。「アイヌ問題」はアイヌの問題ではなく、実は和人の問題でもあったのです。

（私たち）和人はけっして恥じることはないと思います。和人の権力や金力を握っていた人たちがアイヌを追い詰めたことは間違いありません。その事実を棚上げにせよというのではありません。一人ひとりが「シサムの系譜」に連なる努力をすればいいのです。個々人の実践から新たな関係が、きっと築かれていくはずです。

そう、今この瞬間にも、アイヌと和人の連帯ということを真剣に考え、実践している人たちがいます。そのためのさまざまな交流団体もあります。その中に、私が取材を通じてお付き合いをした「ペウレウタリの会」という集まりがあります。「ペウレ」というのは「若い」という意味で、つまりは「若い仲間の会」という集まりです。

私が大学生だったころ、「カニ族」が大流行していました。大きなリュックを背負ってユースホステルなど安宿を渡り歩き、北海道中を旅行する若者たちのことです。カニに姿が似ていることからこの名前がついたのです。好奇心いっぱいのこんな若者たちが、夏休みの北海道に溢れていました。「知床旅情」という歌がはやったころです。この若者たちが観光地でアイヌに巡り合い、異文化の存在にショックを受け、目覚めます。それから自分自身の「アイデンティティー」を問い直し始めたのです。

そしてアイヌとの連帯に向かった人たちが、友好の集まりを作ったのです。道内中

れとともに三つの掟を布告し、その第一条ではキリスト教の信仰を禁止した。その一方で幕藩国家の「国教」である仏教を導入し、元禄（一六八八～一七〇三年）以来の新寺創建禁止策をやめ、有珠に善光寺（浄土宗）、様似に等澍院（天台宗）、厚岸に国泰寺（臨済宗）の「蝦夷三官寺」を建てた。

ペウレウタリの会

心でスタートしたのが迂余曲折《うよきょくせつ》の後、今は東京中心の活動をしています。もう「ペウレ」ではなく、そのうち孫の顔を見るような人たちの集まりになりそうですが、気持だけは若々しいようです。この人たちと私のつきあいは、例の中曾根失言のころ、取材で訪ねたのが縁なのですが、今、当時の会報をめくり返していて、この会に集まってきた和人の若者たちもまさに「シサムの系譜」に連なる人たちではないか、と感慨を新たにしました。会報に載せられた新入会員の自己紹介がとても心に響きます。

「僕は、田舎の定時制高校卒業の一九才まで農業をやっていました。一九六一年に上京と同時に住み込みで旋盤工として三ケ年とちょっと働きました。それからいろんな職業を経験しながらようやく社会の仕組みや人間が人間の尊厳をふみにじることを知りました。僕は、一人の人間として、一個の労働者として生き続けたいと思います。あたたかい人間関係の上にきずかれる社会であればと思います」

「二〇才まで北海道に生活しながら、私はアイヌ、ウィルタといった少数民族に関する正しい教育を受けなかったし、又、知ろうともしないできました。去年の夏に日本の少数民族を考える機会を与えられ、この会を知りました。民族について皆と考え、私は何ができるのかを知りたいと思います」

「高校時代の『森と湖のまつり』の強烈な印象が、アイヌの人々の片鱗に接した初めてのことでした。それきりで十数年がたちましたが、ここ数年身近にアイヌの方と知人になるようになり、『知らないことが差別につながる』との思いを強くしています。

理屈より先ず皆さんのなかに入れていただくことから、今までの自分を問い直すきっかけをもちたいと思います」

どうでしょう。「武四郎」はけっして江戸時代だけの人ではなさそうです。時代の大きな潮流を考えると、「シサム」はきっと増えているし、これからも増えるはずです。

Q16 「滅びゆくアイヌ」という見方があったそうですが、本当ですか？

お前の民族は滅びると他民族から言われたら、だれでも怒り出しますよ。それを著名な学者たちが公言していたのですか。学者ってどんな〝人種〟なんですかね。

アイヌが近世から明治以降にかけて、自分たちの天与の地である北海道でどんどんと少数者の立場へ追い込まれていったのは事実です。アイヌ人口の推移を追ってみます（北海道庁内務部「旧土人に関する調査」、谷川健一編『近代民衆の記録5　アイヌ』新人物往来社、所収）。

一八〇四年（文化《ぶんか》元年）　二万一六九七人
一八二二年（文政《ぶんせい》五年）　二万一七六八人
一八五四年（安政《あんせい》元年）　一万六一三六人
一八七二年（明治五年）　一万五二七五人
一九一六年（大正五年）　一万八六七四人

確かに幕末から明治にかけては人口が大きく減っています。松浦武四郎の『左留《さる》日誌』（一八五八年）には、日高・二風谷《にぶたに》のアイヌが三五〇キロも離れた厚岸《あっけし》の「場所」まで強制的に「雇《やとい》」にとられた話が出てきます。参議院議員の萱野茂《かやのしげる》氏の祖父たちの話です。村人一一六人のうち四三人までが「雇」に強制徴用されたそうです。こんな例が全道的に珍しくなく、アイヌの生活は根本から破壊されました。困窮化し栄養も衛生の状態もよくないところに、和人が持ち込んだ結核や梅毒にかかって倒れた人も少なくありません。もともと免疫が無いうえ、体力も落ちていたのです。

でも、大正の数字は一転、増加に向かっています。現在は正確な数字はありませんが、道庁の調査では二万四〇〇〇人ほどと把握されています。この数字だけを見ればアイヌはけっして減っていないのです。では何が「少数者」なのかと言えば、北海道内における和人人口との対比においてということなのです。

下の表を見ていただけば、一目瞭然《いちもくりょうぜん》です。一八七三年（明治六年）の約一五％が急激にダウンして、四〇年後の一九一三年（大正二年）には一％になってしまい、その後も減り続けています。明治以降の北海道開拓はまさに和人の「民族大移動」に他ならなかったことがよくわかります。そして、アイヌは追われた結果として、日高《ひだか》、胆振《いぶり》、十勝、釧路、北見などの地域に集まって住むようになりました。

数を頼みに群れるのが好きで、異分子は「村八分」するというのが、ヤマト民族の伝統のようです。多数派に囲まれた少数派となったアイヌに「滅びゆく民族」というキャッチフレーズがつけられ、そんな色眼鏡《いろめがね》でアイヌを見るようになったのです。先

全道人口・アイヌ人口の推移

	全道人口(a)	内アイヌ(b)	b/a×100
1873年	111,196人	16,272人	14.63%
1878	191,172	17,098	8.94
1883	239,632	17,232	7.19
1888	354,821	17,062	4.81
1893	559,959	17,280	3.09
1898	853,239	17,573	2.06
1903	1,077,280	17,783	1.65
1908	1,446,313	18,017	1.15
1913	1,803,181	18,543	1.03
1918	2,167,356	17,619	0.81
1923	2,401,056	15,272	0.64
1926	2,437,110	15,247	0.63
1931	2,746,042	15,969	0.58
1936	3,060,577	16,519	0.54

（『新北海道史』第9巻、「統計」より作成）
榎森進『アイヌの歴史』（三省堂）より重引

頭に立ってこんな観念を世の中に吹き込んだのが、多くの学者かもしれません。「学術上大切な資料となるべきアイヌも、今の儘《まま》で置いては遂に絶滅に帰するは明かである。之を救済して、其人種を絶やさぬやうにする事は我々日本人の義務である」(一九一九年一一月、新聞名記載なし、医学博士藤浪剛一談。河野常吉蒐集『アイヌ関係新聞記事』より)

また、一九一九年(大正八年)一二月一六日付の『北海タイムス』に載った、国際聯合《れんごう》赤十字西伯利亜(シベリア)派遣団長のジョージ・モンダントン医学博士の手記はこうです。

「閑暇《かんか》を得て北海道に渡り、人類学の観察点よりアイヌを研究しました。——今回の研究で私の最も喜びとする所は、男女百人の身長及び骨格を精密に調査する事の出来たことです。又記念の為め彼等の細工物を集めました。——私の思ひますには、往時氷の時代に居住せる人に最もよく似てゐる人はアイヌ人であります。夫故《それ》に漸次《ぜんじ》滅びゆく彼等の子孫を古代の証人として、我等は大切に保護すべきであります。日本は日光其他の場所に見る如く、古物保存の有名なる国なれば彼等の保存も必ず出来ると思ひます」(『アイヌ関係新聞記事』より)

赤十字の派遣団長がこんな認識です。「近代化」が実は西洋の人間中心主義、それも白人中心主義イデオロギーの押しつけであったことは今や世界の常識となっていますが、それにしても露骨な見方です。明治維新以降、「追いつき追い越せ」と「近代

ジョージ・モンダントンの手記

化」に邁《まい》進した日本の指導者層も、同じようなイデオロギーに染まり、それから外れた人たちを「劣等」と見なしていったのは、想像に難くありません。これまでに問題となった例を幾つか挙げてみましょう。

有名なのはなんと言っても、北大医学部の児玉作左衛門教授が昭和初期に全道から集めたアイヌの人骨、いわゆる〝児玉コレクション〟でしょう。児玉教授は日本学術振興会学術部「アイヌの医学的研究」小委員会の解剖学担当委員として、同大医学部の山崎春雄教授とともに、一九三四年（昭和九年）から三八年にかけて、道内、旧樺太、千島の各地で、さらに五六年（同三一年）には静内《しずない》地方で、アイヌ民族人骨を半ば強制的に墓地などから発掘収集しました。その数は、道内の八二二体をはじめ全部で一〇〇四体に上ります。児玉氏は遺族側に研究後の返還と慰霊碑建立を約束したまま、果たさずに故人となりました（『飛礫』一九九六年六月号、つぶて書房）。

研究のためとして、代々、大事に守り抜いてきた墓を平気であばき、もってきた骨はそのまま返還もせずに資料庫に眠らせていたというのです。これは後日、大学側とアイヌ側との話し合いで納骨堂が作られ、供養が行なわれましたが、学者の態度は大同小異こんなものでした。コロポックル説の坪井正《しょう》五郎と一大論争をした解剖学者の小金井良精《よしきよ》（→Q1）は、一八八八年（明治二一年）、アイヌの生体計測と頭骨・骨格の収集のため道内を回り、その時の思い出を文章化しています（『ドルメン』四巻七号、一九三五年七月、榎森《えもり》進『アイヌの歴史』三省堂より）。

児玉作左衛門

それによると、墓を掘るのには「アイノがまだ附近に居る様なところは避けて、成るべく古い無縁の墓地を探し求めるのが最も大切」と述べています。余市で屋敷内の墓地をひそかに掘っていてアイヌに見つけられた時には、「屋敷内に墓があるのは嫌だから取り除く」と言い訳してにわか祭壇をこしらえてごまかしたり、十勝では昼間当たりをつけておいた墓を夜陰に乗じて掘ったといいます。さらに身体の計測に当たっては疱瘡《ほうそう》にかかっても死なないようにするため東京から来たと偽り、日高では東京から偉い医者が来たという触れ込みで診察・治療という形をとったといいます。

これでは詐欺《さぎ》そのものです。しかも住居不法侵入あり、墳墓《ふんぼ》発掘ありで、今なら刑法や医師法にひっかかる立派な犯罪です。それを当時の日本の学界最高峰の学者がやって罪の意識のかけらも持たず、しかも自ら得意気に文章にして残しているのですから、その精神構造を疑います。

日高のアイヌ作家・鳩沢佐美夫《さみお》氏（故人）は一九七〇年（昭和四五年）一一月の『日高文芸』に「対談・アイヌ」を発表し、こんな事例を明らかにしています。

一九六二年（昭和三八年）六月、ある町立病院の結核病棟で、「明日、○大の有名な先生がただで胃をみてくれる」とアイヌ患者九人を指定しました。おかしいと思った患者の追及で「大学から協力を要請された」事実が判明しました。また、六九年の「日本老年医学会総会」でアイヌには胃ガンの発生率が少ないという臨床例が、○大医学部第三内科○○教授名で発表されました。これは六一年から六年間のアイヌの胃

墓ドロボー つかまえた ぞーっ！
ワッ！ ワシは 東京帝大の えらい学者 じゃっ！
ホッ！骨が ほしいっ！

の集団検診結果に基づくものだというのです。

治療目的とは別に、しかもアイヌ本人の承諾も得ずに、データを勝手に取ったり、使ったりということが平気でなされていたのです。私自身がアイヌの人から聞かせてもらった例でも、飴玉一つと引き換えにアイヌの子供たちが身体検査を受けたといった類の話がいろいろあります。萱野《かやの》茂氏も身近な体験を『アイヌの碑《いしぶみ》』（朝日文庫）に書いています。

氏の住む二風谷《にぶたに》に学者が来るたびに村の民具を持ち去る、墓をあばいて骨を持ち去る、村人の血液をとる、毛深い様子を調べるために村人の腕をまくり首筋から襟《えり》をめくって背中をのぞく、番号札を下げさせて顔写真をとる。こんなことが日常茶飯《さはん》で、「わたしの母などは、どのくらいの量の採血をされたのか知りませんが、ふらふらになって帰ってきたことがありました」という常軌《じょうき》を逸《いっ》したやり方だったそうです。

新谷行《しんやぎょう》氏も『アイヌ民族抵抗史』（三一新書）の中で、歴史学、考古学、アイヌ研究で名高い河野常吉・広道・本道の三代にわたる〝河野コレクション〟について触れ、収集した一万数千点のアイヌ文化遺品を旭川の「伝承のコタン」に年四〇〇万円の四年割賦で譲り渡したことを取り上げています。「河野本道といえば、――アイヌ民族の解放を解く若手の最も進歩的学者といわれている人である。――そのご当人が、三代にわたって収集したアイヌ文化遺品（タダで持ち帰ったという声もある）を売っているのはどうしたことだろう」と論評しています。〝進歩派〟でもこうだというので

河野コレクション

す。

また、新谷氏は氏の主宰する「北方民族研究所」と結城庄司《ゆうきしょうじ》氏代表の「アイヌ解放同盟」の連名で、一九七二年（昭和四七年）に札幌医科大学で開催された「第二六回日本人類学会・日本民族学会連合大会」の全参加者たちに、研究目的を問う公開質問状を出しました。その質問状の要点は、①大会委員の高倉新一郎、更科源蔵《さらしなげんぞう》両氏はアイヌ民族はすでに滅亡して日本民族に同化しきっていると繰り返し明言しているが、アイヌは滅びたという認識なのか、あるいは滅びることを拒否しているという認識に立って本大会を行なうのか。②参加者はアイヌ解放の味方なのか、それとも日本国家のアイヌ滅亡、抹殺《まっさつ》の総仕上げの担い手なのか――という二点でした。しかし、このアピールは結局無視されてしまいました。それでも、新谷、結城氏らは学会のシンポジュウムに乗り込んでゆき、学者らの研究姿勢を鋭く糾弾《きゅうだん》しました。

この大会の研究発表の中身について、新谷氏はその研究方法を明らかにし、こう批判しています。――香原志勢の「アイヌ系中学生の体格と皮下脂肪厚」は日高地方と新冠《にいかっぷ》地方の中学生が研究の客体にされた。埴原和郎《はにはらかずろう》の「アイヌの歯冠形質の集団遺伝学的研究」は日高地方の中学生を中心とした歯の石膏印象を採取して進めた研究で、五年間に六〇〇個集めた。尾本恵市の「多型性形質より見た日高アイヌの遺伝的起源」も日高のアイヌ四七〇人に対して、その色覚型、味覚能、耳垢型、血液中の蛋白などを調べている。伊藤真次の「アイヌの生理的寒冷適応能」は、アイヌには「寒冷馴化動物と同様な代謝性適応機能が発達している」との結論で、アイヌを動物と同一次元でとらえるものだ（いずれも『アイヌ民族抵抗史』）。

　さて、こうして挙げてきた事例を、当のアイヌの人たちはどんな目で見てきたのでしょう。鳩沢佐美夫氏は前出の「対談・アイヌ」の中で、「アイヌ学者、研究者という連中は、どいつもこいつも、純粋な植物に寄り襲ってくる害虫の一種でしかないと断言したい！――。対象が素朴であれば素朴なほど、朽ち枯れる度合も多いんだ。しかもだ、その屍《しかばね》も、彼たちにとっては恰好の糧《かて》なのだ――」「滅びゆくの名のもとにね、『ほら、今のうち、今のうち――』と、稀少価値のみを狙いとして、踏み荒らすこと、奪うことに専念する」と、研究者らの本質を暴いています。

　釧路白糠コタン代表の小信小太郎氏は、北海道アイヌ協会発行の機関誌『蝦夷の光』創刊号（一九三〇年一一月、『近代民衆の記録5』所収）で、「いつまでも学者の研究材料たる勿《なか》れ」と題して筆鋒鋭く訴えました。

「或学者は多年に亘《わた》って、吾々を材料として人類学を研究し、又学者は吾々を人類学の標本として保存したい等と言ふ事を白昼公然と高言している。人類学術の研究固《もと》よりよし。吾々は研究其ものに対して異存を有するものではないが、識者の脳裡《のうり》に潜在する一種の研究材料的、動物的心象に対して満腔《まんこう》の遺憾《いかん》を表するものである。吾々は僭越乍ら《せんえつながら》人間であって物的研究材料ではない」「もうアイヌ救済の名は真平《まっぴら》だ。殊に名をアイヌ救済の美名に仮《か》りて、其実《そのじつ》他に事を構ふる様な偽社会事業家の存在は希望

小信小太郎

せぬ。吾々は今何を求む？　夫れは世人の誠意のみ」

ここにすべてが言い尽くされている感がします。私もアイヌ研究自体を全否定する気はありません。問題はその目的と方法、そして研究者の姿勢です。本当にアイヌのためを思って研究しているのだったら、誠意を尽くした研究姿勢で臨み、その研究成果をもっともっと社会に還元してよいと思います。その知見を「アイヌ差別」の解消のために役立てようと積極的に発言する学者が、あまりに少なすぎる気がします。

Q17 「観光アイヌ」って何ですか?

北海道の観光地へ行くと、民族衣装を着たアイヌに会えます。私も「酋長」と記念写真を撮りましたよ。えっ、「酋長」なんていない? じゃ、誰なんですか。

雄大な自然景観や海の幸《さち》、山の幸に恵まれた北海道では、観光が大事な産業の一つです。道内観光地の中でアイヌの人たちが多く集まっている地方へ行くと、観光用にアイヌ伝統のチセ(家)を作り、その前でアイヌの踊りを披露したり、熊や工芸品の木彫を実演販売しているアイヌの人たちを見かけます。

この人たちのことをひとまとめにして「観光アイヌ」ということがあります。その在り方については、長いこと、アイヌの人たち自身の間でいろいろと議論がありました。私のような余所者《よそ》がその是非を云々する立場にはないので、この項では「観光アイヌ」をめぐりアイヌの人たちがどんな思いでいるのかを紹介するにとどめます。

アイヌ復興を力強く叫んだ大正から昭和初期の歌人・違星北斗《いぼしほくと》は「観光アイヌ」をこう歌っています。

白老《しらおい》のアイヌはまたも見せ物に　博覧会へ行った　咄《とつ》! 咄!!

芸術の誇りも持たず宗教の　厳粛もないアイヌの見せ物
見せ物に出る様なアイヌ彼等こそ　亡びるものの名によりて死ね
（遺稿集『コタン』一九三〇年、『近代民衆の記録5』所収、より）

違星の歌に登場する白老に生まれ育った歌人・森竹《もりたけ》竹市は、昔日《せきじつ》のアイヌ文化に限りない懐古《かいこ》の情を抱き、現実のアイヌの姿に寂寥《せきりょう》の念を隠しません。

訪郷の気を滅入らせる指導板　「アイヌ部落」に顔をそむける
（『原始林』一九三七年、『近代民衆の記録5』所収、より）

いずれも大正から昭和初期のことを歌ったと見られます。相当に厳しい目を同族の「観光アイヌ」に向けています。やはり同じ白老で、自らが観光客らをアイヌ・コタンへ案内していた貝沢藤蔵氏が『アイヌの叫び』（一九三一年、谷川健一編『近代民衆の記録5　アイヌ』新人物往来社、所収）でその体験を書いています。ただし、大塚和義氏の「解題」によると、「森竹竹市によれば、森竹が金十円の稿料で代筆したという」ことです。貝沢氏の目は和人観光客の皮相なアイヌ観に向けられます。
「内地に居られる人々は、未だ、アイヌとさえ言へば、木の皮で織ったアツシ（衣類）を来て毎日熊狩をなし、日本語を解せず熊の肉や魚のみを食べ、酒ばかり呑んで居る種族の様に思ひ込んで居る人が多い様でありますが、之は余りにも惨《みじめ》なアイヌ観であります。――内地でも片田舎の小学校の先生かも知れません其人に、『アイヌ人に日本語が分かりますか？　何を食べて居りますか？』と質された時、私は呆《あき》れて其《その》人の顔を見るより、此《この》人が学校の先生かと思ふと泣きたい様な気分になりました。『着物は？　食物は？　言語は？』とは毎日多くの参観者から決って聞かれる事柄です。けれど此の様に思はれる原因が何処にあるかとゆふ事を考へた時、私は其《その》人々の不明のみを責め得ない事情のある事を察知する事ができます。常に高貴の人々が旅行される時大抵新聞社の写真班が随行されますが、斯《こ》うした方々が北海道御巡遊の際、支庁や村当局者が奉送迎《ほうそうげい》せしむる者は、我々の如き若きアイヌ青年男女では無く、殊更アッシ（木の皮で縫った衣類）を着せ頭にサバウンベ（冠）を載かしたエカシ（爺）と、口辺や手首に入れ墨を施し首に飾玉を下げたフッチ（老媼）だけです。此の老人等がカメラに納められ、後日其《そ》の時代離れのした写真と記事が新聞に掲載される時、内地に居てアイヌを見た事のない人々は誰しもが之がアイヌ人の全部の姿であると思ひ込むのも無理ない事だろうと思ひます」

　地元の行政が表面的な形だけを整えて「高貴の人々」をもてなし、その「時代離れのした」風景を新聞が伝え、誤ったアイヌ観を増幅しているというのです。これはけっして戦前だけの話ではありません。今でもこのようなステレオ・タイプ化した時代錯誤的見方がアイヌに対して向けられています。次の事例は、観光業者が誤った見方を煽《あお》った例です。

一九八一年（昭和五六年）七月のことです。日本交通公社は、英字新聞『ジャパン・タイムズ』に日本を訪れた外国人旅行客向けの北海道観光勧誘広告を載せました（資料参照）。この広告文の中で「白老で本物のアイヌ部落を訪ね、有名な毛深いアイヌ古来の習俗と文化を見ることもできる魅惑的な旅」とうたっています。札幌から洞爺湖《とうや》、登別温泉と回る旅の目玉に白老のアイヌ・コタン訪問が入っているのです。そして「フェイムド　ヘアリー　アイヌ」を訪ね、「エイシャント　カスタムズ　アンド　カルチャー」を見ようというのです。

「これはアイヌに対するきわめつきの差別である」と札幌在住者を中心としてアイヌとシサムが日本交通公社糾弾《きゅうだん》に立ち上がりました。「この百年、和人への同化を強《し》い、その同化政策の中で、民族としての自立を押え込んだうえ、まぎれてつつましく生きてゆくことさえ許さず、身体的特徴をあばきだして見せ物にする――この二重三重の屈従を強いる」和人社会のあり方に怒ったのです。糾弾の会を八一年一一月から八二年五月まで計八回にわたって持ち、最終的には公社側が全面的に非を詫びましたが、当初はなんで糾弾されるのかわからなかったようです。この糾弾会の記録が『近代化の中のアイヌ差別の構造』（世界差別問題叢書3、明石書店、八五年）という一冊の本にまとめられています。読んでみて実に面白い内容です。

面白いというのは、和人で圧迫者である交通公社側の人たちが、厳しい糾弾を突き

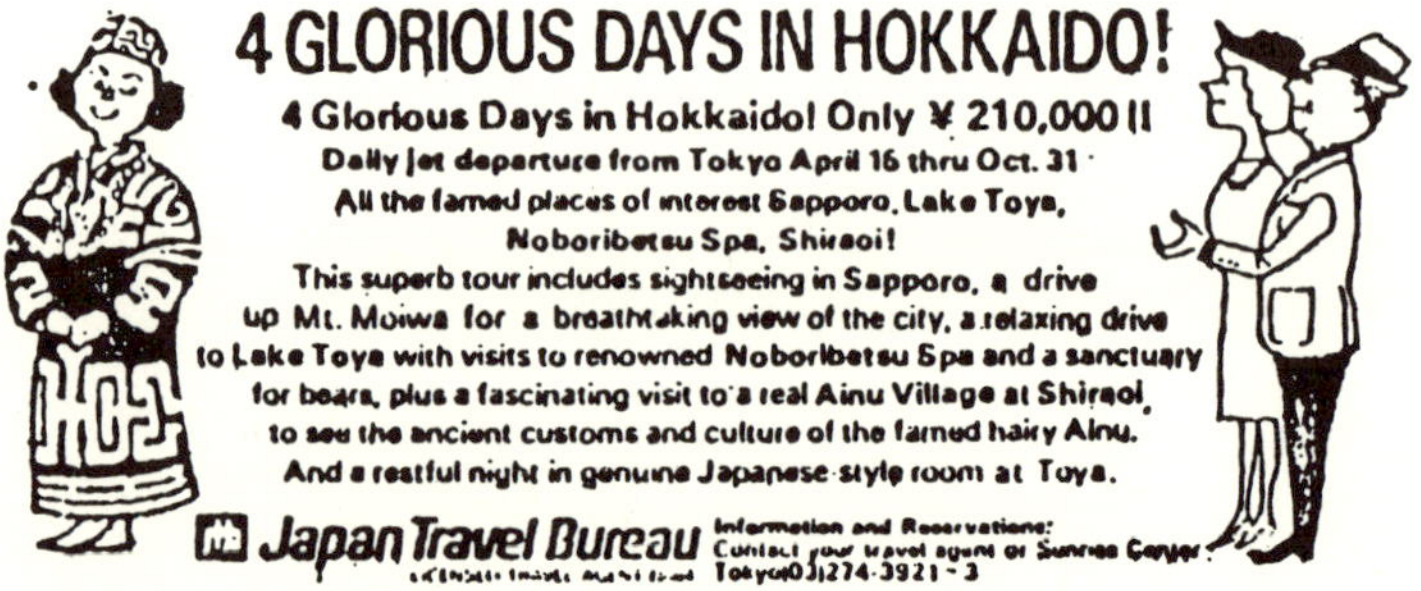

ジャパンタイムズ1981年7月22日号（同紙は日本で発行されている英文日刊新聞。Japan Travel Bureau は日本交通公社のこと）『近代化の中のアイヌ差別の構造』（明石書店）より

つけられる中で一種の〝自己変革〟を、わずかながらずつではありますが、遂げているというその一点においてです。ただとまどい、何が悪いのかまるで理解していない公社の幹部たちが、糾弾の話し合いの中で自らの内にある差別意識、社会の抑圧構造に気づかされてゆくのです。同書の「はじめに」から引用します。

「ですが、フタを開けたとたん、私たちは『差別は悪いことである。私は差別したことも、差別を見たこともない』といいながら、差別してやまないおおらかな差別者と、体中の傷をかかえ込むようにして毎日毎日をおくっている被差別者との二つの世界をあらためてはっきり見ることになりました。

日本交通公社は、何が差別であり、差別とはどういう質を持っているものであり、どうして差別が起こってきたかについて、まったく無知でありました。差別はいけないといいながら、差別についてまったく無知でいられる社会構造の中でおおらかであり得たのです。――差別が、そのように社会に沈澱してある以上、その中での善良な市民のありようこそ、そして、その人たちが善良でいられる社会基盤をこそ切開しなければならないと、私たちは考えたのです。――この糾弾会は、強者がなぜ強者でいられるのか、を認識すると同時に、被差別者はおのれの弱者意識と対決し、それを克服する作業でもありました」

本題にからめれば、「観光アイヌ」がアイヌ、和人のそれぞれに弱者と強者の眼差しを持たせ、差別を増強してきた側面がなきにしもあらずです。しかも、その間に商売がからみます。「あるアイヌ系住民が四日がかりで彫った木彫りを問屋に一万五千円で売ったら、二十日後にそれはデパートで十五万円の正札がついていた」(一九七三年一〇月二四日付朝刊『北海道新聞』「アイヌウタリの周辺」)という搾取《さくしゅ》が、日常的に繰り返されてもきました。アイヌの作家・鳩沢佐美夫氏は「対談・アイヌ」(『日高文芸』一九七〇年一一月号、『近代民衆の記録5』所収)の中でこう訴えています。「観光とアイヌ、木彫とアイヌ、北海道とアイヌ——ね、このイメージ化で、アイヌの今日的問題が打ち消され、俗化されたみやげ店や、行事演出の、悪徳和人どもの非が、物の言えないアイヌ、哀れなアイヌ——のうえにのみ、全部、ひっかぶされる。——一日も早く、体制を整え、観光という、利用された見世物伝道をやめ、健全な形の、アイヌ文化伝承という名を持ってくれ——と」

鳩沢氏が心配したのは、健全なアイヌ文化がゆがめられることでした。しかし、当の「観光アイヌ」たちにも生活の問題があります。アイヌ民具の収集、民話の掘り起こしと記録といった文化伝承と「観光アイヌ」という両面の実践と経験のある参議院議員の萱野茂《かやのしげる》氏は、こう書いています。

「観光地で『アイヌ』として働くことは気がすすまないことでした。わたしがそれまでに学んできたアイヌ民族のあり方、アイヌ文化、アイヌ精神にも反することが多いのです。しかし、家にいて彫り物をしているよりは、ずうっとお金になり、アイヌ民具の蒐集にも録音にもたいへん助かるのです。

わたしが働いたのは『熊牧場』の横で、そこにアイヌ風の家を建て、その中で熊送りのときの唄や踊りを三十分間で観光客に見せるというものです。ほんとうは五年か十年に一度の熊送りを一日に三回も四回もやるのです。いくら金のためとはいいながら、日本中からやってきた観光客、もの珍しそうにアイヌのわたしたちは見る客の前で、うれしくも楽しくもないのに唄い踊る惨めさといったら、ほかの人にはうまく説明することができません」

唄や踊りが終わると、かつて貝沢氏が書いていたような無知な質問の集中砲火《ほうか》が観光客から浴びせられます。最初は冷やかしでわざと聞いているのかと思った萱野氏はやがて、この人たちが何もしらないのだと気づきます。

「ですから、それからというものわたしは考えを改めて、そういう質問にもていねいに答え、なるべく多くの観光客と話すように心がけました。そして、アイヌ民族の歴史や、アイヌ語や風習が消えて（消されて）いった事情なども詳しく説明するように努力しました。

そんな努力をしてみたところで、北海道へ観光のために来られた多くの人々は、商売のためだけの古い昔風のアイヌの家やその調度品《ちょうどひん》、アイヌ衣裳《いしょう》にみせかけた衣裳を身につけたアイヌ、アイヌの儀式にみせかけた熊送りを見て、現代のアイヌの生活のすべてを知ったと錯覚されて帰ります。そしてそういう記念写真をみせて家族や友人にアイヌについて語ります。

こうしてわたしたちアイヌはまた誤解されていきます。こういう観光地でこういことやっている（やらされている）アイヌのために、多くのアイヌに対したいへんな迷惑がかかっているのも事実です。しかしわたしは、観光地で働いたことがあるので、『観光アイヌ』の心が痛いほどよくわかり、一方的に彼らをせめることができません」（『アイヌの碑』朝日文庫）

和人の私が唯一言えること。それは、わが同胞の和人観光客はせめてアイヌのことを知る努力をしてから北海道を訪ねてほしい、ということです。

Q18 現代のアイヌの闘いを教えてくれませんか？

アイヌの歴史上の英雄は有名ですけど、現代にはコシャマインやシャクシャインのような人はいないんですか。今のアイヌの人たちの闘いが知りたいですね。

「滅びゆく民族」として「劣等」視されたままでは、アイヌが惨めです。かつて、コシャマイン、シャクシャインという民族の英雄を輩出し、世界三大叙事詩に数えられるユーカラなど独自の優れた文学や芸術、文化を持つアイヌのことですから、こうした窮状《きゅうじょう》の中でも立ち上がったアイヌもいます。この人たちの足跡を紹介します。

アイヌは明治に入って、無理やり民族の言葉を捨てさせられ、日本語を学ばせられました。だが、身につけた日本語を逆に武器として社会を鋭く告発し、民族意識の復興を喚起する文学が、アイヌの中から生まれてきました。ほぼ同じ時代を生きた三人のアイヌ歌人がいます。バチェラー・八重子、違星北斗《いぼしほくと》、森竹竹市の三人です。

バチェラー・八重子は一八八四年（明治一七年）、胆振《いぶり》地方の有珠《うす》（伊達市）の首長向井富蔵の次女フチとして生まれました。父が早くにイギリス人のキリスト教宣教師、ジョン・バチェラーの洗礼を受けており、彼女も七歳で洗礼を受け、二二歳でバ

バチェラー・八重子

チェラー夫妻の養子となります。二四歳から一年間、夫妻とともにイギリスに渡り、帰国後は有珠の教会の伝道婦として幌別《ほろべつ》、平取《びらとり》などのコタンを伝道に回りました。

そこで見聞きし、体験した同族たちの苦しみ、悩み、矛盾を中心にまとめたのが歌集『若き同胞《ウタリ》に』（一九三一年、『近代民衆の記録5　アイヌ』新人物往来社、所収）でした。この歌集は一一部構成で全部で二六五首の和歌が収められていますが、約半数が「若きウタリに」の中にあり、後半にはアイヌ伝説に題材を得た「アイヌラックル」「カムイサシニ・ユーカラカムイ」などがあります。この「若きウタリに」の歌の基調と後半の歌のそれに大きな違いがあることを、『アイヌ民族抵抗史』（三一新書）の著者・新谷行《しんやぎょう》氏は指摘しています。

「若きウタリ」には、「国も名も　家畑まで　うしなふも　失はざらむ　心ばかりは」といった、同胞の現実を正面から詠んだものもありますが、数も多くて基調となるのは、「我らがため　赤き血潮を　流されし　キリスト様の　慈愛身にしむ」といった、まさに布教のための歌といってよいものです。新谷氏はこう評します。「バチェラーの布教、あるいは教育活動も、結果的には日本の教育と同じように、アイヌ精神をその根から断ち切ることになった」

その影響下にあった八重子が、そこから抜けだすのはユーカラにぶつかってからだというのです。「八重子の歌も『ユーカラ』という雄大な精神にぶつかった時、はじめて強靭《きょうじん》なものとなり、真にアイヌ同胞の戦いの歌となるのである」。そして、「オイ

アイヌ文様

左右対称の幾何学模様を組み合わせたり連続させたりするアイヌ文様には、独特の雰囲気がある。アイヌの子は小さい時からこの文様を砂浜や土の上に棒や指で何度も描き、習得する。男はメノコマキリという女の護身用小刀の鞘《さや》にこの文様を彫ってプレゼントし、女が腰に下げてくれたら求愛を受け入れたしるしだという。また、女は祖母から母、娘へと受け継がれてきたモレウ（渦巻き文様）やイカライカラ（刺しゅう）をマタンプシ（男が山へ狩りに行くとき髪を束ねる布）、テクンペ（手甲）、脚絆などに施してプレゼントする習慣があったという。

こうした文様は病気や災厄《さいやく》を防いでくれると考えられ、衣服では襟や袖などの開口部、人の目が届かない背後部などに縫い付けられた。また男の血統で受け継がれる家紋、神紋（いずれも動物を神として文様化している）、女系で受

ナカムイ　救主なれば　ウタリをば　救はせ給へ　奇《く》しき能《ちから》に」（オイナカムイ＝アイヌラックルとは天降った神で、人間の祖神としてアイヌが最も崇敬《すうけい》している神）「君が世は　絶えず戦なりしと聞く　ウタリの骨鳴り　胸さくばかり」などの歌を詠んだのです。

八重子はとても美しい女性でアイヌの若者に人気があり、そのことをジョン・バチェラーは伝道のメリットとも考えていたようです。しかし、伝道中の八重子の心を常にとらえていたのは、同胞の未来への思いでした。この歌集には、金田一京助のはからいで、国語学者の新村出《しんむらいずる》（『広辞苑』の編者）、国文学者で歌人の佐々木信綱《のぶつな》が金田一とともに序文を寄せています。

新村は「アイヌの神話とキリストの礼讃とが朴訥《ぼくとつ》な調子に流露《りゅうろ》され、敬虔《けん》な信仰と純真な感情とが簡素な歌詞に表出され、――うらうへに言ひしれぬ異国情致《じょうち》をただよはせ、読者はまた、ひたすら同情に涙ぐまされて来るのであります」と書き、佐々木は「アイヌの婦人にしてわがやまと歌をよくするは、けだし八重子ぬしを始とすべく、同族をおもひ、その前途を憂ふる情の痛切なる、予はおぼえず詠草《えいそう》の上に幾たびか涙をおとしたりき」と書きました。美辞麗句《びじれいく》の蔭に和人の〝善意〟の限界を感じさせられ、どこかにすきま風の吹き抜ける感が私にはいたします。

この八重子を「ヤエ姉様」と呼んで慕っていたのが、違星北斗《いぼしほくと》でした。

北斗（本名・滝次郎）は一九〇一年（明治三四年）、小樽の隣町・余市《よいち》で生まれま

け継がれるポンクッ（下紐、貞操帯）があり、その形によって家系がわかり、近親結婚などが防がれたという。

新村出

違星北斗

した。違星というのは本姓で、明治に戸籍を作った際に実父の祖先伝来のエカシシロシ（家紋）が※だったので、これを「チガイに星」と見て漢字を当てて「イボシ」と読みならしたそうです。北斗本人は「私はこの急にこしらへた姓名が、我が祖先伝来の記号からその源を発してゐたことは誠に面白く又敬すべきであると心ひそかにほほ笑むのである」（違星北斗遺稿集『コタン』一九三〇年、『近代民衆の記録5』所収）と書いています。彼の人生を象徴するような姓です。

北斗は小学校を卒業後、夕張の奥で木材人夫をやり、網走方面へ出稼ぎに出、石狩のニシン場で働くなど、いろいろな職業を経験します。そして、二三歳で上京し、市場協会の事務員になります。ここで、金田一京助やバチェラーの後援者・後藤静香と知り合い、支援を受けます。

「見る物も聞く物も、私の驚異でないものはなく、初めて世の中を明るく感じて来た」という生活でしたが、「けれどもそれは私一人の小さな幸福に過ぎない事に気附いて、アイヌの滅亡を悲しく思うた。アイヌの研究は同族の手でやりたい、アイヌの復興はアイヌがしなくてはならない強い希望に唆《そその》かされ、嬉しい東京を後にして再びコタンの人となった」という経緯で道内に戻ります。

戻った北斗は、バチェラーが設立した平取の幼稚園を手伝います。ここで八重子とも知り合ったのです。彼は日雇いで生計を立て、アイヌ研究に入ります。『コタン』には故郷・余市のフゴッペ洞窟の古代文字の謎を論じた「疑ふべきフゴッペの遺跡」

アイヌ文様

刺繍文様　代表的な文様はアイウシとモレウというデザインです。

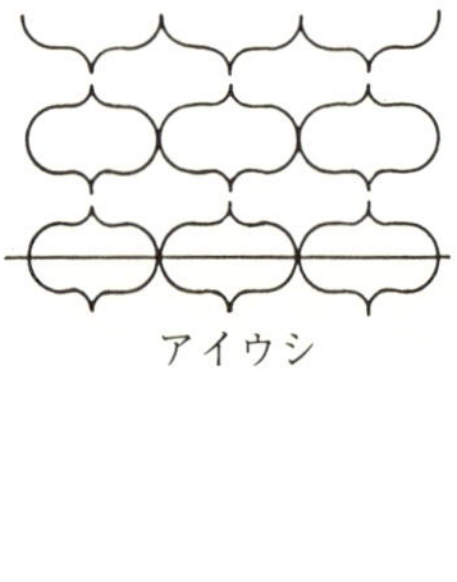
アイウシ

モレウ

も収まっていますが、研究はこれで中断し、北斗は研究よりももっとアイヌ復興に直截《せつ》的な道を探ります。仲間と同人誌を作り、短歌と文章で同族の奮起を促し、差別を告発します。そして、平取に一年滞在後、二七歳で「ガッチャキ」（痔《じ》）の薬の行商をしながら全道行脚《あんぎゃ》の旅に出ます。

全道のウタリを訪ね、民族復興への自らの熱い思いをじかに訴えようとしたのです。しかし、同胞らの反応はけっして芳《かんば》しいものではありませんでした。しかも、北斗は結核が悪化し、志半ばで二八歳の短い命を閉じてしまいます。彼の歌はけっして技巧には長《た》けていませんが、ストレートな口語体に全身全霊の思いをぶつけており、独特の迫力を持って読む者の胸に響きます。

「ガッチャキの薬を売ったその金で　十一州を視察する俺」（十一州は道内一一地方のこと）「昼飯も食はずに夜も尚歩く　売れない薬で旅する辛さ」「『ガッチャキの薬如何』と人の居ない　峠で大きな声出して見る」「空腹を抱へて雪の峠越す　違星北斗を哀れと思ふ」

行商がうまくいっていないことが、そのまま分かります。それでもなお、アイヌ復興のために闘志をかきたてていることが伝わってきます。そして、同胞の日常に失望し、それでも絶望しないように思いとどまりもし、生の現実を直視し続けます。

「仕方なくあきらめるんだと云ふ心　哀れアイヌを亡ぼした心」「泥酔のアイヌを見れば我ながら　義憤も消えて憎しみの湧く」「アイヌ相手に金儲けする店だけが　大

そのほか比較的多く使われている文様はウタサ、シクなどがあります。

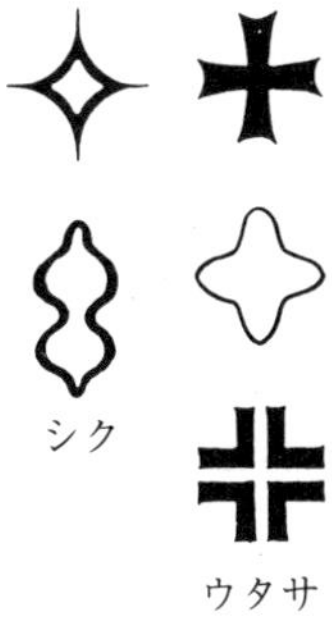

『アイヌからの呼びかけ』（関東ウタリ会）より

きくなってコタンさびれ」と嘆きながらも、「勇敢を好み悲哀を愛してた　アイヌよアイヌ今何処に居る」と一縷《いちる》の希望を求め、また、時には「コタンからコタンを巡るも楽しけれ　絵の旅　詩の旅　伝説の旅」と旅を楽しむ余裕も見せます。

しかし、元気な時に「吾アイヌ！　そこに何の気遅れがあらう。奮起して叫んだこの声の底には先住民族の誇まで潜んでゐるのである。この誇をなげうつの愚を敢てしてはいかぬ。不合理なる侮蔑の社会的概念を一蹴して、民族としての純真を発揮せよ。公正偉大なる大日本の国本に生きんとする白熱の至情が爆発して『吾れアイヌ也』と絶叫するのだ」と同人誌『コタン』創刊号（一九二七年八月）に書いた北斗は、一年半後の一九二九年（昭和四年）一月六日、日記に歌を三つ残して世を去ります。そのうちの二つ。

青春の希望に燃ゆる此の我に　あゝ誰か此の悩みを与へし

世の中は何が何やら知らねども　死ぬ事だけはたしかなりけり

森竹《もりたけ》竹市は、北斗より一つ若い一九〇二年（明治三五年）の生まれで、七六年（昭和五一年）に七四歳でなくなっています。詩と短歌で編んだ『原始林』（一九三七年、『近代民衆の記録5』所収）を著しました。その序文は、戦時色の濃い世相下に身のおき所のないアイヌの複雑な心情を表す、屈折した表現に溢れています。

森竹竹市

「同族の同化向上に喜びの心躍るを禁じ得ない反面、何か言ひ知れない寂寥《せきりょう》の感に打たれるのをどうする事も出来ないのであります。斯《こ》うした懐古の情が、私を馳《はせ》って、折々古老を訪ねては伝説を聞き、風俗を質《たず》ね、各種の儀式には必ず参列して見聞し、之《これ》等を詩化すると共に、刺戟《げき》の多い近代社会生活に於けるアイヌ青年の心情を、赤裸々に告白したのが本書であります。

もとより貧しい文藻《ぶんそう》ではありますが、此の意味で私にとっては心の碑《いしぶみ》であり、やむにやまれない心の叫びであります。同族皆が、合理的な近代文化の中に融合し終って、本書が遠い過去の記念碑として、取残される日の一日も早い事を切望して居ります」

同化を望んでいるかのような文章です。確かに詩の中にも、

「メノコの口辺や　手甲の刺青《いれずみ》は次第に減じ　漆黒《しっこく》なるアイヌの頬鬚《ほおひげ》は　時世とともに薄らぎて　其《その》の容貌はかはりゆく　雑婚――　混血――　同化――　これをしも滅亡《ほろび》と言ふなら　私は民族の滅亡の　一日も早からん事を希《ねが》ふ／　虐《しいた》げらるる悲憤堪え難き世人の嘲笑　私は可愛い子孫にまで　この憂愁を与へたくない――しかし――アイヌの風貌が　現世から没しても　其の血は！　永遠に流るるのだ　日本人の体内に」（アイヌの血）

といったものがあります。でも、これは単純な同化主義とは言いがたいものです。現実のアイヌ差別が子孫にまで及ぶのを憂えながらも、民族の血に対してはこだわり

と自信を持っているのです。そして、アイヌのかつての生活、文化を歌う時には、遠慮することなく、限りない憧憬《しょうけい》の思いを高らかに歌っています。

「大きな容器《うつは》にもられた濁酒《どぶろく》　飲んでウタリは踊るは跳る　くしき歌ぶし　打つ手も軽く　秋の夜長をホイヤー、ホイヤ／　耳輪は高鳴り環《たま》輝いて　きらめく剣に踊ははずむ　神も喜ぶ踊れよ跳れ　秋の夜長をホイヤー、ホイヤ」（アイヌは踊る）

「火も水も草木鳥獣　凡てを神として　生活《たつき》した往昔《むかし》の　ウタリ（同族）等　感謝の祈り！　信仰の生活!!　私は凡てを懼《おそ》れ　凡てを敬ひし祖先の　原始生活が懐かしい」（原始生活）

そして、こんなストレートな歌もあります。

「英雄と歴史が語る其の中に真のアイヌの血潮流る、」

「保護なんて差別待遇受けぬよに若いアイヌよ奮然と起たう！」

北斗の死を惜しんでこんな歌も作りました。

「こんな時『北斗』が生きて居たならと沁々《しみじみ》思ふ――一人夜更けに」

この項はとりあえず、歌人三人の紹介で終わります。しかし、この人たちの存在と作品が多くのアイヌウタリの希望となり、励ましとなったはずです。三人はこうした歌や詩を書斎にこもって観念的にひねり出したのではなく、八重子は伝道で多くのウタリに日常的に接し、北斗は貧困と病と闘いながら理想の灯を最後まで消さずに行脚《あんぎゃ》して回り、森竹は後のアイヌ協会設立に幹部として参加するなど、それぞれの闘いの人生の中から必然的にほとばしりでる言葉を一つひとつ掬《すく》っていったのです。そして、こうした作品を通じてアイヌの胸の中に蓄積されていったエネルギーが、戦後、大きな力となって噴き出してゆきます。続きは次項で。

Q19 アイヌが独立するという話があったんですか？

日本の敗戦でアジアの植民地は解放されました。「内国植民地」で主権を制限されていたアイヌが、あの時に同様に解放されていてもおかしくありませんね。

第二次大戦における日本の敗戦は、日本の侵略、植民地化で多大な犠牲を強いられたアジアの人々にとっては、大きな福音《ふくいん》でした。日本国内でも在日の朝鮮人、中国人たちに解放感をもたらしました。そして、すでに同化が定着していた感が強かったアイヌの人たちにも、民族のあり方を問い直す新たな息吹《いぶき》となったのです。

GHQによる独立の打診

敗戦後の日本はGHQ（連合軍総司令部）の統治下にありました。そのGHQがアイヌに独立を打診していたことが、後に明らかになりました。「独立するなら今ですよ　アイヌ代表にGHQが打診」という大見出しの記事が、八九年（昭和六四年）一月一三日付夕刊の『朝日新聞』に載りました。

記事によると、一九四七年（昭和二二年）春、GHQ第九軍団司令部があった札幌市の北海道拓殖銀行の旧本店内の一室で、当時七七歳の椎久堅市さんら四人のアイヌ代表が、ジョセフ・スイング少将と会い、少将から「独立する気持があるなら今ですよ」と打診され、現金一〇万円を受け取ったといいます。この打診に四人は、「独立する考えは、毛頭ありません。アイヌ民族は日本国民の一員として、祖国の再建と繁栄に尽くします」と答え、それに対して少将は「今、独立しないで、後で日本人とけんかするようなことは絶対にしないように」と述べて、会談を終えたそうです。

記事は、阿寒湖アイヌ協会長の豊岡征則氏が八二年に存命中の椎久さんらの話を録音したテープをもとに仕立てられています。証言内容については豊岡氏の友人がアメリカでスイング少将を訪ねるなどして検証し、この打診話が事実だったことを確認しているそうです。記事では、「一〇万円は当時としては途方もない額だ。北海道を対ソ防衛の拠点としたい米国にとって、アイヌの独立騒ぎは好ましくないから、懐柔しようとしたのではないか」という豊岡氏の推測も紹介しています。

打診はそれっきりとなり、アイヌは以前と変わらず、日本国民の一員として存在し続けることになりました。しかし、この打診話は当時のアイヌの人たちの間に渦巻いていた空気を充分にうかがわせるものです。たしかにこの頃、アイヌの間には新たな展開を求める機運が高まっていました。アイヌ独立論もその中の一つです。

戦後まもなく作られた『アイヌ新聞』第三号（一九四六年四月一日発行、谷川健一編『近代民衆の記録5　アイヌ』新人物往来社、所収）で若き日の山本多助氏が「全道ウタリーよ厥起《けつき》せよ」と題し、激しい檄を飛ばしています。

「搾取と侵略を天業なりと考へた悪漢共は遂に祖国を滅亡の一歩前に追ひ込んだが、今や彼らは『戦犯』として亡びんとしてゐる。自業自得だ。日本の平和と民主化はアイヌも希《ねが》ってやまぬ処《ところ》。此《こ》の時此の際全ウタリーよ、真に覚醒し厥起せよ。奮起せずんば吾等《われら》も亦《また》滅亡する。アイヌのため土地の確保、住宅改善、教育の徹底化、共有財産を悪官僚からウタリーに返さす事が必要だ。吾等のエカシ（長老）達は本道開拓の大功労者であり、本道はアイヌの国なのだ。此の誇りを保たすためにアイヌは今こそ奮起せよ!!　保護法は改正すべきだ!!」

「本道はアイヌの国なのだ」と堂々と胸を張っています。この新聞『アイヌ新聞』は当初、アイヌ問題研究所（高橋真所長）の機関誌として創刊され、五号を出した後、アイヌ新聞社（高橋真主筆）発行の同名の新聞へと発展的再出発をしています。この所長であり主筆であった高橋真氏の筆も、伸び伸びとした冴《さ》えを見せます。

「道庁長官に聞くが、一体『アイヌの共有財産は幾等あるのか。』五十万？　それとも百万か。隠してゐるとアイヌは公開を要望して赤レンガ（道庁の建物）もぐらつくぞ。クワバラ、くわばらと云ふ前に明細発表しては如何か。アイヌ達の財産なのだ!!」。

これは「旧土人保護法」でアイヌの共有財産が道知事によって管理されているのに、それが公開されていないことを突いたものです。

「追放、追放また追放。留岡道庁長官も遂に『追放令』に該当。トメオカれぬことになった。一体内務省は何してゐるのか。東條内閣のサーベル持《もち》をやった者を北海道へよこすなぞは無責任といふより、やけくそなのか。『アイヌの国を護る為に』アイヌから長官を選べと（マッカーサー）元帥に陳情するがどうじゃ!!」

アイヌ新聞

「日高の御料牧場《ごりようぼくじよう》をアイヌに解放すべしとアイヌ協会が立起った。神から人に御成りの天皇が果してアイヌの声を聞くや否や全く不明だが、もと〳〵アイヌのものであったのだから天皇が人なら聞く筈である」

ここにも「アイヌの国」「もと〳〵アイヌのものであった」という表現が出てきます。先祖から受け継いできたアイヌ・モシリを、天皇を頂点とする中央集権国家によってズタズタに分断され、自分たちは奥地へと追いやられ、窮乏化させられていった、その積年の怨みを晴らすかのような筆致《ひっち》で、問題点にズバッと斬り込んでいます。こんな雰囲気《ふんいき》の中で、一高、東大を経て北大教授になったアイヌのエリート中のエリートで期待の星でもあった、アイヌ語学者の知里真志保《ちりましほ》が「アイヌ独立論」を唱えていたという話があります。

「社団法人北海道アイヌ協会」が一九四六年（昭和二一年）二月に発足する前年、協会の定款《ていかん》作りに主要メンバーが集まったときに、知里氏の口から出たのだといいます。藤本英夫著『知里真志保の生涯』（新潮選書）からそのくだりを引用します。

「彼らが小川（佐助）宅に集まったとき、『本気でなかったかもしれないが、アイヌの国の独立の話もでた』（森竹談）。『アイヌ新聞』の発行人である高橋真氏によると、真志保は、『アイヌの自治と独立について何冊かのノートをかいていた』というが、そのノートはみあたらない。真偽のほどは分からない。しかし、これより一年半くらい後、北大法文学部で同僚となる武田泰淳も、真志保から、『アイヌの土地はアイヌ

知里真志保

社団法人北海道アイヌ協会

に返せ』という独立論を聞いている」

　複数の証言があることから見ても、真志保の心の中ではアイヌ独立がかなり真剣に考えられていた節《ふし》がうかがえます。この時設立された「北海道アイヌ協会」は、一九三〇年（昭和五年）発足の同名の協会の流れをくむものです。戦前の協会は道庁の主唱で組織化されました。十勝《とかち》のアイヌ青年たちが帯広で作った十勝旭明社を母体としており、「アイヌ自身の自覚的な運動を、行政側から組織化することによって、アイヌの『左傾化』を防ぎ、運動じたいを単なる教化と生活改善運動という狭い枠のなかにとじこめ、アイヌの『忠良なる臣民』化をはかることを一つの大きな目的としていた、とみることも可能であろう」（榎森《えもり》進著『アイヌの歴史』三省堂）という狙いがありました。近文の給与地の問題で道庁と対立していた旭川地方のアイヌは参加しませんでした。

　これと比べると、今回の再出発には全道的なアイヌの熱気が感じられます。道内でも最もアイヌ差別がひどいといわれる日高《ひだか》の静内《しずない》町に、四六年二月二四日、全道のアイヌ二〇〇〇人が集まり、設立大会を開きました。もちろん旭川のアイヌも参加しています。理事長にバチェラー・八重子の弟で牧師の向井山雄を選び、教育の充実、福利厚生施設の共同化、農事の改良や漁業の開発などが事業目的とされましたが、大きな運動目標として、新冠《にいかっぷ》御料牧場と日高《ひだか》種馬牧場の返還、給与地への農地改革法の適用除外を掲げました。

十勝旭明社

給与地の問題は〈Q14〉でも触れましたが、適用除外の働きかけは、GHQの指令により除外せずということになり無視されました。御料牧場については、強制移転させられた三五〇〇人のアイヌに四万町歩《ちょうぶ》の土地を全面解放するよう求め、道庁長官や内務省に陳情しましたが、これも思った成果がほとんどなく終わりました。戦後の再出発早々のこうした挫折《ざせつ》はアイヌを失望させ、『アイヌ新聞』でも「協会発足頭初の一般の声は『御用協会』なりといふ声が昂《たか》かった。亦《また》選挙母体とも称された。また役員の個人的生活への非難をも協会に向けられた。がアイヌが真に民主化するために役員も反省しなければならぬが、協会を中心としてアイヌが力づよく進む事を期待し得る」(四六年六月一一日発行、再出発後の第一号)との苦言まじりの励ましを、社説に掲げています。

この高橋氏が「北海道アイヌ協会」の機関誌『北の光』創刊号(一九四八年一二月一〇日発行、『近代民衆の記録5』所収)に、全道のアイヌの指導者たちを紹介しています。アイヌ関係の資料を当たるとあちこちで目にする人物たちで、時代の息吹《いぶき》もよく伝えていて興味深いものです。かいつまんで紹介しておきます。

「全道のアイヌ代表に接していて常々思うのであるが、——実に堂々たる雄弁家が多いという事である。全道アイヌに理事長として重きをなす向井山雄氏は本職は牧師だけに説教くさみはあるが大雄弁家であり、長官候補で一躍名声を高めた佐茂菊蔵、ウタリー社交界の雄森久吉、アイヌ財界の旗頭文字常太郎、短歌の名人森竹竹市、今や時めく北大法文学部講師の知里真志保、その兄で英語の知里高央《たかなか》、代議士候補辺泥和郎、アイヌ宣伝で内地を一巡の貝沢藤蔵――以上の各氏は胆振《いぶり》を代表するアイヌの雄弁家、或いは能弁または座談のうまい人々である」

こうして胆振から始まり、日高、旭川、十勝、釧路と続きます。

「アイヌ解放の闘志小川佐助は舌端火を吹く熱弁家」「黙々として鍬を打振る淵瀬惣太郎、キリストの教へを守る江賀寅三の両氏は熱血的理論家」（日高）、「旭川地方では何といっても荒井源次郎氏の雄弁が光っている。川村カネト氏も談じ語れば夜の明けるを知らぬという熱弁型。荒井氏の娘和子さんも全道一、二をきそうウタリー女流雄弁家である」（旭川）、「十勝では御大吉田菊太郎氏が光り、次は現在東京で劇場を営む萩原正勝という処《ところ》だが、流石《さすが》はチャランケ（論議、談判）の本場として昔から有名な十勝だけに口の達者な者は山川勝正、川田佐市、中村朝四郎、山田所氏等である」（十勝）、「釧路ではアイヌ雄弁家の花形ヒゲの貫塩喜蔵氏あり、老いたりともまだまだ若僧は問題でないと二十四時間しゃべり続けてまだケロリとしている人に結城庄太郎翁がある。ユーモアも加えつつ相手を感心させる山本多助氏も忘れる事が出来ない」（釧路）

なんとも多士済済といった趣ではないでしょうか。この人たちの子や孫が今活躍している例もあります。このうち、佐茂菊蔵は一九四七年（昭和二二年）四月、初の北海道知事選挙にうって出て六人の候補者中最低ではありましたが、一万一〇〇〇もの票を獲得しています。また、辺泥和郎と吉田菊太郎は違星北斗の行商行脚に呼応して別コースを回り、「アイヌ一貫同志会」を自称した活動家でもありました。

知里兄弟*は、天才少女と唱われた知里幸恵《ゆきえ》の弟です。幸恵は『アイヌ神謡集』（岩波文庫に所収）の和訳で知られます。独自に工夫したローマ字表記、表現力豊かな日本語が金田一京助をうならせたそうです。その序文「その昔この広い北海道は、私たちの先祖の自由の天地でありました。天真爛漫《てんしんらんまん》な稚児《ちご》の様に、美しい大自然に抱擁されてのんびりと楽しく生活していた――」という美しい文章は多くの人に愛されておりますが、彼女は天分を全面開花することなく一九歳で夭折《ようせつ》しています。

この知里兄弟、中でも真志保はアイヌ協会での活躍が期待されていましたが、やがて協会を去ります。『知里真志保の生涯』の著者、藤本英夫氏は北大図書館内の「知里文庫」で真志保の蔵書《ぞうしょ》を繰《く》っているときにこんな一片のメモを見つけた、と書いています。「アイヌ協会〇〇支部総会、於〇〇宅。会ヒ二五〇。ただ投げたようなもの。宴会ごとにこの連中の精神の低さが鼻につく。今年は酒の席をできるだけ避けたい」。知里を絶望させる要因が、協会の内部に充満してきていたようです。

敗戦直後の創立まもない高揚期が過ぎると、アイヌ協会の活動は停滞期へ向かいます。そうして、一九六一年（昭和三六年）、その名称を「北海道ウタリ協会」へと改めます。「アイヌ」という言葉が相変わらず差別用語として使われ、アイヌ自身がこの言葉に引け目を感じ抵抗感を持ち続けていたのです。自ら「アイヌ」という名を引

＊知里兄弟

姉の幸恵と高央、真志保兄弟は、登別の知里高吉、ナミの子息で、和人の養女二人を含む六人きょうだいの上から三人。長姉の幸恵（一九〇三年～一九二二年）は旭川在住の伯母の金成《かんなり》マツ（有名なユーカラ伝承者）のもとに身を寄せて金田一京助と出会い、『アイヌ神謡集』を著す。アイヌ自身が文章化して市販された最初のカムイユーカラと言われ、表現面でも独自の工夫が見られる。高央（一九〇七年～一九六五年）は室蘭商業学校、小樽高商卒。戦後、中学、高校で英語を教える。著書に『アイヌ語彙記録』。真志保（一九〇九年～一九六一年）は、一高、東大卒。渋沢敬三、金田一京助の指導を受け、アイヌ語研究に打ち込む。北大教授。『分類アイヌ語辞典』で朝日文学賞受賞。

っ込めてしまったのは残念ですが、そこに時代の空気を感じとらざるを得ません。

沈滞期を経て、七〇年代から八〇年代にかけて先住・少数民族の復権が国際的な潮流となります。その波を受けてアイヌの中でも新しい世代の動きが出てきます。その世代の旗手とも目されたのが結城庄司《ゆうきしょうじ》氏*でした。彼が『アイヌ宣言』(三一書房)と題した著書を意気高らかに世に問うたのが、一九八〇年(昭和五五年)一〇月です。ようやくこのころになって、正当な意味での「アイヌ」が再び、戻ってきたのです。しかし、アイヌ復権、アイヌ・モシリの奪還を目指して卓越した指導力と果敢な行動力を示した氏は、八三年九月、急性心不全で四五歳の若さで永眠しております。アイヌの有能な人材の中に夭折する人が多いのは、とても惜しまれることです。

＊結城庄司《ゆうきしょうじ》

一九三八年(昭和一三年、以下昭和歴を略す)、釧路に生まれ、八三年、四五歳で急逝する。以下の年譜で活動歴をたどるだけでも、その卓越した才能と行動力がうかがえる。――五九年、阿寒湖畔のアイヌコタン建設に参加、六〇年、アイヌ協会再建者会議に参加、六四年、北海道ウタリ協会理事就任。七二年、アイヌ解放同盟を創設。札幌医大で開催の学会を糾弾。静内のシャクシャイン像台座文字削り取り事件で、二年後の七四年に逮捕される。同年、メナシ・クナシリの蜂起犠牲者の慰霊祭「ノッカマップイチャルパ」を始める。七七年、北海道大学経済学部の林善茂教授のアイヌ差別講義を糾弾し、自己批判させる。七八年、登別の「アイヌ共同墓地破壊に抗議する会」結成に参加。八一年、「札幌アイヌ協会」を創設、アイヌ民族伝統行事の復活を目指す(別冊宝島『アイヌの本』を参考にしました)。

Q20 アイヌに関する最近の事件には、どんなものがありますか？

最近はアイヌ関連のニュースが取り上げられることが多いようです。どんな内容のどんな事件があったのか、まとめて教えてくれませんか。

一九七〇年代から八〇年代にかけて世界的潮流として先住民族や少数民族の問題がとりあげられるようになるにつれ、アイヌの人たちの間でも自分たちのあり方を問い直す動きが活発になってきました。その一方で主に和人側、つまりは非アイヌの一般日本人側の認識にはまだまだ遅れが見られ、さまざまな分野であつれきや問題を起こしています。便宜的に五つほどの項目に分けて、主な〝事件〟を紹介します。

〔シャクシャイン像台座文字削り取り事件〕

〈Q16〉で紹介した、札幌医大での学会糾弾事件と同じ一九七二年（昭和四七年）、日高・静内町真歌の丘に建立《こんりゅう》された「シャクシャイン像」の台座の文字が削り取られる事件が起きました。削ったのは、学会糾弾を行なった「アイヌ解放同盟」代表の結城庄司《ゆうきしょうじ》氏、「北方民族研究所」の新谷行《しんやぎょう》氏、文筆家の太田竜《おおたりゅう》氏ら五人です。

この像は七〇年（昭和四五年）に北海道百年記念事業として、札幌在住の竹中敏洋

アイヌ解放同盟

氏に彫刻を依頼し、アイヌの英雄・シャクシャインの砦《とりで》に立てられました。この丘では毎年、シャクシャインの命日（新暦一〇月二三日）に地元アイヌが集まり、慰霊の民族儀式「カムイノミ」（神々への祈り）が行なわれていました。これを和人の観光業者が観光に利用しようとしたり、作者の竹中氏がプラスチックでミニのシャクシャイン像を大量に作って観光土産の商品として売り出したりという、アイヌの人たちにとっては見過ごせない動きがありました。

そんな中で、台座文字削り取り事件が起きました。像建立から二年後の九月二〇日のことです。台座の正面には「英傑シャクシャイン」とあり、その下に「北海道知事町村《まちむら》金吾書」と刻まれていた、それを削り取ったのです。「人々の心には『町村金吾』の名前は、侵略者の末裔《まつえい》の代表者として怨念《おんねん》があった。民族の英雄シャクシャインの子孫としては、『町村金吾』の四文字に屈辱感からくる抵抗を感じとったのである。できることであれば、侵略者の名前を削り取りたいものである、という話になった」（結城庄司著『アイヌ宣言』三一書房）という経緯からでした。

この事件で一人を除く四人が警察に逮捕されました。この逮捕は当時、連続して起きていた爆破事件の別件逮捕という性格が濃厚でした。新谷行氏が『アイヌ民族抵抗史』（三一新書）にこう書いています。

「ところで、道警はなぜこの逮捕にふみきったか。台座の文字を削るということは、法律的にみるなら、隣の窓ガラスを一枚か二枚こわした程度のものである。それが新

カムイノミ

聞でも大がかりな記事を組んだ。一口にいうなら、三井・三菱の爆弾事件に関連があるとにらんだ、道警というより、警視庁から指令の出たみこみ逮捕である」

シャクシャイン像事件（七二年九月二〇日）以後、同種事件が続きます。旭川常磐《ときわ》公園「風雪の群像」と北大文学部アイヌ資料ケースの同時爆発*（一〇月二三日）、根室・ノッカマップ灯台落書き（七三年二月一九日）、白老《しらおい》町長殺人未遂被害（三月九日）、室蘭・アイヌ慰霊碑落書き（四月一五日）、登別・知里真志保《ちりましほ》碑汚損（六月六日）、白老民族資料館汚損（八月一日）、静内町開拓記念「北辺開拓の碑」汚損（八月一五日）、札幌・ケプロン、黒田清隆像汚損（八月一八日）、苫小牧市民会館前「勇払《ゆうふつ》千人同心」ブロンズ像破損（一〇月二日）、北大構内クラーク博士像、初代総長像汚損（一〇月四日）――（北海道新聞調べ、『アイヌ民族抵抗史』より）

確かに、似た事件が続発しています。七二年には田中角栄の『日本列島改造論』が発表されて地価が暴騰し、七三年には石油ショックに見舞われて諸物価も急上昇します。三井・三菱の連続企業爆弾事件もありました。そうした騒然とした世情の中で、「アイヌ問題」もマスコミに大きく取り上げられました。中には根拠のない推測記事も目立ち、新谷氏や結城氏の運動も過激派呼ばわりされて、結果的にアイヌ仲間からも遊離させられる時期がありました。しかし、両氏の著作などから当時の警察の取り調べがいかに強引なものであったかを知ると、二人が、真剣に本来の意味でのアイヌ解放を願って運動していたことがわかります。

＊「風雪の群像」・北大文学部資料ケース同時爆破事件

一九七二年（昭和四七年）一〇月二三日に旭川市常磐公園の「風雪の群像」と北海道大学文学部のアイヌ関連資料を収めたケースが同時に爆破された。「風雪の群像」は二年前に北海道開拓記念碑として彫刻家・本郷新氏（和人）の手で制作されたもので、「波涛《はとう》・大地・沃野《よくや》・朔風《さくふう》・コタン」をテーマに「コタン」の象徴として老アイヌ像をデザインした。老アイヌが、腰に手を当てて立つ和人の前に膝をついて何かを案内するようなポーズだったため、屈辱的であるとのアイヌ側の抗議があり、木株に腰を下ろすものに変えた経緯がある。シャクシャイン像台座文字削り取り事件で逮捕された結城庄司、新谷行《しんやぎょう》、太田竜《おおたりゅう》らが、取り調べでこの爆破事件との関連を集中的に追及されたが、三井・三菱爆弾事件の「東アジア反日武装戦線」の犯行だったことが後に明らかになった。一〇月二三日はアイヌの英雄・シャクシ

〔出版・放送関係の事件〕

重要な問題提起をしたものとして「アイヌ肖像権《しょうぞうけん》裁判」があります。これは八五年（昭和六〇年）五月二三日、アイヌ女性の内藤美恵子さん（提訴時。後に伊賀美恵子・チカップ美恵子）が、自分の子供のころの写真を無断でアイヌ関連の学術書に掲載され、しかもその本の内容がアイヌ民族を滅びゆくものとしてとらえていて、「肖像権を侵害されたうえ、名誉を著しく傷つけられた」と、出版社と写真を提供したアイヌ研究者・更科源蔵《さらしなげんぞう》氏を相手に慰謝料《いしゃりょう》三〇〇〇万円の損害賠償と謝罪文掲載を求め、東京地裁に提訴したものです。

問題の写真は、六四年（昭和三九年）に内藤さんがＮＨＫのテレビ番組に出演して民族衣裳をつけて民族楽器ムックリを演奏した際に、番組の制作に関わっていた更科氏が撮影し、氏自身が保存していました。それを、六九年（昭和四四年）に更科氏ら研究者一一人が『アイヌ民族誌』を第一法規出版（本社・東京都港区）から出版する時に、更科氏が無断で提供したのです。そして、八二年（昭和五七年）に内藤さんがこれを目にし、出版社と更科氏に無断掲載の理由をただしたのですが、誠意ある回答が得られず、提訴に踏み切ったといいます。

裁判が始まってまもなく被告の更科氏が死亡したため、本の監修者である高倉新一郎氏と犬飼《いぬかい》哲夫氏の両北大名誉教授が被告に追加されました。この時、北海道史研究

ヤインの命日だった。

アイヌ肖像権訴訟・謝罪文

おわび

貴殿が、ムックリを吹き鳴らしている写真を、高倉及び犬飼らが監修し、第一法規出版株式会社が出版した「アイヌ民族誌」（初版昭和四四年三月二五日）に、無断で掲載し、貴殿の誇りを傷つけましたことは、誠に遺憾であり、陳謝します。

昭和六三年九月二〇日

高倉新一郎

犬飼哲夫

第一法規出版株式会社

チカップ美恵子『風のめぐみ　アイヌ民族の文化と人権』（御茶の水書房）

の権威として知られる高倉氏は、新聞に次のようなコメントを載せています。「内藤さんの写真については、当然、更科君が内藤さんの了解を得て提供したと考えて本に入れた。この訴訟は、更科君と内藤さんの間の問題ではないか。『アイヌ民族誌』で、アイヌを『滅びゆく民族』としていることがどうして非難を受けなくてはならないのか理解できない」（八六年五月一六日付『北海道新聞』）

長い間、第一人者として学界をリードしてきた人の認識が、こんなものなのです。裁判を支援する人が、アイヌの中から次々と出てきました。彫刻家の砂澤ビッキ氏（故人）やアイヌ文化協会長の豊川重雄氏、萱野《かやの》茂氏らです。証言に立った萱野氏は、この本の中に「アイヌの肌の多毛を示す」との説明文がついた背中の写真があることを取り上げ、「この本を送られた時、思わずこの写真に目をそむけ破り捨てた」「私も家族の写真など、約九十枚が無断で掲載され不満である」「アイヌが全く参画しないでつくられた本であり、アイヌへの差別の助長にこそなれ差別解消に役立つわけがない」と述べています（八八年二月二三日付夕刊『朝日新聞』『毎日新聞』）。

結局、裁判は八八年（昭和六三年）六月、東京地裁から「和解勧告」が出され、同年九月二〇日に「謝罪文」（資料）と「慰謝料一〇〇万円」で決着しました。原告の実質的全面勝利と言ってよいでしょう。

この翌年の八九年（平成元年）六月、日本民族学会研究倫理委員会（祖父江孝男委員長）が、「民族」の概念では「人々の主体的な帰属意識の存在が重要」と規定し、アイヌを独自の民族と認めて日本の単一民族国家観を否定する五項目の見解を発表しました。この見解の中で、アイヌ文化が「滅びゆく文化」と誤解されたのは「民族文化への基本的認識の誤りにもとづく」と指摘しています（八九年六月一五日付夕刊『朝日新聞』田中洋一記者）。「アイヌ肖像権裁判」が学者の見解を改めさせるきっかけになったと言えそうです。この動きに、当の内藤さんは「こうした『見解』には思わぬ『拾い物』をしたというのが正直な気持だった」（別冊宝島『アイヌの本』）と見ています。

この他、出版関係では、富良野《ふらの》市に住む脚本家・倉本聰《くらもとそう》氏のエッセイ『北の人名録』（新潮社）の中に「獲物が何日もとれないとアイヌ犬を殺して食べたわけです。つまりアイヌ犬は食料でもあったわけで」などというアイヌ民族を蔑視した表現がある、と北海道ウタリ協会理事らが出版社と倉本氏に抗議し、両者が謝罪して本を回収した事件（九三年一一月）、半世紀ぶりに復刊した千歳市に住む作家・長見義三氏の小説『アイヌの学校』（恒文社）に三三項目に及ぶ差別表現がある、と北海道ウタリ協会札幌支部が抗議し、出版社が本を絶版にして回収した事件（九三年一〇月）、作家・船戸与一氏の小説『蝦夷地別件』（新潮社）の中に二五五語のアイヌ語の誤りがあるのをはじめ修正すべき個所が全部で一〇〇〇カ所にも上る、と北海道ウタリ協会札幌支部から指摘され、出版社が正誤表を出し二刷からの訂正を約束した事件（九六年四月）などがあります。

倉本聰『北の人名録』差別表現事件

一方、放送で問題になった事件としては、九四年の元日に日本テレビで放映されたバラエティー番組が記憶に新しいところです。問題の番組は一日夜九時から約二時間放送の「北野武政界進出宣言!?　ビートたけしのお笑いウルトラクイズ!!」で、九人のタレントが全身に金粉をまとった半裸姿で、かつて伊藤久男が歌って大ヒットした曲「イヨマンテの夜」を歌い、踊りました。しかも、下半身に大きな突起物をつけて腰を振るなどしており、アイヌにとってはきわめて神聖な儀式を歪曲し侮辱したものです。これには東京周辺に住むアイヌの人たちの集まり「レラ（風）の会」のメンバーが日本テレビを訪れ、抗議し、日本テレビ側は謝罪しています。民族の伝統文化の尊厳を傷つけることに何の疑問も持たず、低俗な笑いに走る。そうした点からも、この事件は日本のお笑いの水準の低さを、今さらながら強く印象づけました。

〔二風谷《にぶだに》ダム建設〕

二風谷ダム（総貯水量三一五〇万トン）は苫小牧《とまこまい》東部（通称・苫東《とまとう》）大規模工業基地開発計画の一環として、苫東へ工業用水を供給する目的で計画されました。この開発計画は一九六〇年（昭和三五年）に策定された北海道第三期総合開発計画の目玉として出されたものです。つまりは高度経済成長の落とし子的存在です。ところが、オイルショック後の産業構造転換の波をかぶって苫東自体に進出する企業がまるでありません。工業用水を供給する必要がなくなったのです。こうして計画自体が挫折したにもかかわらず、建設主体の北海道開発局は「多目的ダム」へ用途変更して無理にも建設しようとしました。

ダム建設予定地の日高の沙流《さる》川沿いの地域は、道内でも最もアイヌ人口の比率が高いところで、二風谷地区約五〇〇人の住人のうち八割以上がアイヌです。そして買収対象地二〇五ヘクタールの地権者《ちけんしゃ》は一五三人で、うち八五人がアイヌです。アイヌの土地は「北海道旧土人保護法」による給付地です。予定地の用地買収交渉が八四年(昭和五九年)から始まり、大半が買収に応じた中で、二風谷文化資料館館長の萱野茂氏と北海道ウタリ協会副理事長の貝沢正氏の二人らが応じませんでした。

雪が少なく雨も少ない。気候は温暖で食料も豊富。そのため多くのアイヌが住みついた〝聖地〟を売り渡すことはできないというのです。「多目的」に変更したダムの主要目的に下流域の洪水調整があげられていますが、過去一〇〇年に記録に残る水害もわずか二回しかありません。「五〇年か一〇〇年に一回の水害を想定して人工的な水害に見舞われる私どもにとっては、この上ない迷惑なダム」と萱野氏は、八八年(昭和六三年)一二月に開かれた北海道収用委員会《しゅうよういいんかい》で異議申立てをしています。

しかし、同収用委員会は八九年(平成元年)二月、北海道開発局の申請を認めて萱野氏らに土地明渡《あけわた》しを求める強制収用の裁決を出しました。これには萱野氏、貝沢氏が裁決取消しを求めて札幌地裁に提訴しましたが、結局、ダム建設が強行され、ダムは九六年(平成八年)に完成、同年四月から貯水を始めました。

萱野氏と貝沢氏、そして九二年（平成四年）に貝沢氏が亡くなるとその遺志を引き継いだ息子の耕一氏らの闘いは、虚《むな》しい結果に終わりました。長良川《ながらがわ》の河口堰《かこうせき》、長崎県諫早《いさはや》湾の干拓などの問題も然りですが、行政は一度決めたものは時代状況がいかに変化しても計画通り実行しようとします。なんと意思が固いのかと感心する前に、頭の固さに呆れ返ります。当初の目的が意味を持たなくなり、新たにつけ加えた目的も調べてみると、ほとんど意味がない。それでも強行するのです。こうして二風谷ダムには六〇〇億円もの国民の税金が無駄遣いされました。潤ったのは土建業者だけです。

この闘いの中で、萱野氏たちはアイヌの自然とのつきあい方を社会にアピールし、多くの人たちに感銘を与えました。ダムが無理にでも作られるのなら、せめて産卵《さんらん》のための鮭などが上流に上がってゆくための魚道《ぎょどう》を設けてほしいという訴えも、その一つでした。鮭はアイヌの主食であり、鮭抜きにアイヌの生活は語れないほどの大切な魚です。そこで、アイヌ古来の方法での鮭漁《さけりょう》の復権も要求しました。伝統文化を保存したいという願いからです。しかし、これも叶えられませんでした。

ただ、九六年（平成八年）八月二〇日には面白いことが起きました。萱野氏らの要求に北海道開発庁が応じ、アイヌ民族の伝統的舟おろし儀式「チプサンケ」のために、貯水した水を放流して一時的に儀式用の場所を提供しました。湖底に沈んだ川辺が再び姿を現したのです。萱野氏は「一日だけ二風谷ダムの水を抜いてもだれ一人文句なし。つまり、全く必要のないダムであるという、あかしになったのである」（『新聞研

チプサンケ

究』一九九七年一月号）と書いています。

と、ここでこの項は筆をおくつもりでいたら、素敵なニュースが飛び込んできました。萱野氏と貝沢耕一氏が北海道収用委員会を相手どって、土地収用裁決の取消しを求めていた行政訴訟（九三年五月提訴）の判決が九七年（平成九年）三月二七日、出たのです。札幌地裁一宮和夫裁判長は「先住少数民族であるアイヌ民族独自の文化に最大限の配慮をしなければならないのに、必要な調査を怠り、本来最も重視すべき諸価値を不当に軽視ないし無視した」との理由で、建設省の事業認定は「裁量権を逸脱」しており、それに基づく収用裁決ともども「違法」と判断したのです。ただしダムがすでに完成しているので、収用裁決の取消しという原告側の請求は却下されました。

（同日付夕刊『朝日新聞』）

これは朗報です。「アイヌ民族の民族的、文化的、歴史的、宗教的諸価値を後世に残しておくことが困難になる」という文言《もんごん》も見られ、原告側訴えの中心精神が汲み取られた判決と言えます。静かにではありますが、大きな〝地殻変動〟が進んでいることを感じる判断です。その後、国側も控訴をあきらめ、判決が確定しています。

〔失言・放言〕

八六年（昭和六一年）夏、自民党の研修会で当時の首相・中曾根康弘は、米国について、黒人やヒスパニック系（スペイン語を話すラテン・アメリカ系の米国移民）の

札幌地裁判決

人たちがいるので「知識水準」が低いという旨の発言をしました。研修会には新聞などのマスコミ関係者も取材に来ていましたが、この時には問題にはならず、この発言が米国のメディアで取り上げられ、米国内で批判の声が高まりました。その動きが日本へ逆輸入されると、中曾根首相は「米国は複合民族なので、教育などで手の届かないところもある。日本は単一民族国家だから、手が届きやすい」と釈明しました。

この「単一民族国家」発言に真先《まっさき》に怒ったのが、アイヌの人たちでした。それから在日の韓国・朝鮮人、中国人の人たちも怒りました。自分たちの存在そのものを抹殺《まっさつ》されたも同じなのですから、怒るのが当然です。その中でも先頭を切って抗議活動を展開したのが、首都圏に住むアイヌの人たちで組織する関東ウタリ会でした。同会は早速、同年一〇月一日付で中曾根首相宛に公開質問状を送りました。徳川幕府の不平等交易、明治政府の北海道開拓に伴う土地の取り上げなどで、アイヌが数百年間にわたって生活をおびやかされ、文化を破壊されてきながらも固有の文化を守ってきたことを説明したうえで、「このような状況が厳然としてあるにもかかわらず、再三、『単一民族国家』といわれる貴殿の発言の根拠をお示し下さい」という内容でした。

これは一五日までの期限を切って回答を求めましたが、一一月一日付でようやく一枚の葉書が関東ウタリ会に届きました。「官邸に来る手紙の量が一日に千通を越す」ので期限に遅れたと言い訳をしたうえで、「発言に付きましては新聞報道のわい曲のところで皆様にご迷惑をおかけしたことを深く謝辞いたします」という内容でした。

「日本単一民族国家」発言

新聞報道が歪曲《わいきょく》したのだと、責任をすり替えているのです。さらに、最後に「代」とあり、つまりは本人が書いたのではなく、事務所が代筆したらしいのです。二重三重の意味で、相手をばかにした誠意のかけらすら見られないものでした。

この他にも中曾根首相は、国会で「日本国籍を持つ方々で差別を受けている少数民族はいない」とか、「梅原猛さんの本を読むと、アイヌと大陸から渡って来た人々は相当融合し合っている。私もマユなんかも濃いしヒゲも濃い。アイヌの血は相当入っていると思う」(八六年一〇月二一日、衆院本会議)と発言するなど、反省のかけらも見られません。この発言以来、私の知るアイヌの人たちの間では「おい、中曾根さんがわしらの親戚だってよ。あんた知っているかい」「知らないねえ。いつから親戚になったんだ」といった冗談が聞かれるようになりました。

この中曾根失言はマスコミでも連日取り上げられ、アイヌの人たちの抗議集会も数多く重ねられました。そうして、アイヌ差別問題に目が向けられ、「北海道旧土人保護法」がまだ存在していることもクローズアップされ、「アイヌ新法」の制定への大きなうねりが作られました。その動きが今日の「アイヌ文化振興法」の成立にまで結びついているのです。

しかし、「単一民族国家観」は旧世代の保守層にはまだまだ根強く残っているようで、中曾根失言があれほど徹底的に批判されたにもかかわらず、同種の失言、暴言、放言が後を絶ちません。「アイヌ差別」も含めて、新聞記事から拾ってみます。

・サントリーの佐治敬三社長が八八年（昭和六三年）二月二八日、ＴＢＳ系の報道特集で〝遷《せん》都論〟にからんで、「仙台に遷都したらええちゅうような、あほなことを考えている人がおるそうです。東京―大阪間には六、七千万もの人が住んでいる。北の方になんぼ住んでいるのか知りませんが、大体が熊襲《くまそ》の産地」「熊襲の国に、たんと住んでいるはずもないし、文化的程度も極めて低い」と発言。これは「熊襲」と「蝦夷《えみし》」を取り違えての暴言でした（八八年三月一日付朝刊『朝日新聞』）。

・古川清・北海道大使（特命全権大使・北海道担当）が八九年（平成元年）三月一四日、根室市内で講演し、旧ソ連圏の民族問題に関連して「民族問題というのは日本にはない」「日本ぐらい単一で、一つの放送で、日本語で一億三千万の人間が全部分かるのはむしろ珍しい」と発言し、当時の宇野外相に注意されました（八九年三月二三日付朝刊『朝日新聞』）。

・渡辺美智雄副総理兼外相が九一年（平成三年）一一月五日の就任記者会見で、過去の黒人差別発言について問われ、「日本は単一民族国家だから」と答え、記者の追及に「比較的にね」とかわしています。これには関東ウタリ会が宮沢首相あてに公開書簡を送って抗議しました（九一年一二月一八日付朝刊『朝日新聞』「論壇」関東ウタリ会・北原きよ子会長論文）。

情けないことに社会の指導的立場にあるはずの人間が、大事な人権感覚を失っており、問題化してもなお反省の色がないのが実情のようです。

えー私も眉も太くヒゲだって濃い！
ひえ～ソーリ大臣がワシらの親戚みたいなこと言ってる
T.Y

一九八六年
中曾根首相

〔刑事事件、死亡事故〕

アイヌ自身が事件や事故に残念な形で関わった例です。しかし、そこでは、民族の歴史に刻まれた差別・抑圧がさまざまな形をとって個々人の人生にも暗い影を落としているといえます。ここではあえて具体的記述を避けてお話中心に書きます。

アイヌ男性が酒に酔ってからんできた和人男性に暴行を加え、死亡させた事件があります。被害男性はアイヌ男性に対して「こらアイヌ」「アイヌがなんでこんなところにいるんだ。北海道に帰れ」などと言って、腕の毛を引っ張ったり、アゴをこづいたりしました。それに怒ってアイヌ男性が相手の腹を何度も蹴《け》るなどして結果として死に至らせたという事件でした。

似たような事件がこれ以外にも起きています。北海道を離れて出稼ぎに来ているアイヌ男性が、ふだんから顔見知りの労働仲間との間でトラブルに巻き込まれてというケースがほとんどのようです。アイヌは最初は被害者であり、結果としては加害者として法廷に立つことになります。こうしたケースに共通しているのは、事件になる前にアイヌ男性がいろいろな差別を受けてきているという点です。我慢に我慢を重ねてきてとうとう耐えきれずに暴力を振るってしまったということが多いのです。

ここにあげた例では、相手が酔っていて防御しきれずに最悪の結果になったといわれ、また、別の例では駆けつけた警察官も露骨なアイヌ差別の態度を見せ、救急車の手配が遅れた結果、被害者が死んでしまったという話もあります。刑に服した人の中には半生を振り返って文章にしている人もいます。そこに見られるのは、子供のころから受け続けた差別体験が暗く大きな影を落としているという事実です。

また、東京の山谷などのいわゆる〝寄せ場〟には、時折、アイヌの人たちの姿も見られます。そして、仕事にあぶれて寝る場所もなく、近くの公園などで野宿しているうちに、飢えと栄養失調、寒さが重なって行き倒れる人も少なくありません。こうしたケースにぶつかった時、アイヌの人たちが協力して身内や親戚《しんせき》に連絡をとったりして一緒に手厚く弔《とむら》ってあげています。生前に親交があったわけでなくとも、同じウタリということで仲間の死を悼《いた》んでいるのです。同胞の非業《ひごう》の死に限りないシンパシーが湧《わ》くのだと思います。

こうした事件、事故がマスコミで報道されることがなくなることを祈りますが、もしそんな報道に接した場合には、事件の表面的事実だけではなく、その背景にも目を向けていただくようお願いします。

Q21 アイヌはどんな差別をされているのですか？

一口に「アイヌ差別」と言っても、その中身は状況によっていろいろ違うのでしょうね。アイヌの人たちがいちばん困っていることは何ですか。

人口は2万4千人

北海道に住むアイヌの人たちの人口は二万三八三〇人となっています。この人たちは、道内の七五の市町村に住み、日高支庁管内と胆振支庁管内で七〇%を占めています。

アイヌ差別についての公的調査はこれまでに北海道庁と東京都庁により行なわれております。いずれの結果でも今も差別が厳然《げんぜん》としてあることが明らかになっています。ここではそれらの調査結果を紹介します。

まず、北海道の調査から。道庁は「ウタリ生活実態調査」を一九七二年（昭和四七年）、七九年（同五四年）、八六年（同六一年）、九三年（平成五年）の四度、実施しています。道内在住アイヌの生活全般の実態把握《じったいはあく》が狙いで、差別の項目は八六年調査から新たに付け加えられました。他の主要項目の結果と併《あわ》せて紹介します。

〔北海道ウタリ生活実態調査〕（八六年→九三年）

・人口――七一六八世帯→七三二八世帯
　二万四三八一人→二万三八三〇人

・居住地――日高　四二・六%→三九・〇%、胆振　二七・〇%→三〇・八%

■支庁別アイヌ人口と構成比

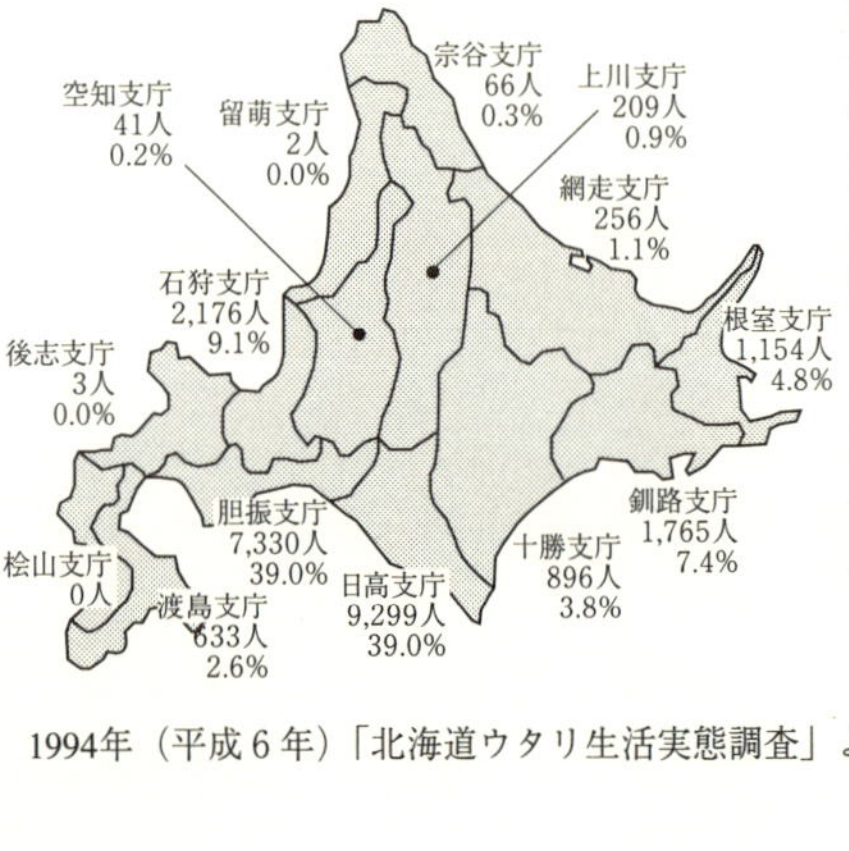

1994年（平成6年）「北海道ウタリ生活実態調査」より

石狩　七・九％→九・一％、釧路　八・六％→七・四％
根室　四・八％→四・八％、十勝　四・〇％→三・八％、など

・就業――建設業　二二・七％→二三・三％
漁業　二三・三％→二二・二％
サービス業　九・九％→一三・一％
製造業　六・四％→　九・七％
農業　一五・五％→　九・四％
卸売・小売業　八・八％→　八・六％
その他

かなり顕著な変化が見られます。農業の大幅落ち込み、それに代わるサービス業と製造業の増加が目立ちます。農業は、戸数で見ると約一四％も減少しており、一戸当たりの農用地面積は三・四四へクタールで全道平均のおおむね半分しかありません。

・進学率――高校進学率　七八・四％→八七・四％
全道　九四・〇％→九六・三％
大学進学率　八・一％→一一・八％
全道　二七・四％→二七・五％

高校、大学のどちらもかなり向上はしてきているのですが、全道の率と比べるとま

高校・大学進学率に格差

高校進学率は平均の九六・三％に対して八七・四％、大学進学率も二七・五％に対して一一・八％と低く、社会的な地位を向上するうえで大切な教育面での格差が目立っています。

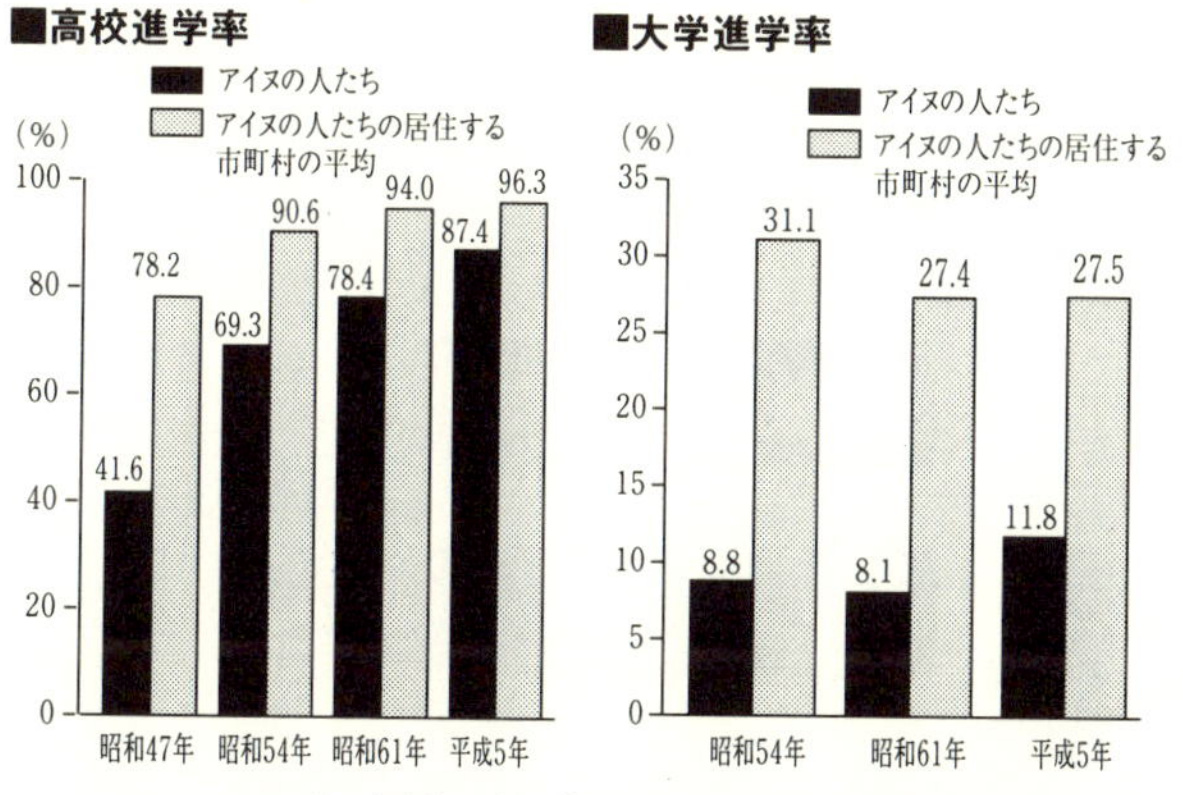

1994年（平成6年）「北海道ウタリ生活実態調査」より

だまだ格差が見られます。

・生活保護――「需給したことがない」　八一・〇%→八八・〇%
　　　　　　「以前に受けた」　一二・〇%→六・〇%
　　　　　　「現在受けている」　七・〇%→六・〇%
　　　　　　同・全道　六・〇九%→三・八八%

これも改善が読み取れますが、まだ全道と比べて格差があります。

・生活意識――「多少困る程度」　四四・〇%（九三年道民調査三九・一%）
　　　　　　「とても苦しい」　三三・〇%（同　九・七%）
　　　　　　「少しゆとりがある」　二〇・〇%（同四五・六%）
　　　　　　「豊かである」　一・〇%（同　四・三%）

道民一般との格差が歴然としています。特に、三分の一のアイヌ世帯が「とても苦しい」と答えているのは、看過《かんか》できません。

・差別――さて、この項の主題です。これは二回の調査で質問の仕方を変えていますので、別々に紹介します。

〈八六年〉

七八%までが「差別を受けたことがあった」「自分に対してはそれほどではないが、一般的に差別があった」とし、そのうち八五・五%が「現在でもある」と答えています。内容では、結婚と地域におけるものが圧倒的で、学校、就職がそれに次いで

生活保護を受けている人は平均の二倍以上

働いている人の三四・六%が農業・漁業などの第一次産業につき、中小企業を営んでいる人もあわせて経営規模は零細。

三分の一近い人がとても苦しい生活と答え、生活保護を受けている人の割合は平均の二倍以上になります。

■生活保護の状況

保護率（人口1,000人中、保護を受けている人の割合）

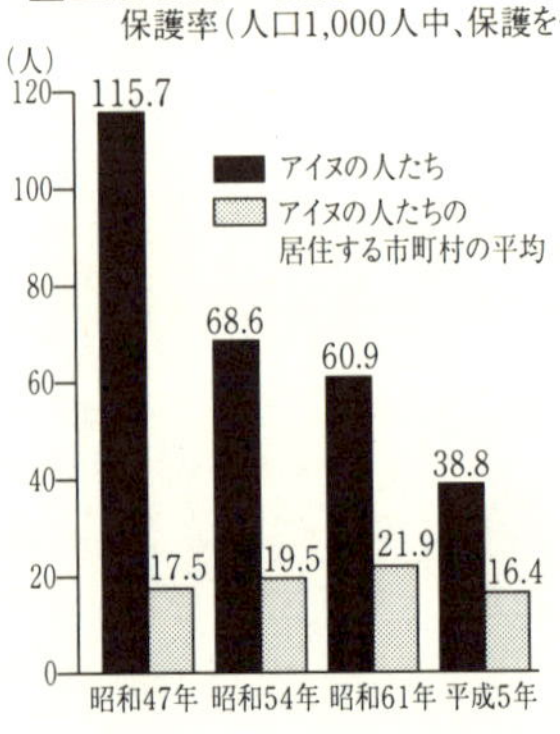

■就職者の状況

（15歳以上の産業別就業者の比率）

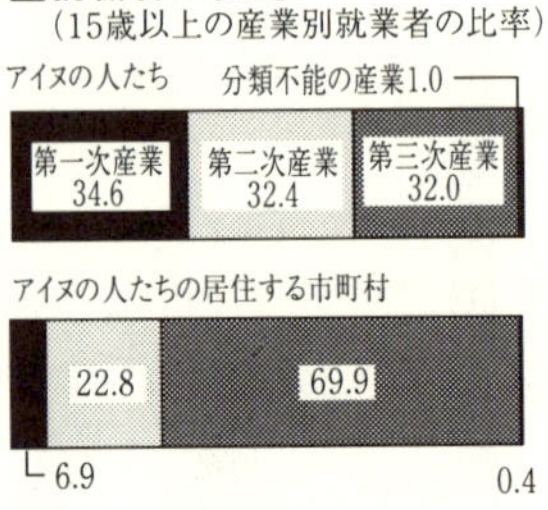

1994年（平成６年）「北海道ウタリ生活実態調査」より

最近（6、7年前から）において、何らかの差別をうけたことがありますか

区　　　分	実数（642人）	構成比
1.差別を受けたことがある	47	7.3
2.自分に対してはないが、他の人が受けたのを知っている	65	10.1
3.受けたことがない	398	62.0
4.わからない	90	14.0
5.不詳・無回答	42	6.6

どのような場面で差別を受けましたか（%）

区　　分	構成比（112人）
1.就職のとき	9.8
2.職場で	17.9
3.結婚のことで	23.2
4.学校で	42.0
5.交際（つきあい）のことで	10.7
6.行政（国都道府県市町村）から	0.9
7.その他	13.4

＊複数回答

どのような差別をうけましたか（%）

区　　分	構成比（112人）
1.アイヌを理由に交際、結婚を断られた	17.0
2.アイヌであると指摘され、馬鹿にされた	25.0
3.身体的特徴、容貌について指摘された	6.3
4.その他	18.8
5.具体的記入なし	31.3

＊複数回答

差別をなくすためには、どのようにすれば良いと思いますか（%）

区　　分	構成比（112人）
1.社会教育、学校教育の場で正しい教育を行なう	18.8
2.啓発活動により理解を図る	5.4
3.生活の格差を是正する	1.8
4.アイヌ自身の生活態度や気持ちの問題	5.4
5.話し合いにより相互理解を図る	26.8
6.マスコミなどで大きく取り上げない	1.8
7.その他	6.3
8.具体的記入なし	34.8

＊複数回答

1994年（平成6年）「北海道ウタリ生活実態調査」より

います。

〈九四年〉（表参照）

「最近（六、七年前から）、何らかの差別を受けたことがありますか」との質問に、「差別を受けたことがある」七・三％、「自分に対してはないが、他の人が受けたのを知っている」一〇・一％、「受けたことがない」六二・〇％――で、一見すると前回調査とずいぶん異なります。でも、「最近」という制限がつけられたことで、数字が大幅に減ったものと考えられます。

つまり、「どのような場面で差別をうけましたか」との質問には、「学校」四二・〇％を筆頭に、「結婚」二三・二％、「職場」一七・九％と続いており、過去のことが「最近」という条件で表面の数字に表れなくなったようです。差別の具体的内容では「アイヌであると指摘され、馬鹿にされた」が二五・〇％とトップで、以下「アイヌを理由に交際、結婚を断られた」「身体的特徴、容貌について指摘された」が続きます。

解決策については、「話し合いにより相互理解を図る」二六・八％「社会教育、学校教育の場で正しい教育を行なう」一八・八％が特に多く求められました。

次は東京都の調査結果です。中身に入る前に、調査実施の経緯をお話します。「なぜ東京都がそんな調査を？」と疑問の方もきっといるはずです。答えは簡単です。アイヌは北海道だけではなく、東京にもたくさん住んでいるからです。「アイヌ問題」はけっして北海道ローカルの問題ではないのです。

でも、調査実施までには、アイヌの人たちの大変な苦労がありました。東京と近辺のアイヌの人たちの組織・東京ウタリ会（関東ウタリ会の前身）のメンバーたちが、都庁や都議会を何度も訪れ、働きかけたのです。その結果、やっと東京都が予算付けをしました。でも、調査自体はアイヌの人たちの手でなされました。七五年（昭和五〇年）に出された第一回分の報告書のあとがきに、こんな文章があります。

「われわれは、『ウタリ』の口から口、手から手を通して『ウタリ』の住居を手さぐりでもするかのように探し求めていかなければならなかった。また、故郷北海道の『ウタリ』の力を借りることによって、調査対象の範囲を広げていかなければならなかった。——ときには、語られる内容のあまりの生々しさに、記録にとどめることをためらうことも多かった」

まさにゼロからの出発だったのです。でも、そうした努力が、同胞だからこそ聞ける貴重な話まで掬《すく》いあげる結果につながりました。七五年の次は八九年（平成元年）に二回目の調査報告書（いずれも東京都企画審議室発行）がまとめられました。北海道の調査とは異なる、東京ゆえの特色にできるだけ焦点を当てて紹介します。

〈東京在住ウタリ実態調査〉（七五年、八九年）

・人口——［七五年］四〇一世帯、六七九人

［八九年］調査対象五一八世帯、八六三人
調査不能一一一世帯、三四九人
有効回収四〇七世帯、五一四人

これに七五年調査との関わり（調査の認知、諾否など）や世帯数と人口の関係から、八九調査では在京アイヌの世帯員総数を、約二七〇〇人と推定しています。首都圏全体ではさらに相当な数に上ります。世帯の形態では、単身世帯が四二・三％を占め、「夫婦のみ」一五・二％、「夫婦と未婚の子」三四・四％などです。単身世帯が都民世帯では二七・四％なのと比べて極めて多いのが目立っています。

・地域――［七五年］都内二三区・二八一世帯
三多摩地区・一二〇世帯

ほぼ都全域に散在しており、特定地域への集中はありません。

・上京――

［七五年］一九五五年（昭和三〇年）以降に上京した人が九一・九％までを占め、高度経済成長との関連を強く示唆しています。上京理由は道内での生活苦から抜け出すのと、差別から逃れることであることが浮き彫りになりました。

［八九年］一八歳が一七・一％で群を抜いて多く、一五歳から一九歳まででで四三・九％を占めます。二〇歳を加えると上京者（四五一人）のちょうど半数です。上京理由は前回指摘の二つが一位と二位でした。

・生活――

［七五年］九五・〇％までが借家生活。対象世帯の四八・二％までが一部屋で、風呂場のない世帯も六〇・六％もありました。身体的特徴から公衆浴場にためらいを感じている人が多く、住居でも苦悩が深いと調査に当たったアイヌの人たちは感じたといいます。

［八九年］生活保護世帯は二一・三％で道内アイヌ世帯と比べるとずっと少ないのですが、都民の一・六％の一・四倍になります。暮らしやすさについては、北海道と東京を比較した質問があり、一〇項目のうち「東京都のほうが暮らしやすい」という回答が「北海道のほうが暮らしやすい」を上回ったのが「就職」「収入」「教育・学習」「物価」「趣味・教養」など七項目あり、北海道が上回ったのが二項目、ほぼ同数が一項目で、東京の方が暮らしやすいようです。

・学歴――

［七五年］義務教育を終了していない成人が、一割以上もいました。学校でのアイヌ差別が背景にはあります。また、義務教育終了を最終学歴とする人が、六・〇％にも上りました。

［八九年］前回とほぼ同じ傾向。最終学歴は、小学校七・九％、中学校五九・八％で、両者合わせて六六・七％。これが都民では二〇・八％に過ぎず、際立った対比を示しています。高校が二六・〇％（都民三九・四％）、大学は六・三％（同二四・

二%）でした。報告書では、「この学歴の差は、今日の在京アイヌの生活に様ざまな影響を与えている」と分析しています。

・雇用――

［七五年］三分の二の人が雇用されていてそのほとんどが零細《れいさい》企業で、しかも不安定な雇用関係にありました。

［八九年］第二次産業が四九・五%もおり、第三次が四七・二%で、第一次は一・五%と、道内とはこれも大きく違います。ただし、都民は第三次が六二・五%を占めてトップでした。

・差別――

［七五年］過去に差別を受けたことがある人は回答者の八割以上に上り、差別件数は一人当たり二・二件をを挙げ、そのうち一九・二%が東京での体験でした。内容では、教育に関する差別（二二六件）の大部分が北海道に集中しており、東京では、交際関係三二・四%、結婚関係二七・九%、就職関係二四・六%などが上位でした。

差別の具体的内容の主なものは次の通りです。

「アイヌだと馬鹿にされた」二六件

「（就職で）理由を話されずに採用されなかった」一二件

「アイヌであることで縁談が破談になった」一一件

「アイヌであることで結婚差別を受けた」「人間扱いにされない」各八件

「(行政により)土地をとりあげられた」「子供の時、和人の大人は自分の子供と遊ばせなかった」各六件

「毛深いと仲間はずれにされた」「アイヌであることを理由に離婚された」各五件

[八九年]具体的七項目に分けて調査してあります。

「差別があった」という回答比率が高かったのは、「学校」の六七・六%を筆頭に、「交際(つきあい)」の三八・一%、「職場」の三七・四%などで、以下、「結婚」一九・九%、「行政」一二・六%、「就職」一〇・〇%といった順です。

具体的内容では、「あっ、イヌがきた、などと言われて仲間はずれにされた」「生徒も教師もアイヌをばかにし、自分たちも仕方がないと思った」「名前を呼ばないで、アイヌと呼ぶ」「石をなげつけられることなどはしょっちゅうだった」(学校)、「交際していた相手の家族から、付き合わないでほしいといわれた」「アイヌとつきあうのはいやだ、といわれた」(交際)、「アイヌ、アイヌといわれ、会社の風呂に入れなかった」「アイヌだから仕事がのろいといわれた」(職場)、「アイヌと結婚をするばかがいるかと言われた」(結婚)などで、「その他」を含めた七つの場面で何らかの差別を受けたと答えた在京アイヌは、全体の七二・四%に上りました。どの世代でもだいたい七割前後の人が上京後に差別を受けていましたが、東京出生者(四〇人)は三五・〇%と半減し、道内と東京という出身地により大きな差が出ています。

道内と東京各二つの調査結果を紹介しました。これで浮き彫りになるのがまず、生活面では学歴の低さや過去の歴史的経緯から来る生活苦です。東京では単身世帯も目立ちます。高度経済成長以降、生活の改善と差別体験から逃れるために上京しながら、その期待が裏切られている様子が推測できます。差別は道内、東京いずれにも根強いものがあり、学校での排除体験から始まり、就職、結婚など人生の重大事に際して、アイヌという血の問題が否応なくクローズアップされることが、読み取れます。

こうした差別の根源を明らかにするのは、とても難しいことです。歴史的には日本版〝中華思想〟と異端を排除する浄穢《じょうわい》観念、それによって圧迫され搾取《さくしゅ》され続けた結果のアイヌの窮乏化、自信の喪失などが考えられます。でも、すべての根っこは差別する側にあります。異質なものを排除する私たちの性向は、現代社会ではいじめ現象となって学校や職場で問題化しています。〝純粋〟〝同質〟〝単一〟というものが極めて脆弱《ぜいじゃく》で危険な一面を持っていることに、気づいてよい時期です。異質なものこそが健全で豊かな社会の発展に必要なのです。差別・排除からは何も生まれません。

Q22 「アイヌ新法」って、何ですか?

「アイヌ新法」には、北海道ウタリ協会案と政府案の二つがありますね。どこが違うのでしょう。アイヌの人たちはどちらの実現を求めているのですか。

「北海道旧土人法」(一八九九年公布)という時代錯誤《じだいさくご》的な法律が、公布・施行から一〇〇年近くも存在し続けた一方、日本人社会の中でアイヌの民族、文化、歴史、差別の問題などへの関心がまだまだ低い状態にとどまっています。こんな現状を改善するためにアイヌの人たち自身が中心となって考え、練り上げてきたのが「アイヌ新法」案です。その法律化への粘り強い闘いが、一九九七年(平成九年)三月の政府案の国会上程へと結びつきました(注・本稿脱稿後の九七年五月、政府案が国会を通過し、法律として成立しました)。しかし、政府案の内容はアイヌの人たちの「アイヌ新法」案のそれとは大きな隔たりがあります。ここでは、両案のそれぞれがどんな背景を持ち、内容面でどんな違いがあるのかを見てみましょう。

その前にまずは、明治政府が作った「北海道旧土人保護法」が、今やまったく死文《しぶん》化していたことから明らかにしようと思います。同法は六八年(昭和四三年)の第五次まで計五回の改正を経て次々と条文が削除されてきました。その結果、現在では実際には行なわれることのなかった農地付与のほか、所有権制限、保護施設補助、共有財産の項目だけを残していました。共有財産の項は「北海道長官（北海道知事）北海道旧土人共有財産ヲ管理スルコトヲ得《う》」といった条文で、アイヌには金銭管理能力がないから知事が代わりに管理してやるという極めて屈辱的な内容のものです。

同法ともう一つ同種の法律で現存していた「旭川市旧土人保護地処分法」（この法律も「アイヌ新法」政府案の成立に伴い、「旧土人保護法」とともに廃止されました）の存在意義について、北海道知事の私的諮問機関の「ウタリ問題懇話会《こんわかい》」が八八年（昭和六三年）三月にまとめた答申で「（両法の）実態を検討した結果、現在では土地の譲渡に対する規制などの必要性が薄れており、当懇話会は、これらの法律が今日もはやその存在意義をほとんど失っているものと判断する」と廃止をはっきり主張していました。

しかも、「北海道旧土人保護法」による給付地は、八七年（昭和六二年）三月末現在で、全給付面積九〇六一ヘクタールのうち、残っているのがわずか一五％の一三六〇ヘクタール余りにすぎません。八五％はアイヌの手から離れてしまったのです。一五年以内に開墾しないと没収するという条項により、その「成功検査」でパスしなかった土地は全給付地の二二％に上っています。さらに、戦後の農地改革により自作農創設のために強制買収の対象となった土地も、全給付地の二五・六％に上りました。

旭川市旧土人保護地処分法

ウタリ問題懇話会

知事が管理する共有財産も、八八年一月現在でわずか九九万円にすぎません。この法律はけっしてアイヌを「保護」してはくれなかったのです。それでいて「旧土人」という差別極まる名称だけは温存してきたのです。

同法を廃止せよという声は、すでに昭和の初期からアイヌの人たち自身や識者の間で上がっていました。戦後も、たとえば六四年（昭和三九年）には行政管理庁が廃止勧告を出しており、七〇年（昭和四五年）には全道市長会が廃止要請を決議していま す。国会の論議もずいぶんと回数を重ねてきたのですが、大きな国民的議論となったのは、やはりあの「中曾根失言」（→Q20）からです。さらに、その後の国際的潮流も後押しして現在に至っています。

「アイヌ新法」案は、八四年（昭和五九年）に、アイヌの最大団体・北海道ウタリ協会の定期総会で全会一致で可決されたものです。同協会は同年七月、北海道知事と北海道議会議長をはじめ、各政党、道市長会・町村長会宛に「旧土人保護法」を廃止し、「アイヌ新法」を制定するよう陳情しています。北海道知事はこれを受けて、同年一二月に私的諮問機関「ウタリ問題懇話会」を設け、研究者やアイヌの代表に新法制定からアイヌの福祉政策全般にわたるあり方について諮問しました。これに対して答申は、今述べてきたように「北海道旧土人保護法」「旭川市旧土人保護地処分法」の廃止を打ち出し、「アイヌ新法」を制定すべきであると要請しています。新法を制定する有力な根拠として「先住権」（→Q3）を持ち出していることも、この答申の特徴です。アイヌが北海道（北方領土も含む）に先住していたことは明らかであると認めた上で、そこから当然「先住権」もあるのだと考えるのです。これには諸外国の取り組みが参考にされています。懇話会ではニュージーランド、オーストラリア、アメリカ合衆国などの先住民族、少数民族対策について現地調査、資料調査を行なって、それを議論に生かしたといいます。（外国の取り組みについては、次項〈Q23〉で詳しく紹介します）

ではここで、北海道ウタリ協会の「アイヌ新法」案（資料参照）の具体的中身に入ってゆきましょう。「第一」から「第六」までの六条から成り立ち、その前に「前文」と「本法を制定する理由」が置かれてあります。「前文」では、固有の文化を持ったアイヌ民族の存在を認めること、憲法下でその民族の誇りが尊重され権利が保障されることを目的とする旨、述べています。つまり、民族としての存在の認定、誇りの尊重と権利の保障が、この法の目的であるというのです。

続く「制定理由」では、徳川幕府や松前藩の非道な侵略と圧迫、明治政府による一方的領土組み入れなどで住む土地や生産資源を奪われ、アイヌ民族が生存そのものを脅かされるに至ったこと、同化政策によって民族の尊厳を踏みにじられたことなどの歴史的経過を説明し、現状の寄せ集め的対策ではなく、抜本的かつ総合的な制度を確立してアイヌの民族的権利の回復に基づく差別の一掃、民族教育と文化の振興、経済的自立などを図ることを要請しています。

この法案の内容は、大きく四つに分けられます。①アイヌ差別の絶滅、②屈辱的地位回復のための国政・地方政治への参加、③教育・文化の振興、④経済的自立の促進——です。①のアイヌ差別の絶滅はこの法案全体のベースになる基本理念であるとも明言しています。つまり、アイヌ差別を根絶することこそが、新法案を制定する最大の目的であり、他の項目はその具体的施策になるというわけです。

②の政治参加については「アイヌ民族の諸要求を正しく国会ならびに地方政治に反映させることが不可欠であり、政府はそのための具体的な方法をすみやかに措置する」という文言で表現しています。平たく言えば、各レベルの政治にアイヌ議員の「指定席」(特別議席)を確保するということです。

この点について「ウタリ問題懇話会」の答申では、「一般の国民と区別してアイヌという特別の選挙人の範ちゅうを認めることは、憲法に抵触する疑いが濃厚であり、それを認めるためには、憲法改正が必要であることから、このような憲法改正の妥当性、さらにはアイヌ民族に特別議席を付与する考え方そのものに疑問が呈された」と否定的見解を出しています。しかし、外国には例があります。また、新法に先んじてアイヌ初の国会議員となった萱野茂参議院議員は私のインタビューに、アイヌ議員が存在する意味をこう説明してくれました。

「前にね、町会議員をいやいや、やった。でも、町議会にアイヌが一人いたら、他の議員はアイヌの目の前で(アイヌに関する施策に)反対できない。国会でも『居るだけ」で違った。萱野という報告者がいるだけで、他の先生たちが張り切るんです。北海道選出の議員たちが、新幹線並みにアイヌ新法に取り組んでくれているんです。超党派で、ね」

少なくとも国会という国政の場においては、一八九〇年（明治二三年）に第一回帝国議会が開かれて以来一〇五年にわたって、アイヌという当事者抜きに「アイヌ問題」が語られ、論議され、施策が決定されてきたのです。萱野氏の前には一九七七年（昭和五二年）に成田（後に秋辺《あきべ》と改姓）得平氏が参議院全国区に打ってでたことがありますが、五万票あまりの得票で落選しています。

萱野氏の立候補は九二年七月のこと。社会党の参議院比例代表区の名簿順位二五人中一一番目に登載されました。この順位は支援者の間で強い批判を受けました。社会党が本当にアイヌのことを考えるのなら、もっと上位に登載すべきだというのです。その懸念が的中して結果は一〇番目までが当選、萱野さんは次点で落選してしまいました。でも、その後、社会党議員の死亡があって繰り上げ当選となり、九四年八月八日、萱野氏が初登院したのです。アイヌ代表の初の国会議員が誕生したのです。

私は、萱野氏自身の話も聞いた上でいろいろ考えてのことですが、国政に限らずさまざまなレベルの政治にアイヌの代表が参加することはとても大事だと思います。憲法上の矛盾をはらむことは確かですが、これまでの和人とアイヌとの歴史的経緯を考慮したら、やはり現段階ではアイヌの人たちを「特別扱い」しても良いと考えます。

アイヌ代表初の国会議員

法制度上の矛盾は、技術的工夫でうまく切り抜けることができるはずです。現に諸外国の中には先住・少数民族のための特別立法などをしている国が少なからずあるのです。けっして逃げずに、必要なことには正面から向き合うべきです。

ところが、政府の取り組みはきわめて消極的です。「アイヌ新法」案の、③教育・文化の振興、④経済的自立の促進については、資料の条文で内容を確認していただくとして、ここから政府の取り組み内容の点検へ移ります。政府の姿勢は、新法案の①の差別絶滅はもちろん、②の政治参加、④の経済的自立の促進もすべてすっぽかして、焦点をたった一つの問題へ絞り込んでいます。③の中の「文化」がそれです。非文化的国家を営々と築きあげ、非文化的政治のサル芝居を演じ続けてきた日本政府が、ここにきて「文化」と言い出しているのです。しかも、和人からみれば「他民族」であるアイヌの「文化」を「振興させてあげる」というのです。

九五年（平成七年）三月に設立された官房長官の私的諮問機関「ウタリ対策のあり方に関する有識者懇談会」が九六年（同八年）四月、今後のウタリ施策の方向について答申を出しました。この内容は〈Q3〉でも触れておきましたが、ここでもう一度要点を整理しておきます。アイヌの先住性については「アイヌの人々は当時（中世末期以降の歴史で）『和人』との関係において日本列島北部周辺、とりわけ我が国固有の領土である北海道に先住していたことは否定できないと考えられる」と認めておきながら、「先住民族」とか「先住民」という言葉は慎重に避けています。この点につ

「ウタリ対策のあり方に関する有識者懇談会」答申

いて伊藤正己座長は「先住民族と表現することで、そこから特定の権利が出てくることは避けたかった」と明らかにしています。まず、ここから逃げ腰なのです。

そして基本理念はこうです。「新しい施策の基本理念は、上述のとおり、アイヌ語やアイヌ伝統文化の保存振興及びアイヌの人々に対する理解の促進を通じ、アイヌの人々の民族的な誇りが尊重される社会の実現と国民文化の一層の発展に資することである」「この基本理念に基づくウタリ対策の新たな展開は、過去の補償、賠償という観点から行うのではなく、アイヌの人々の置かれている現状を踏まえ、これからの我が国のあり方を志向して、少数者の尊厳を尊重し差別のない多様で豊かな文化をもつ活力ある社会を目指すものとして考えるべきであろう」

大きな問題がここにあります。一つは文化の振興を中心にアイヌ理解を促進してゆくということ。これはもちろん否定すべきことではありません。でも、優先順位が違うと思います。先にやることがあります。次に、文化的多様性を基本理念の根拠として位置づけています。さまざまな文化が一つの社会の中に共存することが、その社会を豊かにするというのです。私もこの考えを否定しませんし、その意味でアイヌ文化が私たちに何らかの恵みをもたらしてくれると思います。でも、この理屈は今はとりあえず、こちら（和人）側の言い分です。私には、多数派の奢《おご》った物言いに思えてなりません。和人式姓名の強制やアイヌ伝統の習俗や文化を禁止してきた歴史の具体的事実に目をつむり、美しい抽象的理念だけを唱えるのはとても空々しい感がします。

そして三点目。「過去の補償、賠償という観点から行うのではなく」と断言しています。答申の核がここにこそあります。補償、賠償をしたくないのです。それらを認めることは、アイヌの先住権を認めることでもあります。法体系を根本的に考え直さなくてはならない問題がここに潜んでいます。それを避けるために「文化」が前面へ押し出されたのです。答申がいかに官僚主導で作られたかが、ほの見えてきます。

施策の具体的内容は、①アイヌに関する総合的かつ実践的な研究の推進、②アイヌ語をも含むアイヌ文化の振興、③伝統的生活空間の再生、④理解の促進——を柱に展開すべきと提言しています。この具体策、先の基本理念のどちらも、アイヌ差別の絶滅を基本理念とした北海道ウタリ協会の新法案、「先住権」を明確に打ち出した北海道知事の私的諮問機関「ウタリ問題懇話会」の答申と比べて大幅に後退しています。アイヌの人たちが真に望んでいるのは、何代にもわたって苦しめられてきた差別を無くすこと、差別や侵略・圧迫の結果として追い詰められた生活の困窮化から救いあげること、無視されてきた自分たちの主張を政治の場に反映させること、そうした具体策を通じて現実を改善してゆくこと、そして先住民族としての尊厳と権利を具体的に回復することなのです。懇談会の答申は、そうした苦難、痛みへの想像力がまったく欠けてます。しかし、この答申が政府提出法案の中身を決定づけたようです。

政府案は九七年（平成九年）三月二一日、閣議決定され、同日国会へ上程されました。法案名は「アイヌ文化の振興並びにアイヌの伝統等に関する知識の普及及び啓発に関する法律」です。法の対象がアイヌの「文化」と「伝統」に絞られています。権利回復も尊厳回復も差別絶滅もどこかへ吹っ飛んでしまいました。それでも、「北海道旧土人保護法」と「旭川市旧土人保護地処分法」の廃止も付則に付けており、形の上ではまちがいなく〝旧法〟に代わる〝新法〟なのです。

内容は本文一三条、付則三条。第一条の「目的」では、アイヌ文化の振興と伝統の国民への知識普及、啓発策を推進して「アイヌの民族としての誇りが尊重される社会の実現を図り」「あわせて我が国の多様な文化の発展に寄与する」とあります。知識を広めるのが目的なのです。それで尊厳がどう回復されるのでしょう。文化多様性論も出てきました。繰り返しますが、これで恩恵《おんけい》を受けるのは和人側です。

以下、第二条でアイヌ文化の定義、第三条からは施策推進の方策を述べ、最後の一三条では罰則を設けてあります。簡単に説明すると、こうなります。内閣総理大臣がアイヌ文化振興の施策基本方針を定め、それを関係都道府県に実施させる。関係都道府県では基本計画を定める。主務官庁の北海道開発庁の長官と文部大臣は、文化振興のための業務をする法人組織を全国を通じて一つ指定し、具体的な活動はその指定法人が行なう。――ということで、その運営・活動には国が予算措置し、具体的にはアイヌの人たちを中心とした組織が担うことになるのでしょうが、いい加減な運営をされても困るので罰則を設けたということなのでしょう。

細かい条文は巻末資料で見ていただくとして、当のアイヌの人たちが政府案をどう見ているのかを紹介しましょう（いずれも『北海道新聞』九七年三月二一日付夕刊、二三日付朝刊より）。

・「法律ができることには賛同するが、中身はけっして満足できるものではない。文化保護はうれしいが、文化だけでは飯を食っていけない」（阿寒湖ユーカラ座・四宅豊次郎座長）

・「北海道への植民地政策を認め、一方的な侵略をアイヌ民族へ謝罪するという一番大事なことを日本政府はしなかったし、北海道旧土人保護法への総括もしていない」（札幌市内、四〇代の主婦）

・「民族としての人権にかかわる先住権は盛り込まれず、文化振興だけでは単なる文化対策の条例のようなもの。これでは福祉対策も従来の道内にとどまるとしか思えない」（関東ウタリ会・横山むつみ会長）

・「新法には就学や住宅面などで北海道並みの援助も期待していた。だが、具体的なものは全くない」（東京アイヌ協会・浦川治造会長）

・「今まで国がアイヌ民族から奪った権利などの歴史的清算がない。民族法の内容を持たないで旧法と代替しようとするのは本質的に筋違いではないか」（レラの会事務局・長谷川修）

・「法案はアイヌ民族規制・管理法だ」（少数民族懇談会）

・「長年、アイヌ民族を侵害してきたことに対する反省も補償もない」(ペウレ・ウタリの会・青木悦子)

全般に失望や批判が目立ちます。これを書いている今(九七年四月上旬)、まだ法案の行方ははっきりしませんが、政府は「今国会内の成立」を目指し、北海道ウタリ協会も最終的にこの法案を受け入れました。「先住権」抜きの妥協が政治的かけひきの結果であるなら、政府の目論見《もくろみ》どおり成立する見込みが強そうです。アイヌ唯一の国会議員・萱野茂氏も「新法を苗木に例えれば、今やっと植えつけられたところ、生長の過程で、国際的に先住民族を大事にする流れが、日本にも伝わってくる。それを考えると、確かに、先住権にはこだわりたいが、苗木を植える今が一番大事な時だ」(九七年三月二〇日付朝刊『北海道新聞』)と一つの前進ととらえています。

政府や道ウタリ協会の姿勢は、とにかくスタート台に立とうということかも知れません。「先住権」については、今、国連で進めている先住民族の権利宣言(→Q3、Q23)が出るなど、国際的な動きが具体化してきたら、その時に別の対応を考えるというもののようです。政府案を「一里塚」と見るか、逆に「先住権」や過去の補償問題などにフタをしてしまう「墓標」と見るか、立場で分かれそうです。でも、この本でじっくりと歴史的な流れを眺めてきた私の目には、政府の〝新法〟は「文化」をダシにしたごまかしであり、アイヌの尊厳と人権の回復には結びつきそうにないと思えてなりません。

［追記］

本文中の随所にも書き加えた通り、「アイヌ新法」の政府案（略称「アイヌ文化振興法」）が、九七年五月八日、成立し、これに伴い、「北海道旧土人保護法」と「旭川市旧土人保護地処分法」が廃止されました。急きょ、〝新法〟の問題点について次項で述べることにします。

Q23 「アイヌ文化振興法」の問題点は何ですか？

「アイヌ文化振興法」というのは、つまりは「文化」を「振興」させるわけでしょ。これで差別をなくすことができるのでしょうか。ちょっと心配なんですが。

前項の［追記］で述べましたように事態が前進したので、ここで改めてこの法律の問題点を明らかにしておこうと思います。

その前に、お断りしておきたいことが一つあります。これまで私は、「アイヌ新法」という言葉でまずは北海道ウタリ協会の案を指しながらも、大きな意味では政府案も「アイヌ新法」の中に入ると見てきました。多くのマスコミもこの見方でした。しかし、今ここで、この考えをきっぱりと捨てることを宣言します。

つまり、私は今後、「アイヌ新法」はあくまで北海道ウタリ協会案だけを指すことにします。それ以外のものは「アイヌ新法」の名に値しないと思うからです。国会で成立したばかりの政府案の正式名称は「アイヌ文化の振興並びにアイヌの伝統等に関する知識の普及及び啓発に関する法律」であり、通称「アイヌ文化振興法」です。これは、アイヌの人たちが求めてきた「アイヌ新法」とは似て非なるものです。ですから、協会案に強く賛同する私の心の中では、「アイヌ新法」はまだ成立していません。

「旧法」は廃止されたけど、「新法」はまだ誕生していないのです。アイヌの人たち、アイヌとともに差別や生活困難の現状を改善しようとする人たちは、今後も「アイヌ新法」の真の成立を目指して運動し続けなくてはならないと思います。

さて、本題の「アイヌ文化振興法」の内容点検に移ります。といっても、条文上の問題点などは前項〈Q22〉で説明してありますので、なるべくそこで触れなかった基本的な諸問題を中心にお話しします。

まずは、基本理念です。条文の第一条に「(アイヌ文化の振興を図るための施策を推進することにより) アイヌの人々の民族としての誇りが尊重される社会の実現を図り、あわせてわが国の多様な文化の発展に寄与することを目的とする」とあります。ここにあるのは「文化的多様性」の考え方です。一つの国の中にもさまざまな民族が存在することを認め、さらにその文化を尊重することで、民族が誇りを持ち、かつ、共同体全体にも恩恵がもたらされるというわけです。

この考え方自体については異論がありません。私も賛成です。しかし、これは官房長官の私的諮問機関「ウタリ対策のあり方に関する有識者懇談会」が九六年四月に出した答申内容をそのまま受けたものです。この美辞麗句《びじれいく》と引き換えに、生々しいアイヌ迫害・差別の歴史、大事なアイヌの「先住性」が法律の表面から消されてしまったのです。前項での指摘の繰り返しになりますが、これは由々しき問題です。

基本理念が「文化的多様性」の問題に絞られ、法律の中身が「文化振興」に限定さ

アイヌ文化の保存・継承に関心

アイヌ文化の保存・継承が必要だと思っている人は六六・七%、さらにその普及が必要だと思っている人も五七・五%おり、アイヌ文化に高い関心を持っています。

■アイヌ文化の保存・継承

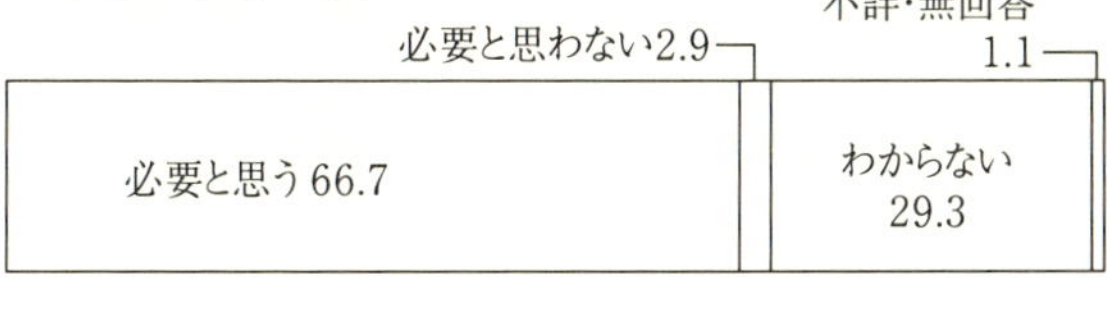

■アイヌ文化の普及

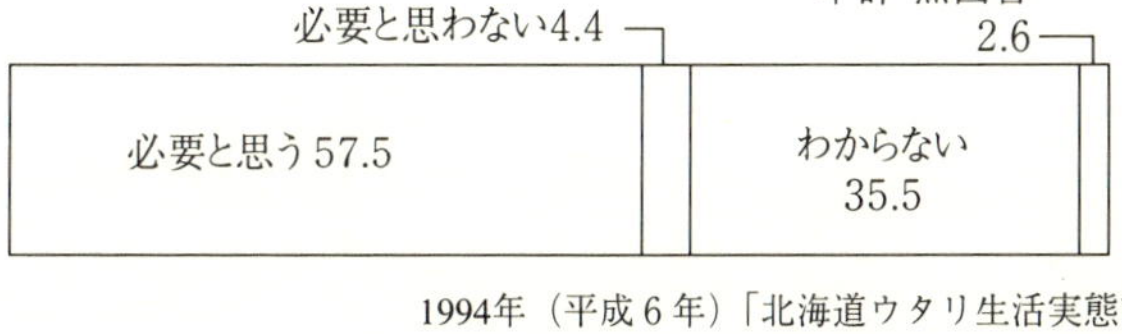

1994年（平成6年）「北海道ウタリ生活実態調査」より

れた結果、現実には次のような問題が起きるはずです。アイヌの人たちが、過去に被った迫害や差別に対する補償や賠償を求めたり、先住民ゆえの先住権を楯に新たな施策の実施を要求したり、現状のアイヌへの福祉対策が不十分なのでもっと充実するよう求めようとしても、この法律ではその根拠になりません。つまり、現実の最大の問題を解決したり克服したりするためには、何の役にも立たないのです。

ですから、今述べたような施策の実現を図るには、個々のアイヌや組織が具体的問題で裁判を起こすか、新たな法律の制定を求めてゆくしかないのです。識者の中には、今回の「文化振興法」を将来の内容拡充へのスタート台、布石ととらえる見方も見られます。「有識者懇談会」の答申時の新聞記事の中にこんな意見もありました。

「問題は、これですべてと考えるか、先住民族としてさらに回復されるべき権利があると考えるかである。後者の立場をとるならば、社会的・経済的側面も含めて、残された権利回復の可能性をふさいでいるかどうかという観点からも答申を検討する必要があるだろう。この点、今回の答申は、先住権を根拠にしてはいないが、それを無視あるいは否定するのではなく、これまで先住権の名の下に要請されてきた施策の、今日の時点での実現だという位置づけがなされているのである。

言語・文化の維持・振興は先住権の重要な要素であるし、伝統的生活空間を大規模公園等として再生し、『伝統工芸の材料』を確保等できるようにするとの施策も土地・資源に対する権利の実質的回復という意味あいを持つと見られないではない。

また、分離・独立や北海道の返還等を一方的に要求する権利は否定されているが、これも今日の国際社会における先住権論と矛盾するものではない。さらに、民族に関して整備すべき研究領域に法律学を明示的に含めたことも、先住権の継続的検討にとって意味のあることだ。このように、答申は、今後の先住権に関する議論の進展に応じた施策の拡充の手がかりを細心に残しているとみるべきだ」（九六年四月一〇日付夕刊『北海道新聞』文化面、常本照樹北海道大学教授・憲法学）

「これまで先住権の名の下に要請されてきた施策の、今日の時点での実現だという位置づけ」が「民族文化の維持保全」の優先に結びついたというのです。ずいぶん「懇談会」に好意的な見方です。「言語・文化の維持・振興は先住権の重要な要素」うんぬん、あるいは法律学が「整備すべき研究領域」に明示されたことで「施策の拡充の手がかりを細心に残しているとみるべきだ」という解説に至っては、いかにも回り回った苦しい言い訳をなさっていると苦笑せざるをえません。

一つの答申があり、それをもとに一つの法律ができる。答申内容にはいわば総論的な面が強く、その各論、具体論が法律と言えます。総論の方が網を広くかぶせていることでしょう。しかし、答申のねらいとした法律が成立した後に、答申の総論的部分の「含み」を元に、内容が拡充された例があるでしょうか。わかりやすく言えば、この「文化振興法」が将来、改正されて、差別の解消や福祉の充実、さらには補償や土地の提供などを含めた「総合法」へと一大変身することがありうるのでしょうか。私

振興法を今後のための第一歩としたい
一九九七年 萱野参議院議員
アイヌ民族支援グループ
ブンカブンカで人間を対象にしない法になってしまった

には到底ありえないとしか思えません。そうした意味で、「文化振興法」は実質的に「残された権利回復の可能性をふさいでいる」と言えそうです。

　次に、この法律の「文化」に対する姿勢への疑問があります。具体的な取り組みは九七年夏以降の話なので、現時点で云々するのは早いと言えますが、希望を込めて指摘しておけば、どうか「博物館」的なとらえ方をしないでほしいということです。自然と共生するアイヌ文化に学べ――式の、安易な祭り上げをされては困ります。近代化の犯した自然破壊や人心荒廃への反省や贖罪《しょくざい》のためのシンボルとして、アイヌやインディアンの文化を引き合いに出して啓蒙するという姿勢には、国際的にも批判が出てきています。その底には、排除され迫害され、その結果として「遅れた」存在となったものへの差別的憧憬《しょうけい》の眼差しが横たわっています。

　文化はその担い手たちの生活の中で継承され発展させられてこそ、文化です。その生き生きとした生活を抜きにしての保存や振興では、単なる飾りものにすぎなくなります。しかも、国が文化に口出しする時は御用心、御用心です。

　では、生活と一体化したアイヌ文化とはどんなものでしょう。インディアンやアボリジニ、マオリなど他国の先住民にも共通していることですが、この人たちの生活や文化は「土地」という要素と切り離せないということです。狩猟や漁撈を基本とした共同生活、そこから生まれたアイヌ文化は、豊かな森と湖と河川に恵まれた「アイヌモシリ」があってこそなのです。この「土地」と切り離し、さらに民族同士をも分断してきたのが、江戸時代以来のアイヌ迫害史の根本に共通する政策でした。

たとえば、アイヌの主食はサケでした。秋には遡上《そじょう》してきた「秋味《あきあじ》（サケ）」が北海道中のあらゆる河川で川幅いっぱいにひしめき、川面《かわも》は魚体で真っ黒になりました。逆流する大きなうねりとなって、サケたちは四年ぶりに戻った母なる川の奥へ奥へと目指します。まるで「胎内《たいない》」へと戻るような形で、産卵して果てるのです。その自然の恵みを目一杯受けてアイヌは民族の生命を今日まで保ってきたのです。

ですから、サケ漁の復活をアイヌの人たちが求めるのは、当然のことです。アイヌ文化を「振興」させようとするのなら、この要求は当然呑むべきでしょう。呑むのであるなら、民族の生命と文化を育んだ「土地」のことも忘れてはなりません。イオル（伝統的生活空間）の再生も法律に基づく事業として考えられているようですが、そんなスケールの小さなものではなく、「自治領」的な土地の開放もいずれ具体的な課題となってくることでしょう。

さらに、この法律の地域限定性が危惧されます。もちろん条文にはそうした文言はありませんが、たとえば「アイヌ文化振興」業務を実施する組織を全国で一つだけ指定することになっています。そのための受け皿となる組織を北海道ウタリ協会中心に道内に設けるようですが、「指定法人」がなぜ全国唯一なのでしょうか。こんなことも通じて、「アイヌ問題」が結局、北海道ローカルの問題なんだというイメージを、ますます全国民的に植えつけてしまうのではないでしょうか。

イオル

そのローカル性の表れが、「アイヌ文化振興法」がらみの九七年度予算措置にも見られます。九七年度予算には、一億五〇〇〇万円の新規事業費と一七億一〇〇〇万円の「北海道ウタリ福祉対策」費が盛られました。後者は新規事業ではなく、北海道庁が実施している「北海道ウタリ福祉対策」の内容を強化するものです。

これは、七二年の「第一回北海道ウタリ生活実態調査」の結果をもとに、事態の改善をめざして始められました。国が財政援助し、道庁を主体に市町村、関係団体が協力して実施しています。七四年度から八〇年度までの第一次対策からスタート、八一年度から八七年度の第二次対策、八八年度から九四年度までの第三次対策と続けられ、現在は九五年度から二〇〇一年度までの第四次対策が行なわれています。

しかし、〈Q21〉の調査実態などが示すようにこの対策事業の成果は残念ながらあまり上がっていません。名目はアイヌ対策でも、現実には低所得者地域の対策事業として機能している面が大きいのです。この実態に目を向けずにただ予算づけを増やせばいいというものではないはずです。この予算増額は内容面では「文化振興法」とは直接関係がないわけですから、「御祝儀《ごしゅうぎ》」のつもりでつけたのでしょうか。

それでも、道内のアイヌには福祉対策が存在するのに、道外にはそうした事業は一切ありません。首都圏のアイヌと家族は一万人に上ると推定されています。東京都調査でも、この人たちがさまざまな困難にあえいでいる現状が浮き彫りになりました。私も自分の目と耳でその一端をかいま見、当人たちの口から「新法」が全国的な網を

北海道ウタリ福祉対策

かけてくれることへの期待を何度も聞いてきました。国の民族政策法である以上、全国のアイヌが等しく受益できなくてはいけないはずです。「御祝儀」的まやかしより、現実に困っている人たちの実効ある救済策が必要なのではないでしょうか。

最後にまとめれば、「アイヌ文化振興法」は、「文化」と「北海道」という限定性ゆえの大きな問題点を抱えていると思います。「総合法」と「全国一律適用」という名実ともに備わった胸を張れる「新法」の実現が待たれます。

Q24 アイヌ共有財産裁判って何ですか?

アイヌたちが、自分たちの財産をめぐって北海道知事を相手に裁判を起こしたそうですね。どんないきさつがあるのでしょう。裁判はどうなりましたか。

この裁判には、「旧土人保護法」(旧土法)の廃止と「アイヌ文化振興法」の成立が深く関わっています。旧土法の第一〇条*にもとづき北海道知事が管理していたアイヌの共有財産を、アイヌ文化振興法の附則第三条第三項*にもとづきアイヌの権利者たちに返すことになったのですが、その返還手続きや返還対象財産の中身をめぐってアイヌの有志たちが異議申し立てをしたものです。

一九九七年(平成九年)の九月五日、北海道庁は官報にアイヌ共有財産の返還を知らせる公告を載せました。旧土法により北海道長官(知事)が指定した財産(一八件、一二九万三〇九八円)と、指定はされていないのに長官が預かっていた財産(八件、一七万五二四〇円)の合わせて二六件、一四六万八三三八円が、返還対象になることを知らせるものです。

これらの財産は、旧土法の公布から廃止までに北海道長官が一方的に預かってきたものです。なんと約一世紀間にわたる全道アイヌの共有財産が、たったの一四七万円

＊北海道旧土人保護法第一〇条
北海道庁長官(北海道知事)は北海道旧土人共有財産を管理することを得。① 北海道庁長官(北海道知事)は共有者の利益の為に共有財産の処分を為し又必要と認むるときはその分割を拒むことを得。
② 北海道庁長官(北海道知事)の管理する共有財産は北海道庁長官(北海道知事)之を指定す。

＊アイヌ文化振興法附則第三条第三項
(参考までに第一項~第三項を示す)
北海道知事は、この法律の施行の際現に前条の規定による廃止前の北海

ほどだというのです。いずれも銀行口座に残っている現金のみで、道庁によれば、土地については一九五二年（昭和二七年）までにすべての管理を終えたといいます。この現金を物価の上昇などを考慮しない簿価《ぼか》のまま、しかも、一年以内に申し出て審査に通った権利者だけに返すというのです。

なんとも役所の都合だけを考えた、一方的で権力的な返し方ではないでしょうか。もともとがアイヌの人たちの財産です。共有財産には、田畑や海産物干し場などの不動産、現金、公債証書、株券などがありました。現金は、明治のはじめに官営事業でアイヌの人たちが働いて得た収益金や「宮内省御下賜金」「文部省交付金」（アイヌ教育資金）などで、旧土法ができる前には民間の和人らが管理していましたが、そのずさんな管理が帝国議会で追及されています。たとえば、十勝のアイヌの優良株券が地元有力者により事業のふるわない会社の株券に勝手に変えられてしまい、大きな損失を蒙《こうむ》りました。辺境の北海道で起きたことと見過ごせないほど、悪質だったのです。こんな事件が各地で頻発《ひんぱつ》しました。

ところが、それらの解明がきちんとなされないまま、旧土法成立後は「アイヌには金銭管理能力がない」として、一方的に長官管理に一元化されたのでした。そして、旧土法で行なうアイヌの貧困者や自活不能者への援助、治療費援助、学費支給、住宅改良資金のすべてがこの共有財産でまかなわれ、不足を生じたときだけ国庫から支出されました。旧土法の「アイヌ保護」の原資は、「アイヌ共有財産」だったのです。

道旧土人保護法第一〇条第一項の規定により管理する北海道旧土人共有財産が、次項から第四項までの規定の定めるところにより共有者に返還され、または第五項の規定により指定法人もしくは北海道に帰属するまでの間、これを管理するものとする。
② 北海道知事は、共有財産を共有者に返還するため、旧保護法第一〇条第三項の規定により指定された共有財産ごとに厚生労働省令で定める事項を官報で公告しなければならない。
③ 共有財産の所有者は、前項の規定による公告の日から起算して一年以内に、北海道知事に対し、厚生労働省令で定めるところにより、当該共有財産の返還を請求することができる。

しかし、共有財産はこうした援助資金にすべてが使われてしまったわけではありません。それどころか、この財産管理規定では不動産も現金も「利殖を図るものとす」と定め、厳格な扱いを要求しています。ところが、その後もずさんな管理が続き、消失や減額させられてしまい、返還公告から漏れているものがかなりあると推測されています。

返還申請は九八年（平成一〇年）九月四日に締め切られ、指定財産に四六人（後に四人が取り下げ）、指定外財産に一人が申請し、四三人に返還が認められました。この返還手続き自体に疑問をもつ人たちも、申請に加わっています。この人たちは、まずは道庁の返還作業をストップさせることを考えていました。でも、申請をしないと、申請のなかった共有財産については法の定める受け皿機関である「アイヌ文化振興・研究推進機構」*の口座に振り込まれてしまう恐れがあったからです。そして、返還の審査委員会に疑問を「要求書」として提出しましたが、受け入れられそうになかったので提訴に踏み切ったのです。こうして、九九年七月五日、小川隆吉さんを原告団長とするアイヌ有志二四人が北海道知事を被告とする行政訴訟を札幌地裁に起こしました。

一審で原告らは、返還手続き処分（九件約一一六万円分）の無効確認と処分の取り消しを求めました。原告側の主な主張は、①北海道知事（長官）のずさんな共有財産管理は憲法第二九条の財産権保護規定に反し、「善意の管理者の注意義務」を怠って

＊「アイヌ文化振興・研究推進機構」

アイヌ文化振興法の施行にもとづき、一九九七年（平成九年）に設立された公益法人。全国で唯一の組織として、同法で定めるアイヌ文化の振興、保存などの事業を行なっている。予算は道と国が半分ずつ出し、本部を札幌に置き、東京の八重洲に出先事務所としてアイヌ文化交流センターを設けている。アイヌ共有財産の返還に際しては、所有者のない財産の受け取り先に指定されている。

いる、②公告から一年以内に返還請求をし、かつ被告が認めた者だけに財産を返すという、原告らの意向をまったく無視して定められた返還手続きは、適性手続きを保障する憲法第三一条に反する、③返還手続きは、先住・少数民族の権利を尊重する国際的潮流と憲法第一三条の人権保障に反する――という三点に要約できます。

これに対して被告の北海道知事側は、「本件は、原告の請求どおりの返還決定を行なったものであり、原告の権利または法律上の利益を侵害するものではなく、なんらの不利益を与えるものではない」と反論しました。要するに、申請者に有利な処分をするのだから「訴えの利益」がない、というのです。原告らが、「相手の土俵に乗ってはいけない。しかし、待ったをかけるにしても、乗らなければかけられない」（小川原告団長）と苦渋の決断をした、その〝矛盾〟を突いてきたのです。返還対象財産についても、「現に管理する共有財産を十分に調査したうえで、返還対象となるすべてを公告した」と突っぱねています。

しかし、道庁側は公告した共有財産の発生原因、発生場所、管理経過、金額の推移などについて一切明らかにしていません。しかも、原告側が提訴前に道庁にこれらを明らかにするよう迫ったのに対し、発生原因、発生場所については「原資料につきましては、長期間が経過し、保存期限を越えておりますことから、現時点では存在しておりません」と答えています。また、原告側が道の情報公開条例で入手した資料を調べてみても、公告のもとになったと見られる「北海道旧土人共有財産管理簿」は一九八〇年（昭和五五年）から九七年（平成九年）までの一八年間分しか記述がなく、他の資料もみんな昭和年代の、飛び飛びのものばかりでした。道庁はこれらを「十分に調査した」と開き直っているのです。

ところが、二〇〇二年（平成一四年）三月七日、札幌地裁（中西茂裁判長）は被告側主張を全面的に認める判決を出しました。原告側の訴えに対して判決は、「仮に公告されなかった財産があったとしても、それが原告に返還されないことになったのではない。返還決定の無効を確認したとしても、それらをとりこんだ返還手続きを被告に行なわせることができない」「本件決定の無効を確認しても、原告らが請求した以上の金額が返還されることはない」「本件返還決定は、原告らの請求をすべて認めたものである。仮に手続きをやり直したとしても、これ以上に原告に有利な処分が行なわれることはない」と、訴えをすべて否定しました。「訴えの利益」を盾に、原告に門前払いを食わしたのでした。

第二審は二〇〇二年八月六日から札幌高裁で始まり、二〇〇四年（平成一六年）五月二七日、判決（坂本慶一裁判長）が言い渡されました。「原判決を相当であると判断する」と、ここでも原告側が敗けました。判決理由は一審判決をそのままなぞっています。まず、アイヌ文化振興法の附則三条は「同法施行の際に北海道知事が現に管理する財産の返還手続きを定めるものにすぎない」と述べ、「現に管理していなかった財産については、本件返還決定について無効確認または取り消しの判決がなされても、同法附則三条による返還手続きによってこれが控訴人らに返還されることはありえず」と結論づけています。そして、返還対象の財産が新たに見つかった場合には、「その共有財産について追加して官報公告をして返還請求の手続きをすることができるということは、被控訴人も認める手続きであって、何ら控訴人にとって不利益な法解釈とはいえない」というのです。

原告（控訴人）らは、公告に際しての道庁のいい加減な調査を問題にしています。しかし、一審では財産管理と調査の実態に立ち入ろうとはせず、返還手続きをめぐる法律論に終始しました。それを打ち破ろうと、原告側は証人喚問を求め、実体審理に入るよう粘り強く求めました。この要求は認められませんでしたが、原告側は各人が共有財産にまつわる個人史、先祖の歴史を意見書として提出し、それを口頭で読み上げる戦術をとりました。いかに共有財産の管理がずさん、かつ差別的なものであったかを明らかにし、過去一世紀余の誤まったアイヌ政策への反省を求めるねらいがありました。

この法廷戦術は二審でも続けられ、結審前二回の口頭弁論ではとうとう証人申請も認められました。高校教師の滝沢正、北海道大学教授の井上勝生という研究者二人が証言台に立ち、返還公告に漏れがある可能性がきわめて強いことを具体的に明らかにしたのです。二審判決はこれを受けて、「（幕別、池田町の）上記不動産は本件公告の対象たる共有財産とはされていないことが認められるように、旧保護法一〇条三項により共有財産として指定された財産の中には、北海道知事において指定後の管理の経緯の詳細を把握しきれていないものがあることは否めない」と指摘しています。

公告に「漏れ」がある可能性を、二審判決も認めたのです。それでも、返還手続き自体は間違っていないというのです。しかも、判決当日のうちに北海道の高橋はるみ知事は、「記録をすべて精査して公告したので、再調査はしない」と断言しました。判決文では、漏れがあった場合には追加公告をして返還することができる、そのことは道知事側も認めている手続きだと言っているのにです。二審判決で唯一見るべき点が、この「漏れ」の指摘なのですが、高橋知事はこれをまったく無視しているのです。

ふつうの感覚で考えれば、漏れがあるずさんな公告をしたら、公告自体の信頼性が疑われ、その責任が問われるはずです。「最初からやり直せ」というのが、私たちの社会常識ではないでしょうか。そこをまったく問わずに、公告をした知事側は漏れの指摘を無視して「十分に調査した」と居直り続けているのです。また、判事は、漏れの可能性を指摘しながらも、返還手続きは法に定めたとおりだから認められると言うのです。なんと杓子定規《しゃくしじょうぎ》なのでしょう。法廷は「訴えの利益なし」で門前払いし、被告の知事は聞く耳を持たない。ここにあるのは形骸化《けいがいか》した「手続き民主主義」だけです。

一審、二審の審理を通して、原告らはこうした理不尽な日本社会のあり方も根底から問い直して来ました。このアイヌ共有財産には、日ロの領土問題がらみで強制移住させられた千島アイヌの財産や、旭川・近文地区のアイヌの財産も含まれます。日本政府の差別的な政策と歴史の波に翻弄《ほんろう》されたアイヌ史が、この裁判には凝縮されています。こうした負の歴史を、旧土法の廃止とともに一気に清算してしまおうという、日本政府、北海道庁の意図も見え隠れします。原告らは二〇〇四年五月、直ちに最高裁に上訴しました。最終ラウンドの法廷は、同年秋から始まっています。ぜひ皆さんも注目してください。なお、一審、二審の内容を、私は『アイヌ共有財産――小石一つ自由にならず』（緑風出版）に著しました。詳しいことを知りたい方は、どうぞ参考になさってください。

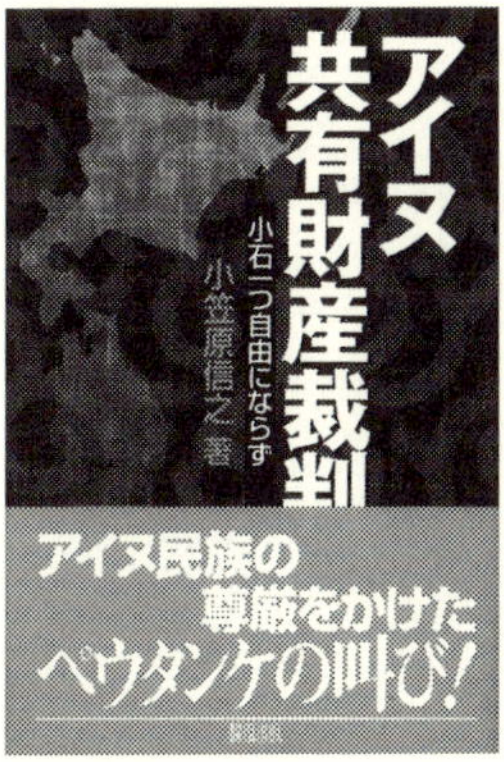

＊『アイヌ共有財産――小石一つ自由にならず』（緑風出版）

Q25 外国の先住民政策を教えてくれませんか？

世界の先住民がたどった歴史的経過はよく似ています。でも、人権感覚の優れている国では先住民の人権回復も進んでいます。参考になる例はありませんか。

最近は先住民族の権利や尊厳、文化を回復させる積極的な政策をとる国が増えてきています。さまざまな施策の中でも大きな意味を持つのは、やはり法律化による保障です。「アイヌ新法」（政府案ではなくアイヌ側の案）制定の運動もそうした先例を手本にして、よいところを取り入れようとしました。各国の具体例紹介と併せて、国際的な潮流がどんな方向を向いているのかを探ってみます。

先住民族の問題が今、顕在化《けんざいか》しているのは、主に大国の植民地となった国です。二〇世紀の初めには、これらの地域では先住民族はプランテーションや鉱業の労働現場で奴隷《どれい》同然に扱われていました。そうしたいきさつからも、先住民族の権利問題についていち早く取り組んだ国際機関は、ＩＬＯ（国際労働機関）でした。

この流れは今でも続いており、先住民族の労働状況を調査し、それに基づいて勧告を出したり条約を作ったりしています。ただし、当初は先住民族を「未開」で「遅れた」民族と見るイデオロギーが根底にあり、この人たちを「文明社会の恩恵《おんけい》」に浴させるべきであるという〝保護と統合〟主義が幅をきかせていました。しかし、一九七〇代以降は「民族自決」の流れの中で先住民族側の国際的発言力も強まり、先住民族独自の伝統・文化・制度などを認める方向に変わってきています。

また、国連では「先住民族権利宣言」の起草が審議されて九四年七月に最終草案がまとまりました。これまでの論議ではとりわけ「自決権」をめぐって関係各国政府側と先住民族側の間で熱い論戦が展開されました。「自決権」を認めると領土分割などの問題が発生することを政府側が警戒してのことです。しかし、草案には、民族自決権、その権利行使としての自決権、土地の返還請求権、天然資源の所有権などが盛りこまれました。

では、各国の具体的取り組みを見てみましょう。アメリカ合衆国、カナダ、ニュージーランドなどイギリスの植民地として出発した地域（ただし、オーストラリアを除く）では、本国と先住民族との間で条約を締結して統治の仕方が取り決められていました。つまり、形の上では二つの国が存在したことになります。

しかし、この条約は本国政府が圧倒的な優位に立ち、先住民族の土地や権利を一方的に取り上げるものでした。具体的事情は国ごとで違いますが、大きな流れで見ると、大半の例で日本のアイヌ政策と同じく、区別→同化→統合といった段階を経て、民族自決→自己管理という方向へ向かっているとまとめられそうです。

さて、具体的取り組みの中で、憲法に先住民族の権利を明記してあるのは、カナダ、

ＩＬＯ条約

ＩＬＯ（国際労働機関）が一九五七年（昭和三二年）に採択した一〇七号条約は、少数民族に関する規定で独立国における先住民などの保護と同化をねらいとしたものだった。だが、日本をはじめ主要国が批准しなかったことや、世界的に少数民族の自立運動が高まってきたことなどにより、内容の修正を迫られた。そこで、八九年（同六四年）のＩＬＯ総会で先住民の自主的権利を尊重する方向で新たに第一六九号条約が採択された。世界の趨勢《すうせい》はここでも、民族の自決を認めようという方向に向かっている。

ノルウェー、ブラジルです。たとえば、サーミ人を抱えるノルウェーは、一九八八年の憲法修正でサーミ人がその言語、文化、共同体生活を保護・発展させることができるよう国に義務づける規定が加えられました。隣のスウェーデンにもサーミ人がおり、スウェーデンの憲法を構成する「政体法」の中に「エスニック、言語的、宗教的少数派が自身の文化、共同体生活を発展させられる可能性を高める」ことも国家が目指す基本的価値の一つとして数えています。「サーミ人」と明記はしていませんが、実質的にはサーミ人のことを指しております。

サーミ人の話が出たついでに触れておけば、ノルウェーとフィンランドでは「サーミ語法」により、サーミ語を「準公用語」と認めています。ノルウェーでは学校教育でサーミ語教育とサーミ語による教育が採用されているそうです。また、ニュージーランドでも「マオリ語法」によりマオリ語が準公用語として認められています。言葉は文化の中心です。同化政策がまず民族言語の使用を禁ずることを見ても、その重要性がわかります。もう一つ、先住民族に共通して大事なものは、土地です。

多くの先住民族は土地と切っても切れない生産活動や生活を続けてきており、個人ではなく集団で土地を所有していました。というより、植民地化される前は土地所有の概念そのものがありませんでした。ですから、本国と形ばかりの条約を結んでも、条約の本当の中身をきちんと理解していたとは言えません。アイヌが和人にだましとられたのと同じような手口で、彼らもまたどんどんを土地を奪われていきました。

サーミ人

このようにして、かつて「無主の地」として奪われた土地が、今、先住民族に返されてきています。カナダでは一九八二年憲法で、土地の権利を含めた先住民族の権利を一括して保障する条項が初めて規定され、先住民族に対する土地の返還がなされています。さらに自治政府構想も明らかにされ、西部イヌイットの「イヌビアレット」構想では四五〇万ドルと九万三〇〇〇平方キロ余りの土地が補償されました。また、西部の認定インディアンとメティスの「デネ・ネーション」では、五億ドルの和解金と一八万平方キロ強の土地に対する権利が与えられる協定が結ばれました。

そして、東部イヌイットの「ヌナブット」では、連邦政府の直轄地である現在の北西準州を分割して約二二〇万平方キロ（日本の約六倍）もの土地に新しい自治政府を一九九九年に設けることになりました。「ヌナブット」というのは、イヌイットの言葉で「われわれの土地」という意味です。この準州にはイヌイット以外も混住しますが、全域で自由な伝統的狩猟・漁撈が認められ、イヌイットには三五万平方キロの土地所有権が与えられます。さらに、連邦政府は一四年間にわたって総額約五億二〇〇〇万米ドル（利子込み約一〇億米ドル）の補償金を支払うことになっています。

先住民族、先住権で忘れてならないのは、オーストラリアのアボリジニです。なぜなら「アボリジニ」という語自体が「先住民」を意味するからです。オーストラリアでは一九七六年、連邦政府直轄の北部準州で「アボリジニ土地権利法」が制定され、この法に基づき九〇年に、同州の三分の一に当たる約四六万平方キロの土地（ちなみ

イヌイット

アボリジニ

に、日本の総面積は三七万平方キロ強。なんと、これも日本より広いのです）がアボリジニに与えられました。また、鉱物資源探査、鉱山開発などの土地利用についての管理権が与えられ、開発にはアボリジニの合意が必要とされ、一定の使用手数料も支払われることになりました。これ以外にも、融資の便宜を図ったり自己決定や自己管理を支えたりする法律や、また、州レベルで土地を与える法もあります。

さらに九二年には、オーストラリア連邦高等法院で「マボ判決」が出ました。これは原告一人の名前からそのように呼ばれた訴訟で、イギリス人がオーストラリアに到達した時にはすでにアボリジニが土地に対する権原《けんげん》を有していたと認めた、つまり、植民地化のための「無主地」宣言を無効としたものです。この後、土地所有権の返還を求める訴訟が相次ぎ、問題解決のための新たな立法が迫られました。

翌九三年には「先住権保護法」案が公表されました。先住権にもとづく補償、交渉権の承認、特別裁判所の設置などを定めています。このほか一九七二年にはアボリジニ問題省が連邦政府に設置され、「アボリジニの日」や「アボリジニ週間」などユニークな行事も開催され意識啓発活動が行なわれているそうです。

お隣のニュージーランドには「マオリ法」（一九五三年制定）がありました。七四年に改正されたマオリの定義が注目されます。従来の定義が「少なくとも半分以上の血を受け継いだ者」となっていたのを「少しでもマオリの血を受け継いだ者であれば、誰でもマオリである」となったのです。つまりは、血の濃さは問題ではなく、心の問

マボ判決

題が重視されているわけです。これにより、法の対象が広がったはずです。

また、国会議員に特別枠を設ける「マオリ代表選出法」は一八六七年に制定されています。日本の明治維新の年です。それ以来、東西南北の四地域から一人ずつの計四人（全議員数は、当初は六五人、現在は九七人）のマオリ代表議員が国会へ送られています。土地問題については、「マオリ法」を改正した「マオリ土地法」が九三年に制定されました。これは従来の政策を転換するもので、マオリの土地所有者の集団利益のために土地の信託的保有を認めるものです。マオリの民族としての基盤は土地の集団所有にあってそれが伝統的な形態だったので、それを認めようというのです。

最後にアメリカ合衆国について触れておきます。アメリカでは「アラスカ先住民請求権解決法」（一九七一年制定）がユニークです。アラスカ先住民とは、イヌイト、アリュート、インディアンを指します。アラスカでは合衆国本土のような「保留地」制度をとらずに、この法律を一つの社会的実験として導入しました。これはアラスカを一二の地域に分け、各地域に一つの地域会社とその下に村落会社を設置し、先住民が最寄りの両方の会社の株主となるものです。アラスカ全土の一割に当たる一六万平方キロの土地が会社に与えられ、会社は経営利益を株主の先住民に還元するというシステムです。ただし、実際の運営では成功例は今のところ少ないようです。また、連邦政府と州は、残りの土地（全土の約九〇％に当たる）の代償として計九億六〇〇〇万ドル余りを計上した「先住民基金」も設立しています。

マオリ代表選出法

マオリ土地法

アラスカ先住民請求権解決法

日本では現在、アイヌの人たちに対する実際の施策は、北海道庁が主体となって一九七四年から行なっている「北海道ウタリ福祉対策」のみです。しかし、中身は低所得層に対する福祉対策で、民族政策ではありません。今見てきた諸外国の例では「先住権」にまで踏み込んでいるものもあります。彼我の差はとても大きいです。

（この項の記述については、国立国会図書館編『外国の立法　特集先住民族』、ウタリ問題懇話会『アイヌ民族に関する新法問題について』資料編、その他新聞記事などを参考にさせてもらいました）

Q26 アイヌ差別をなくすにはどうしたらいいでしょう?

いつまでもなくならないアイヌ差別。でも手をこまぬいているわけにもいきません。解消のために何かいい手はないですか。ヒントでもいいのですけど。

とても難しい問題です。なにしろ、少なくとも数百年にわたって積み重ねられてきた差別の歴史があるのですから。これまでなかなかできなかったことが、一朝一夕《いっちょういっせき》にできるわけがありません。でも、現状が望ましいはずがありません。心ある一人ひとりが差別をなくすための努力を根気よく続けるしかないことでしょう。

だけど、そんなことを言われても、私の周りにはアイヌの人たちなんていないし、だからアイヌ差別なんかもありませんよ、と言う人も多いことでしょう。確かに、アイヌの人たちは大半が北海道に住んでいます。でも、首都圏にも推定一万人ものアイヌと家族が住んでいるのです。「えーっ、そんなに」と驚かれる方も、きっと次にはこう言うことでしょう。でも首都圏には数千万の人がいるのだから、アイヌは何千人に一人しかいないわけだ。じゃあ、やっぱり、アイヌ差別は北海道の問題だ、と。

数の上からはこうした理屈が成り立つと思います。でも、人間には想像力があります。アイヌの人たち、沖縄の人たち、「在日」の人たち、「部落」の人たち、外国人労働者の人たち、「いじめ」で困っている人たち――などなど、自分の直接の周囲に存在しない人たちの問題でも、私たちは想像力でもって「自分の問題」として考えることができるのです。アイヌの人たちに対する、消そうと思っても消せない迫害の長い歴史が和人側には厳然としてあるのです。とすれば、アイヌ差別はまちがいなく和人側の問題であるはずです。この歴史を直視し、足りない部分には想像力をかきたてることが、私たちには必要でしょう。

そのうえで、私は、各人が今、自分の身近なところにある現実の問題に、しっかりと取り組んでいただきたいと思います。その一つ一つの問題はけっしてばらばらではなく、それぞれの問題の底には通じるものがあります。日本社会が抱えている、大きな病根によってそれらがつながっているのです。ですから、自分の直面している問題に真剣に相対し、問題改善のために小さな一歩でも踏み出すことができれば、それはまた、他の問題に苦しんでいる人たちの状況改善にきっと役立つはずです。精神的にも大きな励ましになるはずです。そして、アイヌ差別の解消にも一人ひとりのこの姿勢が大きな支えとなっていくはずです。

次に考えたいのは、自分が「持っているもの」をこうした問題の改善に少しでも使えないかということです。私はジャーナリストです。筆（実際にはワープロですが）と口（つまり言論、酔ってやるとただの口論）で、世の中に知ってほしいことを訴えます。多少は専門的訓練を経ているので、難しいことでも分かりやすく伝えることはできるかなと自負しています。こうした技術なり専門的知識なりを、それぞれの人がそれこそボランティア精神で提供してほしいものです。

とりわけ、アイヌ差別問題について社会をリードしてゆく立場にある人たちの専門的知見は、アイヌ差別の解消に重要な役割を果たしてくれることでしょう。私が関係するジャーナリズムへの期待から話すことにしましょう。

まず声を大にして言いたいのは、ジャーナリズム、とりわけマスコミはアイヌ差別の問題を北海道ローカルの問題として扱わないでほしい、ということです。この点では特に、新聞では全国紙、放送ではネットワークのキー局、そして大手通信社の責任が大きいと思います。アイヌ問題は常に一面や社会面、あるいは全国放送の重要ニュースだとの気持で扱ってほしいのです。こうしたマスコミで日常的にアイヌ関連のニュースが流されれば、一般読者・視聴者も自分たちの身近な問題なんだという認識が持てるようになるはずです。残念ながら、現状ではその逆が実態です。

一方、アイヌの人たちのお膝元の北海道のメディアでは、全国メディアと比べればアイヌ関連のニュースが多く取り上げられています。しかし、その中身を見ると、ずいぶんと「及び腰」の姿勢が目立ちます。かつての過激な「爆弾闘争」を境にメディアは自らの殻を閉ざしてしまいました。社屋の出入口にはガードマンががっちりと配置され、本来は外部に開かれていなければならないメディアが「閉ざされたメディア」になってしまいました。以後、地元マスコミの基本姿勢は「触らぬ神にタタリなし」

と言えます。少数派はすべて正しい、アイヌの知恵に学べ——式のステレオ・タイプ化した安易な発想が目立ち、社説では観念的理想論しか掲げません。運動の健全な発展のためには、時には辛口《からくち》の批判も必要なのです。

また、大手メディアの強みは日本国内に限らず、海外にも広く情報網を張り巡らせていることです。その情報網をフルに活用して、海外の先住民たちに関する記事をどんどん発信してほしいものです。単なる好奇心からの記事ではなく、日本のアイヌの現状をきちんと認識したうえで、先住民族対策、少数民族対策で日本より一歩も二歩も先をいっている外国の例を丁寧《ていねい》にレポートしてほしいのです。そのためには、記者個々人の人権意識を高めることも大事です。

次に社会的影響の大きいのは教育の問題だと思います。一つは歴史の教科書の中にアイヌ関連事項の記述をもっともっと増やすべきです。私たち和人の人権意識が希薄なのは、過去の歴史にフタをするところから生じている面が非常に強そうです。無知が日常生活での現実的な差別を生み出していることが多くあります。「在日」の人たちやアイヌの人たちに、「嫌なら出ていけばいい」式のいわれのない批判が聞かれるのも、その一例でしょう。

歴史教育が受験科目の一つとしてだけしか位置づけられていないのが、日本の現状です。この点では、教科書や副読本などへの記述を増やすだけでは、足りません。現場の教師たちの意欲的な取り組みが必要です。北海道内では社会科の教師たちが集まって研究会を作ったりしている例もあります。こうした輪がもっともっと広がって欲しいものです。

もう一つは、学者の責任です。この問題については〈Q16〉でも触れておきましたが、繰り返します。オウム真理教事件のときに宗教学者たちはこぞって沈黙を決めこみました。現実の大問題を目の前にしながら日頃の研究成果が生かせないとしたら、この人たちはなんのために学問しているのでしょう。アイヌ関連の研究者たちの態度もそれとよく似ています。学者は自分のテリトリーに閉じこもって論文だけを書けばいいというものではありません。単なる研究材料として生身のアイヌの人たちや先祖の遺骨、文化資料などをぞんざいに扱ってきた「学者バカ」たちの大罪はあげつらったらきりがありません。アカデミズム内部での得点稼ぎだけに奔走する、こうした学者が再生産され続けることだけは、ここらで止めにしてほしいものです。

実はこの本も、もし学者のどなたかがその専門的知見を生かしてアイヌ差別の解消のために筆をとってくれていたら、必要のない本でした。残念ながらそんな例がなかったのです。日頃は接していない分野の文献・資料にまで首を突っ込み、あちこちで頭をぶっつけながらねじり鉢巻きで仕上げたのが、本書です。なんと大胆な、という同業者の視線を感じながらも、あえて自らの尻を叩きました。

学者、研究者諸兄、ともあれ、もっと現実のアイヌ差別に目を向け、積極的に発言してください。発言するだけでなく、行動もしてください。時には集会やデモに参加してもいいではありませんか。学界以外の分野の会合出席が政府や道庁の「審議会」だけというのでは困ります。あなたの分野の知見がまちがいなく差別解消にも役に立つはずです。もし、役に立ちそうもなかったら、その研究の意義自体も疑ってみてください。アイヌは「博物館」の陳列物ではないのです。

もちろん、私は、すべての研究に性急な現実的貢献を求める気はありません。もっと長い目、広い視野からその意義を確かめたいと思っています。でも、たとえば明治時代以来一世紀あまりを経て、はたして何人の学者がアイヌの現状改善にその「頭」と「心」を用いてくれたでしょうか。お寒いかぎりです。

最後に、アイヌの人たちへのメッセージです。「アイヌ文化振興法」はあくまで一つの通過点のはずです。真の「アイヌ新法」の実現、そして、いずれはその「アイヌ新法」さえ無用の長物となるような社会の実現に向けて、どうぞ手綱をゆるめることなく前進していってください。アイヌ自身の持続する志こそがすべての中心にあります。私も微力ながら、その志にお付き合いし続けようと思っております。

【資料1】アイヌ文化の振興並びにアイヌの伝統等に関する知識の普及及び啓発に関する法律（通称・アイヌ文化振興法）

公布・平成九年五月一四日
法律第五二号

（目的）
第一条　この法律は、アイヌの人々の誇りの源泉であるアイヌの伝統及びアイヌ文化（以下「アイヌの伝統等」という）が置かれている状況にかんがみ、アイヌ文化の振興ならびに、アイヌの伝統等に関する国民に対する知識の普及および啓発（以下「アイヌ文化の振興等」という）を図るための施策を推進することにより、アイヌの人々の民族としての誇りが尊重される社会の実現を図り、あわせて我が国の多様な文化の発展に寄与することを目的とする。

（定義）
第二条　この法律において「アイヌ文化」とは、アイヌ語並びにアイヌにおいて継承されてきた音楽、舞踊、工芸その他の文化的所産およびこれらから発展した文化的所産をいう。

（国および地方公共団体の責務）
第三条　国は、アイヌ文化を継承する者の育成、アイヌの伝統等に関する広報活動の充実、アイヌ文化の振興等に資する調査研究の推進その他アイヌ文化の振興等を図るための施策を推進するよう努めるとともに、地方公共団体が実施するアイヌ文化の振興等を図るための施策を推進するために必要な助言その他の措置を講ずるよう努めなければならない。

2　地方公共団体は、当該区域の社会的条件に応じ、アイヌ文化の振興等を図るための施策の実施に努めなければならない。

（施策における配慮）
第四条　国および地方公共団体は、アイヌ文化の振興等を図るための施策を実施するに当たっては、アイヌの人々の自発的意思及び民族としての誇りを尊重するよう配慮するものとする。

（基本方針）
第五条　内閣総理大臣は、アイヌ文化の振興等を図るための施策に関する基本方針（以下「基本方針」という）を定めなければならない。

2　基本方針においては、次の事項について定めるものとする。

一　アイヌ文化の振興等に関する基本的な事項

二　アイヌ文化の振興を図るための施策に関する事項

三　アイヌの伝統等に関する国民に対する知識の普及及び啓発を図るための施策に関する事項

四　アイヌ文化の振興等に資する調査研究に関する事項

五　アイヌ文化の振興等を図るための施

策の実施に際し配慮すべき重要事項
3　内閣総理大臣は、基本方針を定め、またはこれを変更しようとするときは、あらかじめ、北海道開発庁長官及び文部大臣その他関係行政機関の長に協議するとともに、次条第一項に規定する関係都道府県の意見を聴かなければならない。
4　内閣総理大臣は、基本方針を定め、またはこれを変更したときは、遅滞なく、これを公表するとともに、次条第一項に規定する関係都道府県に送付しなければならない。

（基本計画）
第六条　その区域内の社会的条件に照らしてアイヌ文化の振興等を図るための施策を総合的に実施することが相当であると認められる政令で定める都道府県（以下「関係都道府県」という）は、基本方針に即して、関係都道府県におけるアイヌ文化の振興等を図るための施策に関する基本計画（以下「基本計画」という）を定めるものとする。
2　基本計画においては、次に掲げる事項について定めるものとする。
一　アイヌ文化の振興等に関する基本的な方針
二　アイヌ文化の振興を図るための施策の実施内容に関する事項
三　アイヌの伝統等に関する住民に対する知識の普及及び啓発を図るための施策の実施内容に関する事項
四　その他アイヌ文化の振興等を図るための施策の実施に際し配慮すべき重要事項
3　関係都道府県は、基本計画を定め、または変更したときは、遅滞なく、これを北海道開発庁長官及び文部大臣に提出するとともに、公表しなければならない。
4　北海道開発庁長官及び文部大臣は、基本計画の作成及び円滑な実施の促進のため、関係都道府県に対し必要な助言、勧告及び情報の提供を行うよう努めなければならない。

（指定等）
第七条　北海道開発庁長官及び文部大臣は、アイヌ文化の振興等を目的として設立された民法（明治二十九年法律第八十九号）第三四条の規定による法人であって、次条に規定する業務を適正かつ確実に行うことができると認められるものを、その申請により、全国を通じて一に限り、同上に規定する業務を行う者として指定することができる。
2　北海道開発庁長官及び文部大臣は、前項の規定による指定をしたときは、当該指定を受けた者（以下「指定法人」）の名称、住所及び事務所の所在地を公示しなければならない。
3　指定法人は、その名称、住所または事務所の所在地を変更しようとするときは、あらかじめ、その旨を北海道開発庁長官及び文部大臣に届け出なければならない。
4　北海道開発庁長官及び文部大臣は、前項の規定による届け出があったときは、当該届け出に係る事項を公示しなければならない。

（業務）

第八条 指定法人は、次に掲げる業務を行うものとする。

一 アイヌ文化を継承する者の育成その他のアイヌ文化の振興に関する業務を行うこと。

二 アイヌの伝統等に関する広報活動その他の普及啓発を行うこと。

三 アイヌ文化の振興等に資する調査研究を行うこと。

四 アイヌ文化の振興、アイヌの伝統等に関する普及啓発またはアイヌ文化の振興等に資する調査研究を行うものに対して、助言、助成その他の援助を行うこと。

五 前各号に掲げるもののほか、アイヌ文化の振興等を図るために必要な業務を行うこと。

（事業計画等）

第九条 指定法人は、毎事業年度、総理府令・文部省令で定めるところにより、事業計画書及び収支予算書を作成し、北海道開発庁長官及び文部大臣に提出しなければならない。これを変更しようとするときも、同様とする。

2 前項の事業計画書は基本方針の内容に即して定めなければならない。

3 指定法人は、総理府令・文部省令で定めるところにより、毎事業年度終了後、事業報告書及び収支決算書を作成し、北海道開発庁長官及び文部大臣に提出しなければならない。

（報告の徴収及び立ち入り検査）

第一〇条 北海道開発庁長官及び文部大臣は、この法律の施行に必要な限度において、指定法人に対し、その業務に関し報告をさせ、またはその職員に、指定法人の事務所に立ち入り、業務の状況もしくは帳簿、書類その他の物件を検査させ、もしくは関係者に質問させることができる。

2 前項の規定により立ち入り検査をする職員は、その身分を示す証明書を携帯し、関係者の請求があったときは、これを提示しなければならない。

3 第一項の規定による立ち入り検査の権限は、犯罪捜査のために認められたものと解してはならない。

（改善命令）

第一一条 北海道開発庁長官及び文部大臣は、指定法人の第八条に規定する業務の運営に関し改善が必要であると認めるときは、指定法人に対し、その改善に必要な措置を講ずべきことを命ずることができる。

（指定の取り消し等）

第一二条 北海道開発庁長官及び文部大臣は、指定法人が前条の規定による命令に違反したときは、その指定を取り消すことができる。

2 北海道開発庁長官及び文部大臣は、前項の規定により指定を取り消したときは、その旨を公示しなければならない。

（罰則）

第一三条　第一〇条第一項の規定による報告をせず、もしくは虚偽の報告をし、または同項の規定による検査を拒み、妨げ、もしくは忌避し、もしくは同項の規定による質問に対して陳述をせず、もしくは虚偽の陳述をした者は、二十万円以下の罰金に処する。

2　法人の代表者または代理人、使用人その他の従業者が、その法人の業務に関し、前項の違反行為をしたときは、その行為者を罰するほか、その法人に対し同項の刑を科する。

付則

（施行期日）

第一条　この法律は、交付の日から起算して三月を超えない範囲内において政令に定める日から施行する。

（北海道旧土人保護法等の廃止）

第二条　次に掲げる法律は、廃止する。

一　北海道旧土人保護法（明治三十二年法律第二十七号）

二　旭川市旧土人保護地処分法（昭和九年法律第九号）

（北海道旧土人保護法の廃止に伴う経過措置）

第三条　北海道知事は、この法律の施行の際現に前条の規定による廃止前の北海道旧土人保護法（次項において「旧保護法」という）第一〇条第一項の規定により管理する北海道旧土人共有財産（以下「共有財産」という）が、次項から第四項までの規定の定めるところにより共有者に返還され、または第五項の規定により指定法人もしくは北海道に帰属するまでの間、これを管理するものとする。

2　北海道知事は、共有財産を共有者に返還するため、旧保護法第一〇条第三項の規定により指定された共有財産ごとに、厚生省令で定める事項を官報で公告しなければならない。

3　共有財産の共有者は、前項の規定による公告の日から起算して、一年以内に、北海道知事に対し、厚生省令で定めるところにより、当該共有財産の返還を請求することができる。

4　北海道知事は、前項に規定する期間の満了後でなければ、共有財産をその共有者に対し、返還してはならない。ただし、当該期間の満了前であっても、当該共有財産の共有者のすべてが同項の規定による請求をした場合には、この限りではない。

5　第三項に規定する期間内に共有財産の共有者が同項の規定による請求をしなかったとき、当該共有財産は、指定法人（同行に規定する期間が満了したときに、第七条第一項の規定による指定がされていない場合にあっては、北海道）に帰属する。

6　前項の規定により共有財産が指定法人に帰属したときは、その法人は、当該帰属した財産をアイヌ文化の振興等のための業務に要する費用に充てるものとする。

（地方自治法、北海道開発法、文部省設置法の一部改正）略

【資料2】

アイヌ民族に関する法律制定についての陳情書

昭和五十九年七月十二日

陳情団体
社団法人北海道ウタリ協会
理事長　野村義一
札幌市中央区北三条西七丁目
電話二二一―〇四六二番

当協会は、アイヌの民族的権利の回復を前提にした人種的差別の一掃、民族教育と文化の振興、経済自立対策など、抜本的かつ総合的な制度を確立する必要があるという基本的な考え方に立脚して、明治三十二年に制定された北海道旧土人保護法を廃止し、新法を制定すべく検討を重ねて参り、この程別添のとおり成案を得ましたので実現方について特段のご配意をいただきたく陳情を申しあげます。

記

陳情の要旨

一、明治三十二年制定の北海道旧土人保護法は、アイヌ民族差別法であり、廃止すること。

二、北海道旧土人保護法による多年にわたった民族の損失を回復するために、別添「アイヌ民族に関する法律（案）」を制定すること。

三、「アイヌ民族に関する法律（案）」の制定は、北海道旧土人保護法の廃止と同時とすること。

理　由

別記のとおりである。

【資料3】

アイヌ民族に関する法律（案）

昭和五十九年五月二十七日
社団法人北海道ウタリ協会
総会において可決

前文

この法律は、日本国に固有の文化を持ったアイヌ民族が存在することを認め、日本国憲法のもとに民族の誇りが尊重され、民族の権利が保障されることを目的とする。

本法を制定する理由

北海道、樺太、千島列島をアイヌモシリ（アイヌの住む大地）として、固有の言語と文化を持ち、共通の経済生活を営み、独自の歴史を築いた集団がアイヌ民族であり、徳川幕府や松前藩の非道な侵略や圧迫とたたかいながらも民族としての自主性を固持してきた。

明治維新によって近代的統一国家への第一歩を踏み出した日本政府は、先住民であるアイヌとの間になんの交渉もなくアイヌモシリ全土を持主なき土地として一方的に領土に組みいれ、また、帝政ロシアとの間に千島・樺太交換条約を締結して樺太および北千島のアイヌの安住の地を強制的に棄てさせたのである。

土地も森も海もうばわれ、鹿をとれば密猟、鮭をとれば密漁、薪をとれば盗伐とされ、一方、和人移民が洪水のように流れこみ、すさまじい乱開発が始まり、アイヌ民族はまさに生存そのものを脅かされるにいたった。

アイヌは、給与地にしばられて居住の自由、農業以外の職業を選択する自由をせばめられ、教育においては民族固有の言語もうばわれ、差別と偏見を基調にした「同化」政策によって民族の尊厳はふみにじられた。

戦後の農地改革はいわゆる旧土人給与地にもおよび、さらに農業近代化政策の波は零細貧農のアイヌを四散させ、コタンはつぎつぎと崩壊していった。

いま道内に住むアイヌは数万人、道外では数千人といわれる。その多くは、不当な人種的偏見と差別によって就職の機会均等が保障されず、近代的企業からは締め出されて、潜在失業者群を形成しており、生活はつねに不安定である。差別は貧困を拡大し、貧困はさらにいっそうの差別を生み、生活環境、子弟の進学状況などでも格差をひろげているのが現状である。

現在行われているいわゆる北海道ウタリ福祉対策の実態は現行諸法諸制度の寄せ集めにすぎず、整合性を欠くばかりでなく、何よりもアイヌ民族にたいする国としての責任があいまいにされている。

いま求められているのは、アイヌの民族的権利の回復を前提にした人種的差別の一掃、民族教育と文化の振興、経済自立対策など、抜本的かつ総合的な制度を確立することである。

アイヌ民族問題は、日本の近代国家への成立過程においてひきおこされた恥ずべき歴史的所産であり、日本国憲法によって保障された基本的人権にかかわる重要な課題をはらんでいる。このような事態を解決することは政府の責任であり、全国民的な課題であるとの認識から、ここに屈辱的なアイヌ民族差別法である北海道旧土人保護法を廃止し、新たにアイヌ民族に関する法律を制定するものである。

この法律は国内に在住するすべてのアイヌ民族を対象とする。

第一　基本的人権

アイヌ民族は多年にわたる有形無形の人種的差別によって教育、社会、経済などの諸分野における基本的人権を著しくそこなわれてきたのである。

このことにかんがみ、アイヌ民族に関する法律はアイヌ民族にたいする差別の絶滅を基本理念とする。

第二　参政権

明治維新以来、アイヌ民族は「土人」あるいは「旧土人」という公的名称のもとに、一般日本人とは異なる差別的処遇を受けてきたのである。明治以前については改めていうまでもない。したがってこれまでの屈辱的地位を回復するためには、国会ならびに地方議会にアイヌ民族代表としての議席を確保し、アイヌ民族の諸要求を正しく国政ならびに地方政治に反映させることが不可欠であり、政府はそのための具体的な方法をすみやかに措置する。

第三　教育・文化

北海道旧土人保護法のもとにおけるアイヌ民族にたいする国家的差別はアイヌの基本的人権を著しく阻害しているだけでなく、一般国民のアイヌ差別を助長させ、ひいてはアイヌ民族の教育、文化の面での順当な発展をさまたげ、これがアイヌ民族をして社会的、経済的にも劣勢ならしめる一要因になっている。

政府は、こうした現状を打破することがアイヌ民族政策の最重要課題の一つであるとの見解に立って、つぎのような諸施策をおこなうこととする。

1　アイヌ子弟の総合的教育対策を実施する。

2　アイヌ子弟教育にはアイヌ語学習を計画的に導入する。

3　学校教育および社会教育からアイヌ民族にたいする差別を一掃するための対策を実施する。

4　大学教育においてはアイヌ語、アイヌ民族文化、アイヌ史等についての講座を開設する。さらに、講座担当の教員については既存の諸規定にとらわれることなくそれぞれの分野におけるアイヌ民族のすぐれた人材を教授、助教授、講師等に登用し、アイヌ子弟の入学および受講についても特例を設けてそれぞれの分野に専念しうるようにする。

5　アイヌ語、アイヌ文化の研究、維持を主目的とする国立研究施設を設置する。これにはアイヌ民族が研究者として主体的に参加する。従来の研究はアイヌ民族の意思が反映されないままに一方的におこなわれ、アイヌ民族をいわゆる研究対象としているところに基本的過誤があったのであり、こうした研究のあり方は変革されなければならない。

6　現在おこなわれつつあるアイヌ民族文化の伝承・保存についても、問題点の有無をさらに再検討し、完全を期する。

第四　農業漁業林業商工業等

農業に従事せんとする者に対しては、北海道旧土人保護法によれば、一戸当り一五

○○○坪（約五ヘクタール）以内の交付が規定されているが、これまでのアイヌ民族による農業経営を困難ならしめている背景にはあきらかに一般日本人とは異なる差別的規定があることを認めざるをえない。北海道旧土人保護法の廃止とともに、アイヌ民族の経営する農業については、この時代にふさわしい対策を確立すべきである。

漁業、林業、商工業等についても、アイヌの生活実態にたいする理解が欠けていることから適切な対策がなされないままに放置されているのが現状である。

したがって、アイヌ民族の経済的自立を促進するために、つぎのような必要な諸条件を整備するものとする。

農業

1　適正経営面積の確保

北海道農業は稲作、畑作、酪農、畜産に大別されるが、地域農業形態に即応する適正経営面積を確保する。

2　生産基盤の整備および近代化

アイヌ民族の経営する農業の生産基盤整備事業については、既存の法令にとらわれることなく実施する。

3　その他

漁業

1　漁業権付与

漁業を営む者またはこれに従事する者については、現在漁業権の有無にかかわらず希望する者にはその権利を付与する。

2　生産基盤の整備および近代化

アイヌ民族の経営する漁業の生産基盤整備事業については、既存の法令にとらわれることなく実施する。

3　その他

林業

1　林業の振興

林業を営む者または林業に従事する者にたいしては必要な振興措置を講ずる。

商工業

1　商工業の振興

アイヌ民族の営む商工業にはその振興のための必要な施策を講ずる。

労働対策

1　就職機会の拡大化

これまでの歴史的な背景はアイヌ民族の経済的立場を著しくかつ慢性的に低からしめている。潜在的失業者とみなされる季節労働者がとくに多いのもそのあらわれである。政府はアイヌ民族にたいしては就職機会の拡大化等の各般の労働対策を積極的に推進する。

第五　民族自立化基金

従来、いわゆる北海道ウタリ福祉対策として年度毎に政府および道による補助金が予算化されているが、このような保護的政策は廃止され、アイヌ民族の自立化のための基本的政策が確立されなければならない。参政権の確保、教育・文化の振興、農業漁業など産業の基盤整備もそのひとつである。これらの諸政策については、国、道および市町村の責任において行うべきものと民族の責任において行うべきものとがあり、とくに後者のためには民族自立化基金ともいうべきものを創設する。同基金はアイヌ民族の自主的運営とする。

　基金の原資については、政府は責任を負うべきであると考える。

　基金は遅くとも現行の第二次七ケ年計画が完了する昭和六十二年度に発足させる。

第六　審議機関

　国政および地方政治にアイヌ民族政策を正当かつ継続的に反映させるために、つぎの審議機関を設置する。

1　首相直属あるいはこれに準ずる中央アイヌ民族対策審議会（仮称）を創設し、その構成員としては関係大臣のほかアイヌ民族代表、各党を代表する両院議員、学識経験者等をあてる。

2　国段階での審議会と並行して、北海道においては北海道アイヌ民族対策審議会（仮称）を創設する。構成については中央の審議会に準ずる。

【資料4】

北海道旧土人保護法

公布・明治三十二年三月一日　法律第二七号

第一条　北海道旧土人ニシテ農業ニ従事スル者又ハ従事セムト欲スル者ニハ一戸ニ付土地一万五千坪以内ヲ限リ無償下付スルコトヲ得

第二条　前条ニ依リ下付シタル土地ノ所有権ハ左ノ制限ニ従フベキモノトス

一、相続ニ因ル外譲渡スルコトヲ得ス

二、質権・抵当権・地上権又ハ永小作権ヲ設定スルコトヲ得ス

三、北海道庁長官ノ許可ヲ得ルニ非サレハ地役権ヲ設定スルコトヲ得ス

四、留置権先取特権ノ目的トナルコトナシ

前条ニ依リ下付シタル土地ハ下付ノ年ヨリ起算シテ三十ケ年後ニ非レバ地租及地方税

ヲ課セズ又登録税ヲ徴集セズ旧土人ニ於テ従前ヨリ所有シタル土地ハ北海道庁長官ノ許可ヲ得ルニ非サレハ相続ニ因ル外之ヲ譲渡シ又ハ第一項第二及第三ニ掲ケタル物権ヲ設定スルコトヲ得ス

第三条　第一条ニ依リ下付シタル土地ニシテ其ノ下付ノ年ヨリ起算シ十五ケ年ヲ経ルモ開墾セサル部分ハ之ヲ没収ス

第四条　北海道旧土人ニシテ貧困ナル者ニハ農具及種子ヲ給スルコトヲ得

第五条　北海道旧土人ニシテ（傷痍ヲ受ケ又ハ）疾病ニ罹リ自費治療スルコト能ハサル者ハ之ヲ救療シ又ハ之ニ薬価ヲ給スルコトヲ得

第六条　北海道旧土人ニシテ（傷痍）、疾病、不具、老衰又ハ幼少ノ為メ自活スルコト能ハサル者ハ明治七年第百六十二号恤救規則ニ依リ救助スルノ外仍之ヲ救助シ救助中死亡シタルトキハ埋葬料ヲ給スルコトヲ得

第七条　北海道旧土人ノ貧困ナル者ノ子弟ニシテ就学スル者ニハ授業料ヲ給スルコトヲ得

第八条　第四条乃至第七条ニ要スル費用ハ北海道旧土人共有財産ノ収益ヲ以テ之ニ充ツ　若シ不足アルトキハ国庫ヨリ之ヲ支出ス

第九条　北海道旧土人ノ部落ヲ為シタル場所ニハ国庫ノ費用ヲ以テ小学校ヲ設クルコトヲ得

第十条　北海道庁長官ハ北海道旧土人共有財産ヲ管理スルコトヲ得

北海道庁長官ハ内務大臣ノ許可ヲ経テ共有者ノ利益ノ為ニ共有財産ノ処分ヲナシ又必要ト認ムルトキハ其分割ヲ拒ムコトヲ得

北海道庁長官ノ管理スル共有財産ハ北海道庁長官之ヲ指定ス

第十一条　北海道庁長官ハ北海道旧土人保護ニ関シテ警察令ヲ発シテ之ニ二円以上二十五円以下ノ罰金若クハ十一日以上十五日以下ノ禁錮ノ罰則ヲ附スルコトヲ得

第十二条　此ノ法律ハ明治三十二年四月一日ヨリ施行ス

第十三条　此ノ法律ノ施行ニ関スル細則ハ内務大臣之ヲ定ム

〈注＝（　）内は大正八年改正時の挿入字句〉

昭和四十三年の同法改正法

（昭和四十三年六月十日　法律第九四号）

第一条　北海道旧土人ニシテ農業ニ従事スル者又ハ従事セムト欲スル者ニハ一戸ニ付土地一万五千坪以内ヲ限リ無償下付スルコトヲ得

第二条　前条ニ依リ下付シタル土地ノ所有権ハ左ノ制限ニ従フヘキモノトス

一、相続ニ因ルノ外譲渡スコト得ス

二、質権抵当権地上権又ハ永小作権ヲ設定スルコトヲ得ス

三、北海道庁長官〔北海道知事〕ノ許可ヲ得ルニ非サレハ地役権ヲ設定スルコトヲ得ス

四、留置権先取特権ノ目的トナルコトナシ

②第三条ノ既定ニ依ル没収ヲ受クルコトナキニ至リタル土地ニ付テハ前項ノ既定ハ之ヲ適用セズ此ノ場合ニ於テ譲渡又ハ物件ノ設定行為ハ北海道庁長官〔北海道知事〕ノ許可ヲ得ルニ非ザレバ其ノ効力ヲ生ゼズ但シ相続以外ノ原因ニ因ル所有権ノ移転アリタル後ニ於テハ此ノ限ニ在ラズ

第二条ノ二　削除

第三条　第一条ニ依リ下付シタル土地ニシテ其ノ下付ノ年ヨリ起算シ十五箇年ヲ経ルモ尚開墾セサル部分ハ之ヲ没収ス

第四条乃至第六条　削除

第七条　北海道旧土人ノ保護ノ為必要アルトキハ之ニ関スル施設ヲ為シ又ハ施設ヲ為ス者ニ対シ補助ヲ為スコトヲ得

第八条　前条ニ要スル費用ハ北海道旧土人共有財産ノ収益ヲ以テ之ニ充ツ若シ不足アルトキハ国庫ヨリ之ヲ支出ス

第九条　削除

第十条　北海道庁長官〔北海道知事〕ハ北海道旧土人共有財産ヲ管理スルコトヲ得

②北海道庁長官〔北海道知事〕ハ共有者ノ利益ノ為ニ共有財産ノ処分ヲ為シ又必要ト認ムルトキハ其ノ分割ヲ拒ムコトヲ得

③北海道庁長官〔北海道知事〕ノ管理スル共有財産ハ北海道庁長官〔北海道知事〕之ヲ指定ス

第十一条　削除

付　則

第十二条　此ノ法律ハ明治三十二年四月一日ヨリ施行ス

第十三条　此ノ法律ノ施行ニ関スル細則ハ内務大臣之ヲ定ム

◆アイヌ民族・北海道関連年表◆

西暦	和暦	アイヌ民族・北海道関連事項	日本
約二万年~八〇〇〇年前		北海道にヒト（マンモス・ハンターの仲間）が住み始める	
一万四〇〇〇年前		北海道が島になる	
一万二〇〇〇年前			日本列島に土器が現れる
九〇〇〇年前			縄文文化時代始まる
八〇〇〇~七〇〇〇年前		北海道に石刃鏃《せきじんぞく》土器が現れる	
二三〇〇年前			弥生文化時代始まる
紀元前後		続縄文文化時代始まる。移入鉄器の使用が見られ、七~八世紀まで続く	
五七			倭《わ》の奴《な》国王、後漢に朝貢
二三八			邪馬台《やまたい》国の女王卑弥呼《ひみこ》、魏《ぎ》に朝貢
			古墳文化時代
三五〇頃			大和朝廷成立
六〇七			遣隋使の初め
六三〇			遣唐使の初め
六四五			大化の改新
六四七		渟足《ぬたり》柵（新潟市）設置。蝦夷征討の基地となる	

六四八		磐船柵《いわふね》（村上市）設置	
七、八世紀		擦文《さつもん》文化時代始まり、一三世紀末ごろまで続く。ほぼ同じ時期に、千島・樺太（サハリン）・北海道のオホーツク沿岸にオホーツク文化が展開する	
六五八	斉明　四	阿倍比羅夫《ひらふ》、船軍を率いて蝦夷遠征（〜六六〇）	
七〇一	大宝　一		大宝律令
七一〇	和銅　三		平城京に遷都
七一二	同　五	出羽国創置	『古事記』成る
七二〇	養老　四		『日本書紀』成る
七二四	神亀　一	陸奥《むつ》国蝦夷の大規模蜂起。東北経営の拠点・多賀城を設置	
七二五	同　二	陸奥の俘囚《ふしゅう》一四四人を伊予へ配し五七八人を筑紫に配すなどする	
七七四	宝亀　五	蝦夷、桃生《ものう》城を襲い、大伴駿河麻呂《おおともするがまろ》が討つ。八一一（弘仁二）に文屋綿麻呂《ぶんやわたまろ》が蝦夷を討つまで「三八年戦争」が繰り広げられる	
七八〇	同一一	陸奥出羽の俘囚アザマロが蜂起	
七九四	延暦一三		平安京に遷都
八〇一	同二〇	坂上田村麻呂、蝦夷平定	
八〇二	同二一	胆沢《いさわ》城築く（陸奥）	
八〇三	同二二	志波《しわ》城築く（陸奥）	
八七八	元慶　二	元慶《がんぎょう》の蜂起（出羽の蝦夷蜂起）	
一〇五一〜六二	永承　六〜康平五	前九年の役。源頼義・義家父子が陸奥・阿倍氏を滅ぼす	

西暦	和暦	アイヌ民族・北海道関連事項	日本
一〇八三〜八七	永保三〜寛治一	後三年の役。内紛を起こした出羽の清原氏を源義家が滅ぼす。これ以後、奥州平泉の藤原氏が東北一帯で権勢をふるう（〜一一八九）	
一一九二	建久　三		源頼朝、鎌倉幕府を開く
一二一七	建保　五		北条義時、陸奥守となる
	鎌倉末期	津軽十三湊《とさみなと》の安藤五郎が蝦夷管領《かんれい》の代官となり、以後、南北朝から一五世紀にかけて安藤氏全盛	
一三三八	延元　三		足利尊氏、室町幕府を開く
一三五六	正平一一	小坂円忠『諏訪大明神画詞《えことば》』（北海道とアイヌに関する最古資料）を著す	
一四三二	永享　四	安藤氏、南部氏の攻撃を受けて十三湊を放棄して「夷島《えぞがしま》」へ逃れる	
一四五六	康正　二	安藤氏、檜山安東氏を名乗り、湊安東氏も併合し「夷島」を支配。安東氏配下の豪族も「夷島」へ次々となだれ込み道南に群雄割拠。志濃里《しのり》村でアイヌの少年がマキリをめぐって鍛冶屋に殺される	
一四五七	長禄　一	コシャマイン蜂起。豪族の館に最大の攻撃をかけて茂別《もべつ》、花沢を除く一〇館を攻め落とすが、蠣崎《かきざき》氏の客将・武田信広に討たれる。信広は養子として蠣崎家を継ぐ	
一四六七	応仁　一		応仁の乱（〜七七年）
一五一四	永正一一	蠣崎光広、大館《おおだて》に移り本拠とするとともに、安東氏の代官となる	
一五一五	同　一二	東部の酋長シヨヤ、コウジ兄弟が大館を襲うが、光広がだまし討つ	

一五三六	天文　五	酋長タリコナ蜂起。蠣崎義広が和睦と見せかけてだまし討つ	
一五五一	同二〇	安東氏、蠣崎季広とアイヌとの間に「夷狄《いてき》の商船往還の法度《はっと》」（通商協定）を結ばせる	
一五七三	天正　一		織田信長、室町幕府を滅ぼす
一五九〇	同一八		豊臣秀吉、全国を統一
一五九三	文禄　二	秀吉、蠣崎慶広に朱印状交付	
一五九九	慶長　四	蠣崎慶広、姓を松前に改める	
一六〇三	同　八		徳川家康、江戸幕府を開く
一六〇四	同　九	松前慶広、家康の黒印状を得て蝦夷地のアイヌとの交易権を独占	
一六二四〜四三	寛永期	商場知行制《あきないばちぎょうせい》が整う。この頃、蝦夷地はゴールドラッシュ	
一六三七	同一四		島原の乱（〜三八年）
一六四三	同二〇	ヘナウケの蜂起	
一六四八	慶安　一	日高のメナシウンクル（拠点シベチャリ）とシュムウンクル（同ハエ）がイオル（漁猟場）をめぐって抗争。以後二〇年にわたって争う	
一六五三	承応　二	松前藩の調停で両者一時和解	
一六六八	寛文　八	シャクシャインの蜂起。アイヌ全体が反松前戦線に立ち上がる。幕府は東北諸藩に加勢を命ずる。松前藩は和睦を装いシャクシャインを謀殺。この後、松前藩はアイヌに「起請文《きしょうもん》」を強要	
一八世紀初め		場所請負制《ばしょうけおいせい》が始まる	
一七七四	安永　三	飛騨屋久兵衛《ひだやきゅうべい》、貸金と引換えに松前藩から奥蝦夷の厚岸《あっけし》、霧多布《きりたっぷ》、ク	

西暦	和暦	アイヌ民族・北海道関連事項	日本
		ナシリの三場所を二〇年の約束で請け負う。クナシリの首長ツキノエが飛驒屋の交易船を妨害	
一七八二	天明 二		天明の大飢饉（〜八七年）
一七八三	同 三	工藤平助『赤蝦夷《あかえぞ》風説考』でロシア南下への防備を訴える	
一七八五	同 五	江戸幕府、最上徳内《もがみとくない》に蝦夷・千島の探検を命ずる（八五、八六年）	
一七八九	寛政 一	クナシリ、メナシでアイヌ蜂起。松前藩により鎮圧され、三七人が処刑される	
一七九二	同 四	ロシア使節アダム・ラックスマンが根室に来航	
一七九六	同 八	ブロートンが率いる英国船が虻田《あぶた》沖に来て測量	
一七九八	同一〇	幕府の命で近藤重蔵が択捉《えとろふ》島に標柱「大日本恵登呂府《えとろふ》」を立てる	
一七九九	同一一	幕府、和人地と東蝦夷地を直轄にする。それとともに、アイヌの和人化をすすめる	
一八〇四	文化 一		ロシア使節レザノフが長崎に来航し、通商を求める
一八〇七	同 四	松前藩を陸奥国・梁川《やながわ》に移封し、西蝦夷地を含む全域を幕府直轄にする	
一八二一	文政 四	松前藩復領。アイヌ和人化がいっそう進む	
一八四五	弘化 二	松浦武四郎、蝦夷地へ初航。以後五八年までに計六回、蝦夷地、サハリン、南千島を踏査	

一八五三	嘉永 六		米使節ペリー浦賀に来航。翌年「日米和親条約」結ぶ
一八五五	安政 二	松前とその周辺を除く蝦夷地全域を再び、幕府直轄とし、函館奉行管轄とする。「日露通好条約」を結び択捉《えとろふ》島まで日本領、サハリン（旧樺太）はロシアとの雑居地に	
一八六七	慶応 三		大政奉還、王政復古
一八六八	明治 一		明治維新
一八六九	同 二	「蝦夷地」を「北海道」と改称	
一八七一	同 四	札幌に開拓使庁を開設。アイヌを「平民」籍に入れ、和人式姓名を強要。「旧土人」呼称を公文書で用いるよう指示。アイヌ習俗禁止	廃藩置県
一八七二	同 五	「北海道土地売貸規則・地所規則」を制定	
一八七五	同 八	「樺太千島交換条約」を結ぶ。ウルップ島以北一八島を日本領土とし、サハリンをロシアに譲る。サハリンのアイヌを宗谷経由で翌年対雁《ついしかり》（江別）へ半強制移住	
一八七六	同 九	アイヌの戸籍完成（和人は七三年完成）。アイヌの仕掛け弓猟禁止	
一八七七	同一〇	「北海道地券発行条令」制定。アイヌの占有地を「無主地」として官有化。対雁のアイヌ多数がコレラに罹患し一〇年間余りでコレラ、天然痘で半数の四〇〇人強が死ぬ	
一八七八	同一一	開拓使、戸籍上のアイヌの呼称を「旧土人」に統一	
一八七九	同一二	英国人宣教師バチェラーがアイヌへの伝道を始める	
一八八二	同一五	開拓使廃止。函館・札幌・根室の三県を置く	

西暦	和暦	アイヌ民族・北海道関連事項	日本
一八八四	同一七	北千島アイヌを色丹島《しこたん》へ強制移住	秩父困民党事件
一八八六	同一九	三県を廃止し、「北海道庁」を設置。「北海道土地払い下げ規則」で和人に官有未開地を一人一〇万坪払い下げまたは無償貸し付け	
一八八八	同二一	宮内省、「新冠御料地《にいかつぷごりようち》」を「新冠御料牧場」と改称し、アイヌ約四〇〇人を奥地のアネサルへ強制移住させる。バチェラーが胆振《いぶり》の幌別《ほろべつ》にアイヌ児童用の「愛隣学校」を設立	
一八八九	同二二		大日本帝国憲法発布
一八九〇	同二三		帝国議会開設
一八九三	同二六	改進党の加藤政之助代議士が第五回帝国議会に「北海道旧土人保護法」案を提出、否決	
一八九四	同二七		日清戦争（〜九五年）
一八九五	同二八	元秩父困民党指導者・飯塚森蔵が白糠《しらぬか》のコタンに潜伏、アイヌと交流する	
一八九七	同三〇	「北海道国有未開地処分法」で開墾・牧畜・植樹等の用地一戸当たり一五〇〜二五〇万坪を無償貸付、成功後無償付与。華族や大資本の進出を優遇した	
一八九九	同三二	「北海道旧土人保護法」公布。旭川の第七師団設置建設工事を東京の大倉組が請け負って始める	
一九〇〇	同三三	第七師団西のアイヌ給付予定地を大倉喜八郎へ払い下げると道庁が決	

		定。アイヌに天塩《てしお》移住を命じるが、反対運動により払い下げ、移住とともに取り消しとなる	
一九〇一	同三四	「旧土人児童教育規程公布」。拓殖計画「北海道一〇年計画」の一環として一九一一年までに全道に二一校の「旧土人学校」を開設	
一九〇四	同三七		日露戦争（〜〇五年）
一九〇八	同四一	バチェラーの養女、バチェラー八重子がバチェラー夫妻とともに英国へ渡る	
一九一一	同四四	皇太子（後の大正天皇）が北海道「行啓」し、沿線のアイヌが「奉迎」にかりだされる	
一九一四	大正　三		第一次世界大戦（〜一八年）
一九一六	同　五	新冠御料《にいかっぷごりょう》牧場の都合でアネサルのアイヌ全八〇戸を平取・ヌキベツに強制移住させる	
一九二二	同一一	「旧土人児童教育規程」廃止。アイヌ子弟の教育も一般規程に準拠	
一九二三	同一二	知里幸恵《ちりゆきえ》『アイヌ神謡集』出版	
一九二七	昭和　二	十勝旭明社（アイヌの教化・生活改善団体）設立	
一九二九	同　四	違星北斗《いぼしほくと》、結核で二九歳で死去	
一九三〇	同　五	北斗の遺歌文集『コタン』出版。アイヌ初の全道的組織「北海道アイヌ協会」が道庁の主唱で設立される（十勝旭明社が中心となり旭川のアイヌは不参加）。	
一九三一	同　六	バチェラー八重子の歌集『若きウタリに』出版。白老の貝沢藤蔵の『アイヌの叫び』出版	

西暦	和暦	アイヌ民族・北海道関連事項	日本
一九三二	同　七	旭川の給与予定地をアイヌへ返還するよう天川恵三郎、荒井源次郎らが上京して強力な運動を展開	
一九三四	同　九	旭川市近文《ちかぶみ》の給与予定地だけを対象とした「旭川市旧土人保護地処分法」公布	
一九三七	同一二	知里真志保《ちりましほ》『アイヌ民譚《たん》集』、森竹竹市『原始林』出版	日中戦争開始
一九四一	同一六		太平洋戦争開始
一九四五	同二〇		日本敗戦。ポツダム宣言を受託し、無条件降伏
一九四六	同二一	日高・静内町で全道アイヌ大会を開き「北海道アイヌ協会」を設立する（旭川のアイヌも参加）。新冠御料《にいかつぷごりょう》牧場と日高種馬牧場のアイヌへの返還要求などを決議	
一九四七	同二二	北海道アイヌ協会、給与地の農地改革法適用除外を道庁・政府に要求するが不許可となる	
一九六一	同三六	北海道アイヌ協会、名称を「北海道ウタリ協会」と改める	
一九六四	同三九	行政管理庁が「北海道旧土人保護法」の廃止を勧告	
一九六八	同四三	「北海道旧土人保護法」第五次改正（最後の改正）	大学紛争激化 小笠原諸島施政権返還
一九七〇	同四五	全道市長会で「北海道旧土人保護法」の廃止を決議。北海道ウタリ協会も同廃止を決議。外務省、国連人権規約に基づく報告書で「本規約	日米安保自動延長

		に規定する少数民族はわが国に存在しない」と表明。鳩沢佐美夫《さみお》『日高文芸』に評論「対談・アイヌ」を発表	
一九七一	同四六	萱野《かやの》茂ら、「二風谷アイヌ文化資料館」を開設	
一九七二	同四七	道庁、第一回「ウタリ生活実態調査」を実施、結果発表。「第二六回日本人類学会・日本民族学会連合大会」が札幌医大で開かれ、結城庄司《ゆうきしょうじ》、新谷行《しんやぎょう》らがアイヌ研究を批判。日高・静内の「シャクシャイン像」台座文字削り事件。この後、旭川常盤《ときわ》公園「風雪の群像」爆破などの事件が続く	沖縄施政権返還 田中角栄が『日本列島改造論』を発表 札幌オリンピック 石油ショック（七三年）
一九七四	同四九	第一次北海道ウタリ福祉対策開始（第二次は八一～八七年度、第三次は八八～九四年度、第四次は九五年～）	
一九七五	同五〇	東京都、第一回「東京在住ウタリ実態調査」を実施、結果発表	
一九七九	同五四	道庁、第二回「ウタリ生活実態調査」実施、結果発表	国連の国際人権規約批准
一九八二	同五七	北海道ウタリ協会、北海道と全千島におけるアイヌの先住権を総会で確認	
一九八四	同五九	北海道ウタリ協会、「北海道旧土人保護法」廃止と「アイヌ新法」の制定を総会で採択、知事と道議会議長に陳情。道は知事の私的諮問機関「ウタリ問題懇話会」を設置	
一九八五	同六〇	チカップ・美恵子、「肖像権裁判」を提訴する	
一九八六	同六一	中曾根首相「知識水準発言」の釈明に「日本単一民族国家」説を主張して批判の世論が湧き起こり、「北海道旧土人保護法」も問題になる。政府は名称変更で対処しようとするが、北海道ウタリ協会は新法制定	

西暦	和暦	アイヌ民族・北海道関連事項	日本
		を求める。道庁、第三回の「ウタリ生活実態調査」結果を発表	
一九八七	同六二	国連人権委員会の先住民作業部会にアイヌ代表参加	
一九八八	同六三	ウタリ問題懇話会が答申を出し、「北海道旧土人保護法」の廃止と「アイヌ新法」制定の必要性を訴える。北海道ウタリ協会は答申に沿った要請を決議し、知事と道議会議長に再陳情。知事・道議会・ウタリ協会の三者が一致して国に要請。「肖像権裁判」和解、原告の実質勝訴	
一九八九	平成一	政府、関係省庁による「アイヌ問題検討委員会」を設置。東京都第二回「ウタリ実態調査」結果発表	
一九九一	同三	国連人権規約にもとづく報告書で政府はアイヌを本規約の「少数民族」と初めて認める	
一九九二	同四	萱野茂、参院選比例代表区に社会党の名簿一一位に登載、次点で落選。北海道ウタリ協会の野村義一理事長、国連本部で開催の「世界の先住民のための国際年」開幕式で演説	
一九九三	同五	「二風谷《にぶだに》ダム裁判」（原告・萱野茂、貝沢耕一）始まる。道庁、第四回「ウタリ生活実態調査」発表	国際先住民年
一九九四	同六	萱野茂、参議院議員に繰り上げ当選し、アイヌ初の国会議員になる	
一九九五	同七	内閣官房長官の私的諮問機関「ウタリ対策のあり方に関する有識者懇談会」を設置	
一九九六	同八	「有識者懇談会」が答申を出し、アイヌの北海道への先住性を認め、ア	

		イヌ伝統文化の保存振興と理解促進策をとるよう求める
一九九七	同　九	「アイヌ文化の振興並びにアイヌの伝統に関する知識の普及及び啓発に関する法律」案が政府提案され成立する。「二風谷ダム裁判」で札幌地裁が原告の実質勝訴となる判決を出す。この中でアイヌの「先住性」を法廷で初めて認める。アイヌ有志が「アイヌ共有財産裁判」を札幌地裁に提訴
二〇〇二	同一四	「アイヌ共有財産裁判」判決が札幌地裁で出され、原告敗訴。原告はただちに札幌高裁に控訴
二〇〇四	同一六	「アイヌ共有財産裁判」控訴審判決が札幌高裁で出され、原告敗訴。ただちに最高裁に上訴

参考文献

「差別」に的を絞り、しかも短期間に集中して執筆したため、多くの分野の本に満遍なく目を通すことはできませんでした。分野的にも偏りがあります。以下に挙げた本は、本書を書くに際して私自身が参考にしたものに限っております。ただし、アイヌのことに興味を持った読者がさらに広く深く知識や理解を得ていただけるよう、簡単なガイドもつけました。

〔歴史的文献・資料〕

古代の「エミシ」が中世以降の「エゾ」と同一なのか否かにはいろいろ議論がありますが、「エミシ」について原典の記述を読みたい人は記紀以下の六国史《りっこくし》を繙《ひもと》けばよいでしょう。ただし、登場個所は限られていますので参考資料などで確認してからがよいと思います。

江戸時代の初期の松前藩や北海道の様子、コシャマインの蜂起については『新羅《しんら》之記録』（『新北海道史』第七巻史料一、所収）が詳しいです。シャクシャインの蜂起については『津軽一統志』（同）、『蝦夷蜂起』『寛文拾年狄蜂起集書』、クナシリ・メナシの蜂起については『寛政蝦夷亂取調日記』（いずれも『日本庶民生活史料集成』所収）に詳しいです。また、江戸時代の蝦夷地の様子については、『日本庶民生活史料集成』に収められた『蝦夷談筆記』など左に並べた資料で知ることができます。これらの内容紹介は「Q&A」該当個所本文下の脚注にありますので、参照してください。

明治以降については、『近代民衆の記録5――アイヌ』に収録されている資料がとても役に立ちます。これには、雑誌、文芸誌、新聞などの資料の他、単行本となって発行された違星北斗やバチェラー八重子らの歌集なども収めてあるので、便がよいです。

『古事記』（倉野憲司校注、ワイド版岩波文庫、一九九一年）
『日本書紀』（山田宗睦訳、原本現代語訳、教育社、一九九二年）（井上光貞他校注、岩波文庫、一九九五年）（新訂増補『国史大系日本書紀』、吉川弘文館、一九八一年）
『続日本紀』（『国史大系』、吉川弘文館）
『日本三大実録』（同）
『吾妻鏡』（同）
『新羅之記録』（『新北海道史』一九七一～七七年、第七巻史料一、

所収）
『津軽一統志』（巻第十、同）
『東蝦夷地各場所様子大概書』（同）
松宮観山『蝦夷談筆記』（『日本庶民生活史料集成』第四巻、三一書房、一九六九年、所収）
板倉源次郎『北海随筆』（同）
松本十郎『石狩十勝両河紀行』（同）
平秩東作『東遊記』（同）
最上徳内『蝦夷國風俗人情之沙汰』（同）
串原正峯『夷諺俗話』（同）
『蝦夷蜂起』（同）
則田安右衛門『寛文拾年狄蜂起集書』（同）
新井田孫三郎『寛政蝦夷亂取調日記』（同）
工藤平助『赤蝦夷風説考』（井上隆明訳、原本現代語訳、教育社、一九七九年）
松浦武四郎『アイヌ人物誌』（更科源蔵、吉田豊共訳、農文協人間選書、一九八一年）
北海道アイヌ協会『蝦夷の光』（北海道アイヌ協会、一九三〇年、谷川健一編『近代民衆の記録5——アイヌ』新人物往来社、一九七二年、所収）
チン青年団『ウタリ乃光リ』（一九三二年、同）
『ウタリ之友』（ウタリの友社、一九三三年、同）
『アイヌ新聞』（アイヌ問題研究所、アイヌ新聞社、一九四六年、同）
『北の光』（北海道アイヌ協会、同）
『近文アイヌ地紛争記録』（天川恵三郎手記・一九三三年、栗山国四郎手記・一九三四年、荒井源次郎上京日誌・一九三二年、同）
松井恒幸『近文アイヌと「北海道旧土人保護法」』（同）
『良友』（虻田土人学校良友会、一九一一年、同）
河野常吉蒐集『アイヌ関係新聞記事』（河野本道選『アイヌ関係資料集』第二期第七巻、北海道企画出版センター、一九八四年）

〔歴史解説書〕

井上書は古代の基礎知識を得るのに便利です。明治から昭和初期の考古学者や歴史学者がアイヌをどう位置づけていたか、記紀のヤマトタケルの蝦夷征討の話の背景、エミシの実体などについても触れています。高橋崇著の二冊は断片的ながらも広範な歴史資料を丹念に検討してエミシの実体を明らかにしようと迫っています。高橋富雄著は主題は源頼朝以降の「征夷大将軍」にあるのですが、その前史として坂上田村麻呂について考察しており古代の蝦夷経営について教えてくれます。花崎著は松浦武四郎の足跡に的を絞り、アイヌと苦楽を分かちあって自己変革を遂げていった武四郎像を描いています。武四郎の歩いた現地を訪ね、さまざまな資料に当たり、さらに花崎氏自身が体験し見聞した現代の問題にも触れて、自らの想いを重ねています。

『北海道の歴史　60話』は原始・古代から近・現代に至るまでの北海道の歴史上の事件・事柄六〇項目について、各分野の研究者がコンパクトに解説しています。資料、注、参考文献紹介も豊富なので、基礎知識を得るのに向いています。榎森著は、現在も厳然とした事実として存在するアイヌに対する差別・偏見の根源を歴史に求め、古代から現代までのアイヌ関連の問題を通史的に検討する本です。一人の歴史学者の視点で貫かれ、要領を得た背景説明や資料引用があり、タテの流れで「アイヌ問題」を理解したい人に適しています。海保著は、これまでの「日本」史の論理とは異なる視点から、具体的には北東アジアとアイヌの関係も視野に入れた視点から、北方史を見つめ直す問題提起の書で、随所に個性的な見方が見られます。

井上光貞『日本の歴史1　神話から古代へ』（中公文庫、一九七三年）
高橋崇『蝦夷（えみし）』（中公新書、一九八六年）
高橋崇『蝦夷の末裔』（中公新書、一九九一年）
高橋富雄『征夷大将軍　もう一つの国家主権』（中公新書、一九八七年）
花崎皋平『静かな大地　松浦武四郎とアイヌ民族』（岩波同時代ライブラリー、一九九三年）
木村尚俊他編『北海道の歴史　60話』（三省堂、一九九六年）
榎森進『アイヌの歴史――北海道の人びと(2)』（三省堂、一九八七年）
海保嶺夫『エゾの歴史　北の人びとと「日本」』（講談社選書メチエ、一九九六年）

〔アイヌ問題全般の概説書〕

新谷書は、従来の征服者国家による「蝦夷征伐」史観に対して「原住民族（蝦夷）の自衛のための戦争」史観を対置させ、後者の視点で貫かれている本です。歴史学者から「思弁的にすぎる」といった批判がある一方で、今日の「アイヌ問題」理解に対して貴重な視点を提供するものと高く評価する人も少なくありません。宮島書はアイヌ差別告発の視点から丁寧に歴史をまとめており、上村書は一問一答の形で読みやすい文章で問題別にポイントを整理しています。別冊宝島は歴史・文化・社会問題など広範な問題を網羅する形でまとめています。アイヌ自身を含む多様な筆者が登場するのが魅力ですが、分量の関係でコンパクトな記述となって理解しづらい点がなきにしもあらずなのが残念です。

新谷行『増補アイヌ民族抵抗史』(三一新書、一九七七年)
新谷行『コタンに生きる人びと』(三一新書、一九七九年)
三好文夫『アイヌの歴史――神と大地と猟人と』(講談社、一九七三年)
宮島利光『アイヌ民族と日本の歴史』(三一新書、一九九六年)
上村英明『知っていますか? アイヌ民族一問一答』(解放出版社、一九九三年)
別冊宝島『アイヌの本』(宝島社、一九九三年)

〔文化〕

本書『Q&A』が差別に的を絞っているため、文化関係で参考にした本はあまり多くありません。差別の解消には、歴史や差別の現実だけでなく、アイヌの優れた文化にも目を向けることが大事です。その点で文化関係については充分な文献紹介とは言いがたいと思います。ここに挙げたもの以外にも最近は多数、一般書としてアイヌ文化に関する著作が出版されていますので、興味のある方はご自身で幅広く探されることを期待します。

最初の本の藤村氏は、アイヌ学に関しては梅原猛氏の「先生」格の人。長い年月をかけた堅実な研究成果と真摯な研究姿勢がどの本にも見られ、教えられます。梅原氏の登場する共著は、人類学や民族学、言語学、歴史学などの専門家を相手に独特の〝梅原節〟がたっぷり展開され、読み物としてどれも面白いものです。シンポジウム『アイヌ』は梅原本の先駆け的とも言える内容で、七〇年代に道内に在住した少壮の学者・ジャーナリストたち(今は権威となっている人もいます)が各人の知見を持ち寄って議論を戦わせています。札幌学院大学の公開講座本はバラエティーに富んだ講師らが興味深い話を市民向けに話したものをまとめており、アイヌの人たち自身の話もあります。片山著は、テレビドキュメンタリー作りを本職とする映像ディレクターが釧路のタンチョウの取材をきっかけにアイヌ語の魅力にとりつかれ、独学で研究を続けてきた成果をまとめたユニークな本。世界の言語地図の中で孤立語とされて専門家でもルーツ探しには匙を投げかかっている日本語とアイヌ語が、実は縄文語を祖語とする同系統の言語ではないかという仮説を提示し、地道な語源分析や音韻分析を積み重ね、実証しようとしています。

藤村久和『アイヌ、神々と生きる人々』(福武書店、一九八五年)
埴原和郎、梅原猛『アイヌは原日本人か』(小学館創造選書、一九八二年)
梅原猛、藤村久和編『アイヌ学の夜明け』(小学館ライブラリー、一九九四年)

シンポジウム『アイヌ――その起源と文化形成』（北海道大学図書刊行会、一九七二年）
札幌学院大学人文学部編『北海道と少数民族〈公開講座〉北海道文化論』（札幌学院大学　人文学部学会、一九八六年）
片山龍峯『増補版　日本語とアイヌ語』（すずさわ書店、一九九七年）
安本美典監著『日本語はどのようにつくられたか』（福武書店、一九八六年）
山川力『アイヌ民族文化史への試論』（未来社、一九八〇年）

〔教育〕

井上司『地域・民族と歴史教育』（岩崎書店、一九七八年）
北海道高教組少数民族専門委編『生徒とともに考える日本の少数民族――その現状と指導の手引き』（道高教組、一九八二年）

〔伝記〕

藤本著の前者は天才アイヌ少女とうたわれながら一九歳で夭折した知里幸恵の生涯を、後者は幸恵の弟で北大教授となった言語学者・知里真志保の生涯を、さまざまな資料を駆使したり関係者を訪ね歩いて新事実を発掘したりして描いた労作。

藤本英夫『銀のしずく降る降る』（新潮選書、一九七三年）
藤本英夫『知里真志保の生涯』（新潮選書、一九八二年）
須貝光夫『この魂をウタリに――鳩沢佐美夫の世界』（栄光出版社、一九七六年）

〔アイヌ自身の著書〕

知里幸恵の『アイヌ神謡集』は幸恵が残した美しい「序文」があまりにも有名。この序文から楽しんでほしい本です。知里高央は幸恵の弟、真志保の兄で、高校の英語教諭などをしながらアイヌ語も研究しました。『アイヌ語イラスト辞典』は高央の娘（むつみさん・関東ウタリ会会長）の夫・横山氏が得意のイラストで高央の遺稿『アイヌ語彙記録』の中の基本語二五〇〇語を選び、七〇〇点のまんがイラストと一〇〇点の写真をつけて、親しみやすい入門書にしています。横山氏は長年、赤塚不二夫のブレインを務めた漫画家・文筆家。違星、バチェラー八重子、貝沢、森竹、鳩沢の本はいずれも、『近代民衆の記録』所収です。単行本になっているものもあるのですが、これだと一冊で間に合います。ただし、今では書店、版元にもなく、図書館でしか手にできないのが残念ですが。

萱野本は、アイヌ初の国会議員でユーカラなどの研究でも知られる氏の半生、アイヌの文化・生活、歴史などについて知識、体験を縦横に駆使して書いています。いずれも、膝を交えて昔話でも聞いているようなわかりやすい語り口の本です。橋根著は刑事事件で投獄された氏の獄中からの叫びです。結城著はアイヌの若きリーダーとして将来を期待されながら早世した氏の、アイヌとしての尊厳を世の中に主張する問題提起の本。チカップ著は「肖像権裁判」原告の思いを綴った本で、巻末に裁判の詳しい資料もついています。『イフンケ』は東京で事故死したあるアイヌ男性の人生を本人の遺稿や関係者らの文章、座談会などで回顧する本。現在のアイヌが置かれている一側面を浮き彫りにしています。

知里幸恵訳『アイヌ神謡集』（岩波文庫、一九七八年）
知里真志保訳『アイヌ民譚集』（岩波文庫、一九八一年）
知里高央、横山孝雄『アイヌ語イラスト辞典』（蝸牛社、一九八七年）
違星北斗『コタン』（一九三〇年、谷川健一編『近代民衆の記録5――アイヌ』新人物往来社、一九七二年、所収）
バチェラー八重子『若きウタリに』（一九三〇年、同）
貝沢藤蔵『アイヌの叫び』（一九三一年、同）
森竹竹市『原始林』（一九三七年、同）
鳩沢佐美夫『対談・アイヌ』（一九七〇年『日高文芸』、同）
萱野茂『おれの二風谷』（すずさわ書店、一九七五年）
萱野茂『アイヌの碑』（朝日文庫、一九九〇年）
萱野茂（語り）滝口亘（構成）『国会でチャランケ（討論しよう）二風谷にアイヌとして生きる』（社会新報ブックレット、一九九三年）
関東ウタリ会『アイヌからの呼びかけ』（関東ウタリ会、一九八五年）
橋根直彦『アイヌモシリは滅びず』（新泉社、一九七三年）
橋根直彦『我れアイヌ、自然に起つ』（新泉社、一九七四年）
結城庄司『アイヌ宣言』（三一書房、一九八〇年）
鳩沢佐美夫『若きアイヌの魂――鳩沢佐美夫遺稿集』（新人物往来社、一九七二年）
チカップ美恵子『風のめぐみ　アイヌ民族の文化と人権』（お茶の水書房、一九九一年）
イフンケの会編『イフンケ〔子守歌〕あるアイヌの死』（彩流社、一九九一年）

〔民族・差別〕

拙著『しょっぱい河』は、八六年の中曾根失言当時の社会的関心の高まりを背に、首都圏在住のアイヌの人たちを訪ね歩き、一人ひとりの半生、アイヌとしての想い、差別体験などをまとめたものです。『近代化の中のアイヌ差別の構造』は日本交通公社の観光宣伝文をきっかけとする差別糾弾の闘いをまとめたもので、糾弾論議を通じて差別の本質が浮かび上がってきます。『外国の立法』は先住民族に関して先進的な法律を整備している諸外国の例が、専門家の解説と条文そのものとのセットで紹介されています。日本政府のまやかしのアイヌ施策のいいかげんさがよくわかります。など、山内書からは、「民族」が近代国家の産物であるということがさまざまな具体例や理論と併せて理解できます。

本多勝一『先住民族アイヌの現在』（朝日文庫、一九九三年）
小笠原信之『しょっぱい河——東京に生きるアイヌたち』（記録社、一九九〇年）
成田得平他『近代化の中のアイヌ差別の構造』（明石書店、一九八五年）
国立国会図書館編『外国の立法——特集先住民族』（国会図書館、一九九三年）
なだいなだ『民族という名の宗教』（岩波新書、一九九二年）
山内昌之『民族問題入門』（中公文庫、一九九六年）

〔調査資料〕

行政が実施した調査のまとめで、本書にも参考にしたものを挙げました。北海道と東京都の実態調査結果からは、道内はもちろん東京においても根強いアイヌ差別が現存することが生々しく伝わってきます。

北海道庁内務部『旧土人に関する調査』（一九一八年、谷川健一編『近代民衆の記録5——アイヌ』新人物往来社、一九七二年、所収）
『旧土人保護政策資料』（同）
北海道『ウタリ生活実態調査報告書』（北海道、一九七二年、一九八六年、一九九三年）
東京都『東京在住ウタリ実態調査報告書』（東京都、一九七五年、一九八九年）
ウタリ問題懇話会『アイヌ民族に関する新法問題について』（一九八八年）
国立国会図書館『アイヌ民族のための法律——「北海道旧土人保護法」改正の問題点』（国会図書館調査及び立法考査局、一九八七年）

〈著者略歴〉

小笠原信之（おがさわら　のぶゆき）

新聞記者を経てフリージャーナリスト。1947年、東京都生まれ。北海道大学法学部卒業。医療・生命、環境、原子力、労働、アイヌ差別などの問題に関心をもち、著述活動を続けている。著書に『「がん」を生きる人々』（時事通信社）『看護婦ががんになって』（共著、日本評論社）『プロブレムＱ＆Ａ　ガン“告知”から復帰まで』（緑風出版）『アイヌ近現代史読本』（同）『アイヌ共有財産裁判』（同）『プロブレムＱ＆Ａ　許されるのか安楽死』（同）『塀のなかの民主主義』（潮出版社）など、訳書に『がんサバイバル』（緑風出版）『操られる死』（共訳、時事通信社）などがある。

プロブレムＱ＆Ａ

アイヌ差別問題読本　増補改訂版

シサムになるために

2004年10月31日　増補改訂版第１刷発行　　定価1900円＋税

著　者　小笠原信之©

発行者　高須次郎

発行所　緑風出版

〒113-0033　東京都文京区本郷2-17-5　ツイン壱岐坂

〔電話〕03-3812-9420〔FAX〕03-3812-7262

〔E-mail〕info@ryokufu.com

〔URL〕http://www.ryokufu/com

〔郵便振替〕00100-9-30776

装　幀　堀内朝彦

写　植　M企画　　印　刷　長野印刷商工／上野印刷所

製　本　トキワ製本所　　用　紙　木邨紙業

E1500

ISBN4-8461-0417-6　C0339

●小笠原信之の本【緑風出版】

▨全国のどの書店でもご購入いただけます。
▨店頭にない場合は、なるべく書店を通じてご注文ください。
▨表示価格には消費税が加算されます。

アイヌ共有財産裁判
――小石一つ自由にならず

小笠原信之著

A５判変並製
二六四頁
２２００円

アイヌの大地と生活を奪った明治政府。「アイヌ共有財産」として道庁が管理、アイヌは小石一つ自由にならなかった。時代錯誤の「北海道旧土人保護法」の廃止で返還されたが、その権力的な返し方にアイヌの人々の怒りが爆発、裁判へ！

アイヌ近現代史読本

小笠原信之著

A５判並製
二八〇頁
２３００円

アイヌの歴史、とりわけ江戸末期から今日までの歴史をやさしく書いた本は、ほとんどない。本書は、さまざまな文献にあたり、日本のアイヌ支配の歴史、アイヌ民族の差別との闘い、その民族復権への道程を分かりやすく書いた近現代史。

プロブレムQ&A⑩
ガン　告知から復帰まで
［疑問と不安　完全ケア］

小笠原信之著

A５判変並製
一六四頁
１７００円

あなた、あるいは家族がガンと〝告知〟された時、どうすればいいのか。告知・治療・痛みについて、またホスピス、社会復帰・保険と費用、自助・支援組織など、ガン闘病に関する疑問と不安のすべてにQ&Aで応える。

プロブレムQ&A
許されるのか？安楽死
［安楽死・尊厳死・慈悲殺］

小笠原信之著

A５判変並製
二六四頁
１８００円

世界の安楽死論議が揺れ動くなか、混乱する日本の安楽死論議。本書は、安楽死や尊厳死をめぐる諸問題について、その定義から歴史、医療、宗教・哲学まで、さまざまな角度からQ&Aでわかりやすく丁寧に、あなたの疑問に答えます。

がんサバイバル
［生還者たちの復活戦］

S・ネッシム／J・エリス共著、小笠原信之訳

四六判上製
三〇二頁
２２００円

がん治癒率はいまや五割を越えている。その体験者たちが抱えているストレスや、再発の恐怖、社会復帰の障害への立ち向かい方を、アメリカで大反響と共感を呼んだ自助・支援グループの創設者である著者が示す、初めての〝生還〟ガイド。